김상복 목사 창세기 강해·4

꿈은 이루어진다

김상복 목사 지음

"

꿈의 사람 요셉처럼
하나님이 주신 꿈을 가지고
그 꿈을 이루어 가기를
원하시는 _____ 님께
이 책을 드립니다.

"

차 례

머리말 ··· 6

제 1 장   꿈을 주옵소서(창 37:1-11) ······················· 9
제 2 장   꿈은 죽지 않는다(창 37:12-28) ················· 21
제 3 장   꿈은 전진한다(창 37:29-36) ····················· 31
제 4 장   잘못된 출발(창 38:1-19) ························· 41
제 5 장   복된 종말(창 38:20-30) ·························· 53
제 6 장   형통한 사람(1)(창 39:1-3) ······················· 61
제 7 장   형통한 사람(2)(창 39:4-6) ······················· 71
제 8 장   신념의 사람들(창 39:7-18) ······················ 81
제 9 장   성공적인 감옥생활(창 39:19-23) ················ 91
제 10 장   문제는 풀린다(1)(창 40:1-8) ···················107
제 11 장   문제는 풀린다(2)(창 40:9-23) ··················117
제 12 장   내가 아니고 하나님(창 41:1-16) ···············125
제 13 장   당신은 하나님의 사람(창 41:17-57) ···········137
제 14 장   꿈은 이루어진다(창 42:1-17) ··················153
제 15 장   늦어진 회개(창 42:18-23) ·····················165
제 16 장   노후의 탄식소리(창 42:24-38) ················173
제 17 장   자비를 베푸소서(창 43:1-15) ··················187
제 18 장   꿈은 정말 이루어진다(창 43:16-34) ···········201

제 19 장	대신 책임지겠습니다(창 44:1-34)	211
제 20 장	하나님이십니다(창 45:1-15)	223
제 21 장	만족합니다(창 45:16-28)	233
제 22 장	미래가 보인다(창 46:1-7)	245
제 23 장	죽어도 한이 없다(창 46:8-47:12)	253
제 24 장	이렇게 도와주라(창:47:13-26)	261
제 25 장	인간의 마지막 소원(창 47:27-31)	271
제 26 장	자손을 축복하라(창 48:1-11)	279
제 27 장	이렇게 축복하라(창 48:12-22)	291
제 28 장	탁월하려면(창 49:1-4)	301
제 29 장	분노의 위험(창 49:5-7)	313
제 30 장	형제의 찬양(창 49:8-12)	325
제 31 장	구원을 기다립니다(창 49:13-21, 27-28)	337
제 32 장	으뜸되는 복을 주리라(창 49:22-26)	347
제 33 장	준비된 최후(창 49:28-33)	357
제 34 장	장엄한 최후(창 50:1-14)	365
제 35 장	악을 선으로 바꾸신다(창 50:15-21)	375
제 36 장	나는 죽으나(창 50:22-26)	385

머리말

건축사의 마음 속에서 그려진 건물이 언젠가 눈에 보이는 아름다운 자태를 나타냅니다. 작곡가의 가슴에서 울려퍼지는 음악이 관현악을 통해서 귀에 들려집니다. 소설가의 머리 안에서 형성된 이야기가 읽을 수 있는 책으로 우리 손에 쥐여집니다. 소년의 환상 속에서 본 자신의 모습이 어느날 대학강당에서 교수로 나타납니다.

성경에도 "비전이 없는 백성은 망한다"(잠언 29:18)고 지혜자는 말하고 있습니다. 하나님께서는 사람들에게 비전을 주십니다. 요엘 선지자도 종말이 가까워 올 때 "젊은이들은 비전을 볼 것이요"(요엘 2:18)라고 말했습니다.

인간에게는 비전이라고 부르든지 꿈이라 하든지 기도라 하든지 소원이라 하든지 희망이라 하든지 목표라 하든지 간에 자기가 반드시 가야 한다고 생각하는 뚜렷한 방향이 있어야 합니다. 그 사람에게는 삶의 생동감이 있고 열정이 있고 흥분이 있고 솟구치는 힘이 있고 인생의 만족이 있습니다.

저에게도 고등학교 일학년 때부터 꿈이 있었습니다. 목사가 되려는 꿈은 아니었고 대학교의 교수가 되는 꿈이었습니다. 자신이 교수가 되어서 강단에 선 모습을 보면 늘 즐거웠고 언젠가는 교수가 될 것이라고 믿고 전진했습니다. 영어를 열심히 공부했고 보내준다는 사람도 없고 돈도 없었지만 유학갈 준비를 했습니다.

결국 저는 유학을 갔고 꿈이 시작된 지 18년만에 한국이 아닌 미국에서 대학교수가 되었습니다. 강의 첫 시간의 기쁨과 흥분은 대단히 컸습니다. 그 첫날부터 오늘까지도 저는 교수로서 가르치는 것을 즐거워합니다.

가슴에 없는 노래를 악보에 쓸 수는 없습니다. 상상 속에 없는 이야기를 소설로 쓸 수 없습니다. 없는 꿈은 이루어질 수 없습니다. 꿈을 꾸어야 합니다.

꿈의 출처는 여러가지입니다. 이 책의 이야기처럼 하나님께서 직접 주실 수 있습니다. 또는 부모나 스승을 통해서 생길 수 있습니다. 책을 통해서 일어날 수도 있습니다. 때로는 느헤미야의 이야기처럼 불만스러운 현실에서부터 나타날 수도 있습니다. 여하튼 꿈은 있어야 하고, 있는 꿈은 이루어집니다.

이 책의 주인공인 요셉은 꿈꾸는 자의 전형적인 케이스입니다. 사실 구약 이야기 가운데 제가 가장 좋아하는 이야기가 요셉입니다. 한때 미국에서 사역을 하면서 영어 이름이 필요하게 되자 저의 영어 이름을 요셉이라고 하려고 생각해 보았던 적이 있습니다. 그러나 저는 요셉과 같은 귀한 이름을 갖기엔 부족함을 느끼며 포기했습니다.

하나님께서 주신 자신의 꿈이 이루어질 때까지 꾸준히 온갖 어려운 환경 속에서도 자신을 준비해오다 드디어 꿈이 현실화되어 자신과 자신의 가족과 국가와 이웃나라에까지 복의 근원이 된 요셉은 꿈을 꾸는 모든 사람에게 희망과 용기를 주는 낭만적인 이야기입니다. 요셉은 신앙의 모델이요 리더십의 모델이요 자식으로, 형제로서 우리 모두에게 큰 감동을 일으켜주고 인생의 넉넉한 영적, 실제적 교훈을 주는 모델입니다.
 이 책을 모든 젊은이들에게 읽히고 싶습니다.

 창세기 강해 시리즈 1권 「잃어버린 왕좌」, 2권 「모험을 두려워 말라」, 3권 「이길 때까지 싸우라」에 이어 마지막 4권을 내놓을 수 있도록 노력해 주신 도서출판 횃불에 깊은 감사를 드립니다.

1995년 9월
양재동 우면산 기슭에서,
김상복 목사

제1장

꿈을 주옵소서

"야곱이 가나안 땅 곧 그 아비의 우거하던 땅에 거하였으니 야곱의 약전이 이러하니라 요셉이 십칠 세의 소년으로서 그 형제와 함께 양을 칠 때에 그 아비의 첩 빌하와 실바의 아들들로 더불어 함께 하였더니 그가 그들의 과실을 아비에게 고하더라 요셉은 노년에 얻은 아들이므로 이스라엘이 여러 아들보다 그를 깊이 사랑하여 위하여 채색옷을 지었더니 그 형들이 아비가 형제들보다 그를 사랑함을 보고 그를 미워하여 그에게 언사가 불평하였더라 요셉이 꿈을 꾸고 자기 형들에게 고하매 그들이 그를 더욱 미워하였더라 요셉이 그들에게 이르되 청컨대 나의 꾼 꿈을 들으시오 우리가 밭에서 곡식을 묶더니 내 단은 일어서고 당신들의 단은 내 단을 둘러서서 절하더이다 그 형들이 그에게 이르되 네가 참으로 우리의 왕이 되겠느냐 참으로 우리를 다스리게 되겠느냐 하고 그 꿈과 그 말을 인하여 그를 더욱 미워하더니 요셉이 다시 꿈을 꾸고 그 형들에게 고하여 가로되 내가 또 꿈을 꾼즉 해와 달과 열한 별이 내게 절하더이다 하니라 그가 그 꾼 꿈으로 부형에게 고하매 아비가 그를 꾸짖고 그에게 이르되 너의 꾼 꿈이 무엇이냐 나와 네 모와 형제들이 참으로 가서 땅에 엎드려 네게 절하겠느냐 그 형들은 시기하되 그 아비는 그 말을 마음에 두었더라" (창 37:1-11).

꿈을 주옵소서

위대한 일들은 위대한 꿈에서 비롯된다

세상의 모든 새롭고 위대한 일들은 꿈에서 출발합니다. 역사상의 수많은 인류문명도 인류의 머리와 마음 속에 있던 꿈 때문에 성취된 것입니다. 좋은 예가 아마 건축설계일 것입니다. 건축사 머리 속에 그려진 건물이 도면 위에 옮겨지고, 그 옮겨진 도면을 보고 마침내 건물이 지어지는 것입니다. 결국 건축 설계사의 머리 속에 있던 아이디어와 꿈이 현실로 나타나게 된 것입니다.

전세계적으로 가장 많은 사업망을 가진 사업체는 아마 코카콜라일 것입니다. 제가 한 십여 년 전에 중국을 방문한 적이 있었습니다. 그때는 중국 여행이 그렇게 자유롭지 못하여 중국에 들어가는 일이 쉽지 않은 때였습니다. 아직 백두산이 관광지로 개발되지도 않은 때였습니다.

그런데 제가 백두산 꼭대기에 올라가서 놀란 것은, 아무것도 없는 그 곳에 코카콜라가 와 있는 것이었습니다.

저는 그것을 보고 많은 도전을 받았습니다. 코카콜라가 예수의 복음보다 앞서가고 있기 때문입니다. "모든 인류에게 코카콜라를"이란 꿈은 이루어지고 있습니다.

옛날 희랍의 철학자들은 이 우주가 개념와 물질로 되어 있다고 생각했습니다. 그리고 이 두 가지 중에서 어느 것이 먼저인가 하는 논쟁이 늘 있어왔습니다. 예를 들어서, '삼각형'이라는 것은 변이 세 개고 각이 세 개고 그 세 각의 합이 180도인 것을 말합니다. 그래서 그 중에 하나의 조건이 맞지 않으면 삼각형이 될 수 없는데, 그렇다고 해서 삼각형이라는 개념이 없어지는 것은 아닙니다. 삼각형이라는 모형은 망가져도 그 삼각형에 대한 개념은 그대로 남아 있는 것입니다.

나무는 여러 가지가 있고 그것을 다 베어서 없애 버릴 수는 있지만 그렇다고 해서 나무라는 개념까지 없앨 수는 없습니다. 구약 시대의 성막도 이런 개념이었습니다. 하늘에는 하나님이 거하시는 성막의 원형이 있는데, 그것을 우리 눈으로 볼 수 있도록 하기 위해서 지은 것이 성막의 모형인 것입니다.

좋은 꿈과 아이디어는 하나님께서 주신 것입니다. 요셉은 자신의 꿈 때문에 자신은 물론이고 자신의 부모와 형제들과 애굽의 온 백성들과 다른 나라의 거민들까지도 살리는 엄청난 일을 할 수 있었습니다. 한 소년의 꿈은 이토록 중요한 것이었습니다. 열일곱 살난 소년의 꿈을 통해서 세계의 역사가 움직이는 체험을 했습니다.

사람의 꿈이 이루어졌을 때에는 그 한 사람의 꿈에서 머무는 것이 아니라 가족과 나아가서는 세계인들이 함께 누릴 수 있는 현실이 되는 것입니다. 우리는 각자 하나님께서 주시는 꿈이 있어야 합니다. 그래서 그 꿈을 이루어 하나님께 영광을 돌리는 사람이 되어야 할 것입니다.

야곱의 문제점

이제 창세기 37장 1절에서 4절 말씀을 살펴봅시다.

"야곱이 가나안 땅 곧 그 아비의 우거하던 땅에 거하였으니 야곱의 약전이 이러하니라 요셉이 십칠 세의 소년으로서 그 형제와 함께 양을 칠 때에 그 아비의 첩 빌하와 실바의 아들들로 더불어 함께 하였더니 그가 그들의 과실을 아비에게 고하더라 요셉은 노년에 얻은 아들이므로 이스라엘이 여러 아들보다 그를 깊이 사랑하여 위하여 채색옷을 지었더니 그 형들이 아비가 형제들보다 그를 사랑함을 보고 그를 미워하여 그에게 언사가 불평하였더라."

여기에는 야곱의 문제점과 요셉의 문제점 그리고 그 형들의 문제점이 나타납니다. 야곱은 여러 자식들 중에 한 아들을 편애하는 문제를 가지고 있었습니다. 그리고 요셉은 그 형들과 양을 치면서 형들이 잘못하는 것을 아버지께 일러바치는 좋지 않은 버릇을 가지고 있었습니다.

저는 성경의 인물 중에서 요셉을 아주 좋아합니다. 그래서 저의 영문 이름을 요셉(Joseph)이라고 하려 하다가 저에 비해 요셉은 너무 단점이 적고 위대한 사람이라서 제 마음에 부담이 되어 그만둘 정도로 그는 완벽에 가까운 사람이었습니다.

그런데 그런 요셉도 어렸을 때에는 형들의 잘못을 고자질하는 단점을 가지고 있었습니다. 고자질은 사람의 신임을 받기 어려운 단점입니다. 사람이 할 수 있는 가장 나쁜 습관 중 하나가 남의 일을 고자질하는 것입니다. 그런데 요셉이 어렸을 때에는 그런 단점을 지니고 있었습니다.

그의 아버지 야곱은 다른 자식들보다 요셉을 더 사랑해서 그에게만 특별히 채색옷을 지어 입혔습니다. 부모가 자식을 편애하는 것은 다른 형제들에게 그 아이를 미움받게 하는 것입니다.

저희 집에도 형제가 아홉이나 있었습니다. 그래서 부모님들이 특별히 어떤 자식을 더 사랑할 여유가 없었습니다만, 생각을 해보면, 우리 어머니께서는 저를 사랑하신 것 같습니다. 때때로 동네 아주머니들과 어머니께서 말씀하시는 가운데 저를 칭찬하는 것을 들은 적이 있었는데 그것이 평생 저의 기억에 남는 애정 표현이 되었습니다.

가끔 부모들은 자기 자식들을 위한 칭찬을 해 줄 필요가 있습니다. 그러면 그것이 평생 그 자식의 가슴에 남아서 아름답게 기억이 될 뿐만 아니라 사는 동안에 영향을 끼치게 될 것입니다. 제가 일평생 그런 영향을 받은 사람이라서 칭찬의 가치를 잘 알고 있습니다. 그런 만큼 편애도 오래도록 남는 것입니다.

그런데 고자질장이 요셉과 그를 편애하는 부모뿐만 아니라, 그 형들 자신에게도 문제가 있었습니다. 4절 말씀이 그것을 가르쳐 줍니다. 형들은 증오심과 시기심을 가지고 있었습니다. 자신들보다 동생이 더 많은 사랑을 받는 것에 대한 질투와 증오가 있어서 나중에는 자기 동생을 죽이려고 모의하는 단계까지 이르게 되는 것입니다. 그리고 그것 때문에 형들은 일평생 고생을 하고 불안 속에서 살게 됩니다.

증오를 하는 사람은 증오의 대상이 되는 사람보다 훨씬 더 고통스러운 삶을 살게 되어 있습니다. 다른 사람을 증오하는 것은 자신을 못 살게 하는 일이 되기도 하는 것입니다. 증오는 속성상 증가하게 되어 있어서 시간이 갈수록 그 미움의 정도가 점점 더하게 됩니다. 때문에 증오는 죽음을 부르게까지 될 수 있습니다.

만약 증오의 쓴 뿌리가 있는 사람은 그것을 일단 빠른 시일 내에 뽑아내야 합니다. 증오는 사랑으로 대체해야 없어지는 것이지 그저 잊으려고만 해서는 효과가 없습니다. 어떤 것을 의식적으로 생각하지 않으려 할수록 오히려 계속 생각하게 되는 것입니다. 생각하지 않으려고 하는 마음이 도리어 생각하게 만드는 것입니다. 그래서 자꾸만 그 생각에서 벗어나지 못하게 하는 것입니다. 생각하지 말자는 강박관념이 자꾸 그 일에서 벗어나지 못하도록 하는 것입니다.

시어머니에게 호된 시집살이를 한 사람이 자신은 절대로 자기 시어머니처럼 되지 않겠다고 생각이 날 때마다 다짐을 했는데, 나중에 보니까 오히려 자기 자신이 그렇게 싫어하던 시어머니와 똑같은 사람이 되어 있음을 발견하게 되었다는 이야기를 주변에서 많이 듣습니다. 어떤 것에서 벗어나야겠다는 생각만 자꾸 하다보니 결국 벗어나지 못하고 갇히는 꼴이 되는 것입니다.

그런 증오에서 참으로 벗어나는 길은 그 미운 사람에게 적극적으로 다가가서 사랑으로 대하는 것입니다. 미움을 사랑으로 이기려고 해야 극복되는 것입니다. 그렇지 않고 계속 미워하지 않으려는 소극적인 태도로는 증오가 극복되지 않습니다. **미움을 이기는 길은 사랑밖에 없습니다.** 사도 바울도 도적질을 하는 사람이 그 일에서 손을 떼려면 다른 일을 열심히 해서 돈을 벌고 그 돈으로 다른 사람들을 도와주어야 한다고 적극적인 해결책을 제시했습니다(엡 4). 그렇지 않으면 그 손은 또 범죄를 향해 갈 수밖에 없기 때문입니다.

모든 인간은 다 나름대로의 문제를 가지고 있습니다. 그리고 문제가 있는 사람들이 만나서 일으키는 소동 속일지라도 하나님은 역사를 일으키시고 그 계획하신 섭리를 이루어 가시는 것입니다. 이것이 하나님 역사의 신비입니다. 문제가 없기를 기대하는 것은 이상적인 생각일 뿐입니다. **하나님은 우리들의 모든 연약함을 통해서도 이 땅에 하나님의 뜻을 펼쳐 나가시는 분이십니다.**

우리는 가끔 자신을 미워하게 될 때가 있습니다. 같은 실수를 반복할 때 자신을 미워하게 됩니다. 그러나 그럴 때에도 하나님께서는 하나님의 뜻을 그렇게 약한 우리들을 통해서 이루신다는 것을 알아야 합니다.

자신이 가진 문제는 가능한 한 빨리 고쳐야 하겠지만, 하나님께서는 우리들의 문제를 통해서도 놀라운 역사를 이루신다는 것을 알아야 합니다.

꿈을 꾸는 사람이 됩시다

"요셉이 꿈을 꾸고 자기 형들에게 고하매 그들이 그를 더욱 미워하였더라 요셉이 그들에게 이르되 청컨대 나의 꾼 꿈을 들으시오 우리가 밭에서 곡식을 묶더니 내 단은 일어서고 당신들의 단은 내 단을 둘러서서 절하더이다 그 형들이 그에게 이르되 네가 참으로 우리의 왕이 되겠느냐 참으로 우리를 다스리게 되겠느냐 하고 그 꿈과 그 말을 인하여 그를 더욱 미워하더니 요셉이 다시 꿈을 꾸고 그 형들에게 고하여 가로되 내가 또 꿈을 꾼 즉 해와 달과 열한 별이 내게 절하더이다 하니라"(창 37 : 5-9).

젊은이들은 꿈을 꾸어야 합니다. 요엘서 2장 28절을 보면 "그 후에 내가 내 신을 만민에게 부어 주리니 너희 자녀들이 장래 일을 말할 것이며 너희 늙은이는 꿈을 꾸며 너희 젊은이는 이상을 볼 것이며"라는 말씀이 있습니다.

하나님의 성령께서 자유롭게 역사하실 때에 꿈이 생기는 것입니다. 하나님께서 역사를 보시듯이 꿈은 현재와 미래가 동시에 보이는 것입니다. 인간의 육체가 죄성 때문에 성령 하나님의 역사를 막아버립니다. 때문에 그것이 나타나지 못하는 것이지, 그렇지 않다면 얼마든지 하나님의 역사하심이 우리에게 나타날 수 있습니다. 우리의 마음이 비어 있다면 하나님께서는 아낌없는 성령을 부어 주십니다.

창의력을 가진 사람은 여러가지 가능성을 생각할 수 있는 사람입니다. 다양한 가능성은 하나님으로부터 올 수 있습니다. 사람들과 대화를 해 보면 앞과 뒤로 꽉 막혀서 전혀 다른 가능성을 보이지 못하는 사람들이 있습니다. 그런 사람과 일을 같이 한다는 것은 답답한 일이 아닐 수가 없습니다. 수많은 가능성이 있는 일에도 오로지 한 가지만을 고집하면서 전혀 다른 방법에 대해서는 고려하지 않는 사람이 있습니다. 그 사람에게는 성령님의 자유함이 없기 때문입니다.

성령이 계신 곳에 자유가 있습니다(고후 3:17). 하나님은 무한하신 분이시기 때문에 우리에게도 무한한 가능성이 있는 것입니다. "진리가 너희를 자유케 하리라"는 말씀도 바로 이런 뜻입니다. **진리 안에 하나님과 함께 있는 사람은 자유로운 사람이 될 수 있습니다. 자유로운 사람은 생각도 자유롭습니다.**

십대의 꿈은 그 사람의 인생을 지배하는 너무도 중요한 요소입니다. 그래서 어린 사람들에게는 위인들의 자서전을 많이 읽히면 아주 좋은 영향을 미칠 수 있습니다. 십대에는 하루에도 수십 가지의 꿈이 지나갑니다. 그러나 그것은 우유부단하다고 나무랄 일이 아닙니다. 어릴 때 품었던 수많은 가능성이야말로 살아가는 동안에 자신에게 맞는 것을 찾을 수 있는 기회를 얻게 하는 것입니다. 이들이 많이 경험하는 것은 결코 시간 낭비가 아닙니다. 오히려 그것이 그들을 자라게 하고 미래로 이끌어 주는 힘이 되는 것입니다.

열일곱 살의 소년 요셉이 하나님께서 주시는 꿈을 가지고 살았듯이 **우리들도 모두 하나님께서 주시는 비전을 가지고 살아야 합니다.** 젊은 사람일수록 하나님과의 대화의 시간을 많이 가져야 합니다. 하나님께서 이 땅에 자신을 보내 주신 이유와 뜻을 알고자 한다면 더욱 많은 기도가 필요합니다. 혼자서 꾸는 꿈도 좋지만 하나님 앞에서 일어나는 꿈은 역사를 변화시키는 것이 됩니다.

대학을 자신이 원하는 과에 못 갔기 때문에 대학을 졸업한 후 하고 싶은 일을 못하는 현상이 반복되어 나타나고 있는 우리 나라의 젊은이들은 얼마나 불쌍한지 모릅니다. 자신의 인생을 부모나 다른 사람들의 뜻에 따라 살아야 한다는 것은 불행한 일입니다.

사업에 대성한 어느 분이 저에게 "자신이 대학에 떨어진 것에 대해서 아주 감사한다"는 말을 한 적이 있습니다. 대학 입학시험에서 떨어졌기 때문에 지금의 자기 사업을 할 수 있는 기회가 생겼고 그렇게 시작한 자기 일에 아주 만족하고 있다는 것입니다.

가능성은 한 가지만 있는 것이 아닙니다. 너무 좁은 시야를 가지고 한 가지만 고집하는 사람은 더 큰 일을 할 수 있는 기회를 잃게 될 것입니다. **젊은이들은 하나님과의 대화에서 꿈을 찾아야 합니다. 그리고 어른들은 그들이 꿈을 이룰 수 있도록 도와 주어야 합니다. 그것이 부모로서 할 수 있는 최선의 일입니다.**

꿈이 있는 사람만이 삶에 의욕이 있습니다. 하나님의 뜻이 어떤 것인지를 볼 수 있는 사람은 영적인 눈이 있는 사람입니다. 우리들이 하나님 앞에서 꾼 꿈들은 어떤 형식을 통해서든지 실현되게 됩니다.

　요셉은 비록 여러 경로를 거치기는 했지만 하나님께서 꿈에 보여주신 대로 이룬 사람의 표본입니다. 꿈은 그것을 보고 간직한 사람만이 알 수 있는 것입니다. 그 꿈은 내 속에서 나타난 사실이기 때문에 아무도 인정을 해 주지 않아도 상관없습니다. 다만 본인의 마음 속에서는 누가 무어라고 하든 강하게 각인되어 있는 것이 중요합니다. 왜냐하면 하나님께서는 언젠가 이루실 것이기 때문입니다.

　세상을 향한 꿈이 있을 때에만 교회가 세상을 향해서 무엇을 할 수 있을까를 알 수 있습니다. 그것이 반드시 크고 원대한 것이어야 하지는 않습니다. 가장 크고 원대한 자리는 오직 한 자리밖에 없는 것입니다. 그 자리를 서로 차지하려고 밀치고 싸우는 것은 결코 좋은 것은 아닙니다. 하나님께서는 누구에게나 그 사람의 자리를 만들어 놓으셨으며 자신의 자리를 찾아서 앉는 것이 그 사람의 꿈을 이루는 것입니다. 그 사람이 거기에 꼭 필요하기 때문에 그 사람에게 그 일을 맡기신 것이기 때문입니다.

　처음부터 안될 것이라고 생각하고 시작하는 일은 잘될 리가 없습니다. "내게 능력 주시는 자 안에서 내가 모든 일을 할 수 있느니라"는 빌립보서 4장 13절을 매일 암송하십시오! 주님안에서 모든 일이 잘 될 수 있다는 희망과 생각을 갖게 되고 그 힘이 모든 것을 잘 되게 할 수 있는 것입니다. 적은 것이라 할지라도 늘 우리 앞에는 삶의 열정이 필요합니다.

　그런데 선한 일이라 할지라도 저절로 되는 일은 없습니다. 위대한 역사가 일어나려 할 때 악의 세력이 가만히 있으려 하지 않습니다. 선한 일에는 반드시 방해하는 세력이 있습니다. 시기하고 미워하는 반대 세력이 나타나게 되어 있는 것입니다. 반대세력의 벽을 뚫고 나가야 승리는 있습니다.

그래서 요셉의 꿈 이야기를 들은 형들은 요셉에게 미움과 증오를 더하게 됩니다. 아버지는 요셉을 야단치면서도 그 아들의 말을 기억해 놓으려고 했는데 그 형제들은 그 말이 무조건 싫고 요셉이 밉기만 했습니다.

"그가 그 꾼 꿈으로 부형에게 고하매 아비가 그를 꾸짖고 그에게 이르되 너의 꾼 꿈이 무엇이냐 나와 네 모와 형제들이 참으로 가서 땅에 엎드려 네게 절하겠느냐 그 형들은 시기하되 그 아비는 그 말을 마음에 두었더라"(창 37:10, 11).

그러나 하나님께서 주시는 꿈들은 거센 반대 세력에도 불구하고 반드시 이루어지게 되어 있습니다. 하나님이 이루기를 원하시면, 하나님의 역사를 막을 방법은 어디에도 없습니다. 우리가 하나님이 주신 꿈을 잃지 않고 살아간다면 그것은 어떠한 역경을 뚫고서라도 이루어지게 되어 있는 것입니다.

우리는 꿈을 꾸는 사람이 되어야 합니다. 어느 상황에서든지 꿈을 볼 줄 아는 자유를 허락해 달라는 기도를 하는 사람이 되어야 합니다. 그래야만 하나님과 사람 앞에서 보람있는 삶을 누릴 것입니다.

여러분과 제가 하나님이 주시는 꿈을 꾸며, 그 꿈을 잃지 않고 꿈을 이루어가는 하나님의 귀한 자녀들이 되기를 기도합니다.

제2장

꿈은 죽지 않는다

"…요셉이 그들에게 가까이 오기 전에 그들이 요셉을 멀리서 보고 죽이기를 꾀하며 서로 이르되 꿈을 꾸는 자가 오는도다 자 그를 죽여 한 구덩이에 던지고 우리가 말하기를 악한 짐승이 그를 잡아먹었다 하자 그 꿈이 어떻게 되는 것을 우리가 볼 것이니라 하는지라 르우벤이 듣고 요셉을 그들의 손에서 구원하려 하여 가로되 우리가 그 생명은 상하지 말자 르우벤이 또 그들에게 이르되 피를 흘리지 말자 그를 광야 그 구덩이에 던지고 손을 그에게 대지 말라 하니 이는 그가 요셉을 그들의 손에서 구원하여 그 아비에게로 돌리려 함이었더라 요셉이 형들에게 이르매 그 형들이 요셉의 옷 곧 그 입은 채색옷을 벗기고 그를 잡아 구덩이에 던지니 그 구덩이는 빈 것이라 그 속에 물이 없었더라 그들이 앉아 음식을 먹다가 눈을 들어 본즉 한 떼의 이스마엘 족속이 길르앗에서 오는데 그 약대들이 향품과 유향과 몰약을 싣고 애굽으로 내려가는지라 유다가 자기 형제에게 이르되 우리가 우리 동생을 죽이고 그의 피를 은익한들 무엇이 유익할까 자 그를 이스마엘 사람에게 팔고 우리 손을 그에게 대지 말자 그는 우리의 동생이요 우리의 골육이니라 하매 형제들이 청종하였더라 때에 미디안 사람 상고들이 지나는지라 그들이 요셉을 구덩이에서 끌어올리고 은 이십 개에 그를 이스마엘 사람들에게 팔매 그 상고들이 요셉을 데리고 애굽으로 갔더라"(창 37:12-28).

꿈은 죽지 않는다

꿈 꾸는 자, 요셉

젊었을 때는 꿈이 필요합니다. 당장은 그 꿈을 이루기가 어렵고 힘이 들는지 몰라도 젊었을 때의 꿈은 이루어질 수 있습니다. 요셉의 꿈은 처음에는 불가능한 것처럼 보였지만 그 후 삼십 년이 지나서 이루어졌습니다. 그것도 한치의 틀림도 없이 자신이 꾸었던 그대로 이루어졌습니다. 그의 별명은 '꿈 꾸는 자'였습니다.

18절에서 20절 말씀을 보십시오.

"요셉이 그들에게 가가이 오기 전에 그들이 요셉을 멀리서 보고 죽이기를 꾀하여 서로 이르되 꿈을 꾸는 자가 오는도다 자 그를 죽여 한 구덩이에 던지고 우리가 말하기를 악한 짐승이 그를 잡아먹었다 하자 그 꿈이 어떻게 되는 것을 우리가 볼 것이니라 하는지라."

요셉의 형제들은 요셉이 자기에게 오는 것을 보고 그를 죽여서 그 꿈이 어떻게 되는지를 보고자 하는 마음을 가집니다. 평소에 그가 항상 꿈에 대해 말하고 다녔기 때문에 그 꿈이 정말 사실인지 알고자 하는 마음이 그들에게 있었습니다. 요셉이 꿈꾼 내용은 형제들에게 증오를 심어주는 것이었습니다. 그래서 요셉의 꿈은 형제들에게 도전을 받고 있었습니다.

그러나 하나님의 계획하심에 따라 요셉의 마음 속에 살아있는 꿈을, 미래에 대한 비전이 없고 사랑이 없고 자신의 꿈이 없는 사람들이 죽일 수는 없습니다. 요셉의 꿈은 하나님이 주신 것입니다. 그 꿈은 하나님이 거두시지 않으면 아무도 없앨 수 없는 것입니다.

여러분에게도 이런 꿈이 있습니까? 아니면 그저 하루하루를 되는 대로 살아가고 있습니까? 하나님께서 주신 일을 통해서 성취할 자신의 꿈이 없다면 그 사람은 하나님 앞에서 잘못 살고 있는 것입니다. **우주를 섭리하시는 하나님께 자신의 앞날에 대한 일을 상의하고 맡기고 순종하는 자세로 살아야 하는 것이 믿는 사람의 태도이어야 합니다.** 이 땅에서 우리를 통하여 이루고자 하시는 하나님의 섭리가 있습니다. 우리는 그것을 성취하기 위하여 끊임없이 하나님께 묻고 대화해야 합니다.

하나님은 우리를 위하여 이미 계획하신 일이 있고 또 그 일을 통해서 하나님의 역사를 이루는 데 사용하시려는 계획을 가지고 있습니다. 특별히 요셉처럼 어린 나이에 택하여 세우신 사람도 있습니다.

자신을 이 가정에 태어나고, 이 교회를 다니게 하고, 이 학교와 이 직장을 다니게 하신 자신을 향한 하나님의 뜻이 무엇인지를 알기 위해서 우리는 끊임없이 하나님께 기도하고 그 뜻을 물어야 합니다. 자신이 특별히 잘하거나 좋아하는 것이 있으면 왜 하나님께서 이런 능력을 주신 것인지도 하나님께 물어야 합니다. 자신을 향한 섭리와 뜻과 미래가 무엇인지를 하나님께 물어서 그것을 성취할 수 있는 준비를 어렸을 때부터 해야 하기 때문입니다. **가정과 교회와 직장과 민족을 위**

해서 자신이 해야 할 일을 찾는 것이 자신의 삶을 보람있는 삶으로 만드는 가장 좋은 방법입니다.

    그 꿈은 기도를 통해서 얻을 수도 있고 하나님의 말씀을 통해서도 가질 수 있습니다. 우리가 가진 꿈들은 기도를 통해서 이루어질 수 있습니다. 목회자들 중에도 하나님의 부르심에 대한 소명이 없이 목사가 된 사람처럼 불행한 사람이 없습니다. 하나님의 자녀가 된 사람들은 하나님께서 자신을 이끄시는 음성을 들어서 자신의 길을 찾을 수 있는 사람이 되어야 합니다. 하물며 목회자가 되는 것은 하나님께 받은 분명한 소명의식 없이는 불가능한 일입니다.

    "예수 그리스도의 복음과 하나님의 영원하신 사랑을 땅끝까지 전하라"는 음성을 들었을 때는 어떤 고난이 있다 하더라도, 심지어 목숨을 잃게 되는 일이 있다 하더라도 그 사명을 위해 자신을 헌신하는 사람이 되어야 합니다. 그런 마음 자세를 가진 사람만이 피곤하고 힘이 들어서 견딜 수 없는 지경에 이르더라도 하나님께서 주신 꿈이 있기 때문에 결코 자신에게 맡겨진 사명을 중단하지 않게 되는 것입니다.

    여러분 바로 지금 이 시점에서 미래를 향하여 나에게 보여 주시는 삶은 무엇인지를 묻기 위해 하나님 앞에 무릎을 꿇는 사람이 되십시오. 그러면 하나님께서는 우리 각자에게 하나님께서 정하신 뜻을 들려주시고 그것을 이루도록 인도해 주실 것입니다. 우리들이 하는 모든 일들 가운데에 아무리 작은 일이라 할지라도 그 속에 하나님이 주시는 놀라운 꿈들이 있기를 바랍니다. 그러면 그 꿈들이 이루어질 때에 우리는 개인적인 꿈의 성취를 넘어서서 예수 그리스도의 교회가 일어나고 민족과 나라가 일어나는 사건들을 체험하게 될 것입니다. 그리고 그러한 꿈들 하나하나가 모여서 하나님께서 세상을 향하신 원대한 뜻이 이루어지게 될 것입니다.

그런데 이런 꿈이 성취하는 과정에는 반드시 그것을 방해하는 도전이 있습니다. 그 꿈을 사장시키려고 하는 사단의 음모와 도전이 생기게 되어 있습니다. 악의 세력들은 세상을 향한 하나님의 뜻이 들어 있는 우리의 꿈이 성취되는 것을 원하지 않습니다. 피곤해서 쓰러지고 낙담하기를 원합니다. 좌절해서 다시는 일어나지 못하기를 바라고 있습니다. 우리의 꿈이 이루어지면 악의 세력이 약해지기 때문에 사단이 그것을 그냥 두고 보려고 하지 않으려고 하는 것은 당연한 일입니다.

그러나 꿈을 향하여 도전하는 악의 세력이 아무리 강해도 **하나님께서 주신 꿈은 절대로 죽을 수 없습니다.** 꿈이 없는 사람은 죽은 사람입니다. 하나님의 주신 꿈이 죽는다면 그 사람이 죽는 것인데, 하나님께서 그것을 허락하실 리가 없습니다.

하나님이 우리에게 주신 꿈은 반드시 이루어지게 되어 있습니다. 창조주이신 하나님의 뜻하신 것이 피조물인 이 땅에 이루어지지 않을 수는 없습니다. 도전을 받고 위협을 받을 수는 있지만 그렇다고 아예 없앨 수는 없는 것입니다. 시련이 있을 뿐이지 좌절되지는 않습니다. 자신이 가지고 있는 꿈이 하나님이 주신 꿈이라고 확신한다면 그 꿈을 위해서 고난 당하는 것을 당연하게 받아들여야 합니다.

고린도전서 10장 13절에도 "너희가 감당할 시험 밖에는 너희에게 당한 것이 없다"고 말씀하고 있습니다. 그리고 "시험을 당할 즈음에는 피할 길까지 주시겠다"고 말씀하고 계십니다. 우리가 시험에 걸려 넘어지고 깨지는 것은 우리가 우리의 꿈에 대해서 가지고 있는 믿음이 약하거나 지레 겁을 먹고 엎드려지기 때문입니다.

하나님이 주신 꿈은 죽지 않는다

우리는 하나님의 사람들이요 날마다 기도하고 말씀을 보면서 사는 사람들입니다. 우리가 이 땅에 태어날 때에는 하나님께서 정하신 목적이 있어서 태어난 것입니다. 우리가 아니면 할 수 없는 일을 하나님께서는 마련해 놓으셨습니다. 우리를 지으신 하나님께서 우리를 통해서만 이루고자 하시는 뜻이 있습니다.

우리가 해야 할 일은 그것이 무엇인지를 발견하는 것입니다. 아직까지도 자기 삶의 분명한 뜻을 모른다면은 그 사람은 삶의 의미나 즐거움을 모르는 사람입니다. 하나님이 주신 꿈이 있는 사람들은 구덩이에 던져져도 구덩이에서 그대로 죽지 않습니다. 낯선 도시로 팔려가거나 억울하게 감옥에 들어가게 되어도 하나님의 뜻을 이루는 사람의 꿈은 반드시 이루어지게 되어 있기 때문입니다.

21절, 22절을 보십시오.

> "르우벤이 듣고 요셉을 그들의 손에서 구원하려 하여 가로되 우리가 그 생명은 상하지 말자 르우벤이 또 그들에게 이르되 피를 흘리지 말자 그를 광야 그 구덩이에 던지고 손을 그에게 대지 말라 하니 이는 그가 요셉을 그들의 손에서 구원하여 그 아비에게로 돌리려 함이었더라."

하나님은 요셉의 꿈이 도전받는 것을 보시고 르우벤을 사용하셔서 그 꿈을 보호하십니다. 위협을 당하고 죽임을 당할 요셉을 구하시려고 같은 형제의 우애를 사용하신 것입니다. 르우벤도 요셉을 사랑하는 사람은 아니었습니다. 그러나 그는 장자로서 자기의 아버지를 생각했습니다. 그래서 요셉을 보호했다가 아버지에게로 돌려보낼 계획을 세웠습니다.

하나님이 주신 꿈을 간직한 사람은 위기를 만날 때에 그의 주변에 누군가 돕는 사람이 있습니다. 주위에 오로지 적밖에 없다 하더라도 그 적들 중의 하나를 통해서라도 하나님은 꿈이 있는 사람을 보호해 주십니다. 하나님께서는 꿈을 이루게 하시기 위해서 어떤 사람이든지 사용하십니다. 우리의 생각으로는 도저히 일어날 수 없는 일을 하나님은 반대자를 통해서 이루십니다. 하나님 앞에는 불가능한 일이 없기 때문입니다.

그 다음으로 나타난 사람이 유다입니다. 26, 27절을 보십시오.

> "유다가 자기 형제에게 이르되 우리가 우리 동생을 죽이고 그의 피를 은익한들 무엇이 유익할까 자 그를 이스마엘 사람에게 팔고 우리 손을 그에게 대지 말자 그는 우리의 동생이요 우리의 골육이니라 하매 형제들이 청종하였더라."

유다는 자기 동생을 죽이는 것이 자기들의 손에 피를 묻히는 것 외에는 아무 유익이 없다는 이유로 요셉을 상인들에게 팔자고 다른 형제들을 설득합니다. 유다는 생각이 실리적으로 돌아가는 사람이었습니다. 그래서 동생을 죽이고 손을 더럽히느니 차라리 동생을 팔아서 실속을 챙기자고 생각한 것입니다.

이것은 유다의 생각처럼 보이지만 사실은 하나님께서는 아무도 상상하지 못하는 방법으로 요셉의 꿈을 지켜주시는 것입니다. 이것은 어떤 상황에서라도 하나님의 뜻은 사라지게 할 수 없다는 것을 보여줍니다. 하나님께서는 마침 그 때에 미디안 상인들이 그 형제들 앞을 지나가게 하십니다. 요셉을 구하는 동시에 요셉의 꿈을 이루시려는 하나님의 섭리가 그들을 통해서 나타나게 되어 있었던 것입니다.

저는 고등학교 1학년 때 '김 교수'라는 별명을 얻었는데 그것이 꿈이 되었고 이십 년 뒤에는 미국에서 정말 교수가 될 수 있었습니다. 물론 그것이 쉽고 평탄하게 된 일은 아니었습니다. 제 앞에 놓인 인생은 마치 여러 개의 밧줄에 매여 있는 마디들 같아서 그것들을 하나하나 푸는 것이 매우 힘이 들었습니다. 그러나 때가 되면 그 매듭은 하나씩 하나씩 풀렸습니다.

마디는 풀리게 되어 있습니다. 풀리지 않는 마디는 없습니다. 다만 하나님께서 정한 때가 언제인가 하는 것이 문제일 뿐입니다. 하나님께서는 서두르지 않으십니다. 이미 계획해 놓으신 시간이 있기 때문에 바로 그 때가 되면 풀립니다. 마찬가지로 시련도 반드시 풀리게 되어 있습니다. 다만 미리미리 가르쳐 주면 걱정도 하지 않을 일이지만, 연단을 거치고 난 후에 하나님께서 정하신 그 시간이 되면 하나님께서는 빠져나갈 길을 열어 주십니다.

마디는 풀리게 되어 있다는 것을 알면 그 다음부터는 어떠한 삶의 고비가 나타나도 그것을 이번에는 어떻게 푸실까 하는 기대를 가지고 바라보게 됩니다. 옛날의 걱정과 염려가 기대감과 흥분으로 바뀌는 것입니다. 마디는 풀리게 되어 있고 시련은 극복할 수 있습니다.

만일 지금 삶의 고비에 있다는 생각으로 염려하고 있는 사람이 있다면 그 사람은 하나님께서 그 당한 일들을 어떻게 풀어가시는지 보아야 합니다. 그 사람 안에 하나님을 신뢰하고 모든 것을 맡기는 믿음이 있다면 그 마디는 반드시 풀리게 될 것입니다. 우리는 알 수 없지만 하나님께서는 그 사람을 지키고 계시고 함께 하시고 계시기 때문입니다.

　요셉이 죽게 된 것을 막으시고 르우벤의 마음을 움직이시고 유다의 마음을 움직이셨던 하나님께서 지금 우리를 지키고 계십니다. 요셉이 뜻하지 않은 시련을 통해서 오히려 애굽의 국무총리가 될 수 있었던 것처럼, 하나님께서는 우리의 시련을 통해서 오히려 우리의 꿈을 이루게 하십니다. 우리의 꿈이 연단받는 것은 하나님께서 우리의 꿈을 더욱 견고하게 하고 우리가 상상할 수 없는 방법으로 그것을 이루고자 하시기 때문입니다. 우리는 이것을 알고 하나님께 순종하는 마음으로 하나님의 손길을 기다려야 합니다.

　혹시 여러분이 빈 우물 속에 들어가 있는 상황에 있다 할지라도 걱정하지 마십시오. 그런 극박한 상황이라 할지라도 르우벤과 유다와 같은 사람이 나타날 것입니다. 혹시 미디안 상인들에게 팔려가고 있는 상황이라 할지라도 낙심하지 마십시오. 지금 가고 있는 그 길은 하나님의 뜻을 이루기 위해 애굽으로 향해 가는 길이 될 것입니다.
　혹시 보디발의 가정에서 종으로 살고 있습니까? 그래도 염려하지 마십시오. 그것도 꿈을 이루기 위한 하나님의 계획을 실현하는 것이라는 사실을 믿으십시오. 하나님의 꿈은 절대로 죽을 수가 없기 때문입니다.

제3장

꿈은 전진한다

"르우벤이 돌아와서 구덩이에 이르러 본즉 거기 요셉이 없는지라 옷을 찢고 아우들에게로 와서 가로되 아이가 없도다 나는 나는 어디로 갈까 그들이 요셉의 옷을 취하고 수염소를 죽여 그 옷을 피에 적시고 그 채색옷을 보내어 그 아비에게로 가져다가 이르기를 우리가 이것을 얻었으니 아버지의 아들의 옷인가 아닌가 보소서 하매 아비가 그것을 알아보고 가로되 내 아들의 옷이라 악한 짐승이 그를 먹었도다 요셉이 정녕 찢겼도다 하고 자기 옷을 찢고 굵은 베로 허리를 묶고 오래도록 그 아들을 위하여 애통하니 그 모든 자녀가 위로하되 그가 그 위로를 받지 아니하여 가로되 내가 슬퍼하며 음부에 내려 아들에게로 가리라 하고 그 아비가 그를 위하여 울었더라 미디안 사람이 애굽에서 바로의 신하 시위대장 보디발에게 요셉을 팔았더라"(창 37:29-36).

꿈은 전진한다

하나님은 형제들에게 죽임을 당할 위기에 빠진 '꿈 꾸는 자' 요셉을 그의 형 르우벤과 유다를 통해 구해주셨습니다. 그러나 위기에서 벗어난 것도 잠깐, 요셉은 미디안 상인들에게 은 이십 개에 팔려가고 맙니다.

29절에 보면, 요셉을 구해서 그 아비에게 돌아가게 하려고 애썼던 르우벤이 형제들과 떨어져 멀리 있다가 이제 돌아왔습니다. 그리고 요셉이 그 구덩이에 없는 것을 본 르우벤은 옷을 찢고 어쩔 줄을 몰라 합니다.

29절, 30절을 보십시오.

"르우벤이 돌아와서 구덩이에 이르러 본즉 거기 요셉이 없는지라 옷을 찢고 아우들에게로 와서 가로되 아이가 없도다 나는 나는 어디로 갈까."

르우벤은 얼마나 놀랐는지 "나는 나는"하고 두 번을 외칩니다. 그는 하나님의 뜻을 알았기 때문에 요셉을 구하려고 했던 것이 아니었습니다. 그래서 요셉이 없어진 것을 보고는 어찌할 줄을 모르게 되었던 것입니다. 요셉을 구하려고 자기 나름대로 계획을 한 것이 어긋나게 되니까 이제는 어떻게 해야 할지 모를 상황에 빠졌다는 생각에 두려움에 사로잡혔습니다.
 그러나 하나님의 생각은 르우벤의 생각과 같지 않고, 하나님의 방법은 르우벤의 방법과 같지 않았습니다. 이사야 55장 8-9절 말씀을 보면 하나님께서는 "내 생각은 너희의 생각과 다르며 내 길은 너희 길과 달라서 하늘이 땅보다 높음같이 내 길은 너희 길보다 높으며 내 생각은 너희 생각보다 높으니라"라고 말씀하고 계십니다.

하나님의 생각, 사람의 생각

 세상 일이 우리가 생각하는 대로 된다면 문제가 될 것이 없습니다. 그러나 세상 일은 우리가 생각하는 대로 되는 것이 아니라 하나님의 생각대로 되는 법입니다. 하나님은 완전하신 분이요 영원하신 계획을 가지고 계신 분이기 때문에 우리는 그 분의 생각을 측량할 수 없습니다.
 하는 일이 생각대로 잘 되지 않는다고 해서 '하나님께서 나를 버리셨나?' 하고 의심하는 것은 잘못된 생각입니다. 우리가 낙심하지 않고 하나님이 뜻하신 다른 길이 있다는 것을 믿는다면 그 일은 반드시 성취될 것입니다. 그렇게 되리라고 믿는 것이 바로 믿음입니다. 믿음으로 사는 자는 어느 상황에서든지 하늘의 위로를 받을 수 있게 됩니다. 어긋나는 일이 생길 때마다 그 일 때문에 낙심하고 하나님을 원망해서는 안 됩니다.

 르우벤은 바로 하나님의 뜻을 깨닫지 못하고 절망을 했던 사람이었습니다. 만일 르우벤의 생각대로 되어, 요셉이 집으로 돌아갔으면 그는 애굽의 총리가 되지 못했을 것입니다. 뿐만 아니라 자기를 죽이려고 했던 것을 아버지에게 고자질해서 형들에게 더욱 미움을 받고 집

안에는 큰 싸움이 일어났을 것이 뻔합니다.
 그러나 르우벤의 생각대로 되지 않고 다행스럽게도 요셉은 애굽의 고관집으로 팔려가게 되었습니다. 전화위복이 된 것입니다. 감사할 일입니다. 우리의 생각과 다르고 르우벤의 생각과도 다르지만 그러나 그 일로 인하여 감사하지 않을 수 없는 일들이 일어납니다. 그것이 하나님의 계획이고 하나님의 섭리입니다.
 아우 요셉을 팔아버린 형들은 이제 아비 야곱을 속이기 위하여 계획을 세워 거짓말을 합니다.

> "그들이 요셉의 옷을 취하고 수염소를 죽여 그 옷을 피에 적시고 그 채색옷을 보내어 그 아비에게로 가져다가 이르기를 우리가 이것을 얻었으니 아버지의 아들의 옷인가 아닌가 보소서 하매"(37:31, 32).

 소식을 들은 야곱은 르우벤이 그랬던 것처럼 자신의 옷을 찢으면서 슬퍼했습니다. 나중에는 요셉 때문에 자신들이 살게 되고 세상의 다른 사람들도 살게 되는 그런 역사가 진행되고 있는데, 그것을 알지 못하는 야곱은 슬퍼하고 통곡합니다. 겉으로 보기에는 옷을 찢는 것이지만 가장 사랑하는 아들을 잃은 야곱은 마음을 찢는 것과 같은 고통을 느꼈을 것입니다. 자신이 제일 사랑하는 아들이 짐승의 밥이 되어 죽었다고 믿었으니 얼마나 억울하고 가슴이 아픈 일이었겠습니까? 그가 하나님의 뜻을 모르는 중에 당한 일이니 더욱 기가 막혔을 것입니다.
 우리는 우리 앞에 벌어진 상황을 믿음의 눈으로 보는 지혜가 필요합니다. 그래야만 공연한 슬픔을 겪지 않고 살 수 있게 됩니다. 슬퍼하지 않아도 좋을 일, 오히려 기뻐해야 할 일까지 슬퍼하며 살기에는 하나님께서 우리에게 주신 시간이 너무나 귀하고 해야 할 일들이 너무나 많습니다.

하나님의 역사는 쉬지 않는다

계속해서 33절, 34절 말씀을 살펴봅시다.

> "아비가 그것을 알아보고 가로되 내 아들의 옷이라 악한 짐승이 그를 먹었도다 요셉이 정녕 찢겼도다 하고 자기 옷을 찢고 굵은 베로 허리를 묶고 오래도록 그 아들을 위하여 애통하니."

하나님의 역사는 잘 진행이 되고 있는데 사람은 그것을 알지 못하므로 앞날을 위해서 기뻐하고 환영해야 할 일인데도 슬퍼합니다. 그리고 르우벤처럼 옷을 찢는 것입니다. 그러나 그가 그렇게 슬퍼하고 있는 사이에도 실제로는 하나님의 축복이 진행되고 있었습니다.

우리의 삶 속에서도 하나님께서 진행하시는 놀라우신 역사는 항상 진행되고 있는 것입니다. 하나님의 크신 역사는 쉬지 않으십니다. 그리고 우리를 지키시는 눈도 졸지 않으십니다.

하나님의 생각은 요셉의 기대와도 달랐을 것입니다. 우리 자신이 요셉이라고 생각해 보십시오. 자신이 꾼 꿈이 있는데 이렇게 죽을 일만 생기고 이방 땅에 팔려갈 일이 생길 것이라는 것을 어떻게 상상이나 했겠습니까? 그가 꿈을 꾸면서 그리고 있었던 것과는 전혀 다른 길이였을 것입니다.

그런데 중요한 것은 그렇게 자신의 생각과 전혀 다른 일을 당하게 되었는데도 요셉은 한 번도 불평하지 않았다는 것입니다. 자신이 감옥에 갇히고 총리가 되는 일들을 겪으면서도 요셉은 한 번도 형들을 원망하거나 보복할 생각을 가지지 않았습니다.
 요셉은 자신에게 꿈을 주신 분이 하나님이시고 그 꿈으로 인하여 자신은 하나님의 보호하심을 받게 될 것이라는 것을 알고 있었을 것입니다. 형들이 아무리 자신을 못살게 굴어도 그것으로 하나님의 뜻을 꺾을 수 없다는 것을 믿고 있었을 것입니다. 그래서 아무리 어려운 일이 닥쳐도 그것을 인내로써 견디며 꿈이 성취될 날을 기다릴 수 있었을 것입니다.
 기도하는 중에, 말씀을 읽는 중에 받은 꿈은 절대로 없어지지 않습니다. 하나님이 주신 꿈은 죽지 않습니다. 하나님의 뜻은 이루어지지 않는 것이 없는 것입니다. 가장 행복한 삶은 하나님께서 자신에게 원하시는 것이 무엇인지를 듣고 그것을 이루며 사는 삶입니다. 이 길이 가장 행복한 길입니다. 하나님이 주시는 삶보다 더 만족하고 더 의미있는 삶은 없습니다.

 요셉은 처음에는 자신이 종으로 팔린 것에 당황했을 것입니다. 그러나 그는 그렇다고 해서 자신의 꿈을 포기하지는 않았습니다.
 저는 어린 나이에 형들과 함께 이북에서 피난을 내려오면서 너무 피곤하고 힘이 들어서 형들에게 "나를 버려두고 가라"고 했던 적이 있었습니다. 그럴 때마다 형들이 저를 부축하고 "곧 마을에 도착해서 밥을 먹을 수 있을 것"이라고 희망을 주었기 때문에 다시 일어나 걸어서 내려왔습니다. 그 때 만약 그 자리에서 포기하고 주저앉았더라면 아마 제가 오늘과 같은 자리에 있지 못했을 것입니다. 그 때는 아무도 알지 못했지만 하나님께서는 제가 그렇게 어려운 길을 부모를 떠나서 내려오도록 하신 뜻이 있었던 것입니다. 그리고 그 뜻은 제가 어려움을 겪는 가운데서도 빈틈 없이 진행되고 있었습니다.

 그런데 창세기 37장에서는 죄가 가정을 파괴하는 모습으로 나타납니다. 동생을 죽이려고 하는 형제들이 있고, "살려 두자"는 맏형의 말을 새겨 듣지 않고 동생을 팔아서 돈을 버는 사람도 있고, 나중에는 아버지까지 속입니다. 형제간의 불화와 부자지간의 불신이 가정을 파탄으로 몰고가는 모습을 보게 됩니다.

그것의 출발은 형제간에 갖게 된 증오심이었습니다. 동생이 하는 꿈 이야기가 기분 나쁘고 아버지가 그 동생을 특별히 사랑하는 것이 질투가 나서 이런 일들이 일어나게 되었던 것입니다. 증오는 파탄을 가지고 오고 불행을 가지고 옵니다. 증오의 씨는 어떤 모양이라도 버려야 합니다.

자기 형제를 죽이려고 하고, 팔아서 돈을 벌려는 생각도 하고, 조작극을 만들어 아버지를 속이는 그 모든 것이 증오의 결과입니다. 그리고 그 증오는 세월이 많이 지난 후까지도 남아서 그 형제들을 괴롭히는 문제거리가 됩니다.

증오는 이토록 무서운 것입니다. **마음에 있는 증오는 어떤 모양이든지 버려야 합니다.** 미움을 가지면 미워하는 그 사람의 노예가 됩니다. 증오는 그 사람 때문이 아니고 나 자신 때문에 버려야 합니다. 증오는 그 대상이 되는 사람을 상하게 하는 것이 아니라 증오하는 마음을 가진 사람을 상하게 만듭니다. 그 형제들의 증오와 거짓말 때문에 결국은 몇 십 년 동안 슬픔과 오해가 있었습니다. 이들이 애굽에서 만나게 될 때까지 그리고 나중에 애굽에 살면서도 요셉의 형제들은 자신이 과거에 했던 잘못으로부터 자유로울 수 없었습니다.

가장 사랑하는 아들인 요셉을 잃어버린 야곱은 다른 자식들이 해주는 위로를 받으려고 하지 않았습니다. 35절을 보십시오.

"그 모든 자녀가 위로하되 그가 그 위로를 받지 아니하여 가로되 내가 슬퍼하며 음부에 내려 아들에게로 가리라 하고 그 아비가 그를 위하여 울었더라."

세상에서 가장 불효한 사람은 자기 부모의 눈에 눈물을 흘리게 하는 사람입니다. 부모의 가슴을 아프게 하는 사람은 하나님께서 주신 아주 중요한 계율을 어기는 사람입니다. 하나님께서는 우리가 하나님을 잘 섬기는 것만큼 우리의 부모들을 잘 섬기기를 원하고 계십니다. **보이는 부모를 공경하는 사람만이 보이지 않는 하나님도 진정으로 공경할 수 있습니다.**

그런데 야곱은 지금 자식들에게 속고 있지만 돌이켜보면 자신이 자기 아버지와 형을 속인 것을 그대로 받고 있다는 것을 알 수 있습니다. 자신이 옛날에 범죄한 대로 그 대가를 받은 것입니다. 죄는 슬픔을 낳고 사망을 낳습니다. 공의로우신 하나님의 법칙은 심는 대로 거두는 것입니다.

우리가 예수님을 믿으면 영원한 죄과는 용서받을 수 있지만 현세에 해결해야 할 죄는 당대에 그 값을 치러야 할는지도 모릅니다. 그 일은 하나님의 뜻에 달린 것입니다. 그리고 하나님의 생각은 인간의 생각과는 다릅니다. 하나님은 인간이 생각지 못한 방법으로 요셉과 우리를 인도하십니다.

"미디안 사람이 애굽에서 바로의 신하 시위대장 보디발에게 요셉을 팔았더라"(37:36).

요셉은 이런 야곱의 슬픔과는 달리 하나님의 계획에 따라서 애굽에

가 있었습니다. 인간의 죄와 문제에도 불구하고 하나님께서는 그것을 넘어서서 하나님의 뜻을 이루시고 전진하고 계신 것입니다.

초기의 미국 한인교회는 문제가 많았습니다. 친교의 시간까지는 괜찮은데 제직회만 열었다 하면 싸우는 것이 습관처럼 되어 있었습니다. 얼마나 그 싸움이 심한지 '제직회 사단'이 있는가 보다 하는 생각을 할 정도였습니다. 다른 곳에서도 한인들이 모이는 곳에는 그곳이 동창회든 실업인회든 싸움이 있었습니다. 그리고 그 싸움의 끝은 으례 그 교회가 두 쪽나는 것으로 마무리되었습니다. 심지어 어떤 교회는 여덟 조각이 난 곳도 있었습니다. 3,000개나 되는 미국의 한인교회는 그렇게 싸우고 깨져서 생긴 교회들이 대부분입니다.

이런 부분은 우리들이 변해야 할 부분입니다. 조금만 자신을 버리면 이런 일은 없을 것입니다. 저는 이런 것 때문에, 미국에서 벧엘교회를 세울 때에 한인들이 뭉치게 하기 위해서 얼마나 기도를 많이 했는지 모릅니다. 그래서 기도의 힘으로 결국은 볼티모어의 교회들이 하나되는 것을 보았습니다.

그런데 이상한 것은 교회가 깨어지면 또 다시 시작하는 두 교회들은 다같이 예전의 교인 수만큼의 교회로 커진다는 것입니다. 300명이 있던 교회가 갈라지면 얼마되지 않아 두 교회가 다 300명이 되는 교회로 큽니다. 참 신기한 일입니다. 한국 사람들의 나쁜 습성을 통해서도 하나님께서는 역사하시는 것입니다. **하나님은 우리가 원치 않는 단점도 하나님의 역사하심에 쓰시는 분이십니다.**

자비의 하나님, 은혜의 하나님은 우리의 모자람과 실수와 단점을 가지고 당신의 일을 이루십니다. 우리로 하여금 우리의 실수를 돌아보게 하시면서도, 그것들을 이용하셔서 하나님의 뜻을 이루십니다. 자신의 모습을 볼 때마다 아무것도 할 수 없는 사람처럼 느껴지지만 하나님께서는 이런 우리들의 모습을 그대로 사용하시고 사랑하십니다.

하나님은 자비로우신 분이십니다. 우리를 사랑하시고 은혜 주시기를 원하시는 분이십니다. 그래서 우리를 통한 일들이 하나님의 역사를 이루는 데 도움이 되며 우리는 하나님의 은총으로 축복된 삶을 살 수 있게 됩니다.

제4장

잘못된 출발

"…유다가 그 며느리 다말에게 이르되 수절하고 네 아비 집에 있어서 내 아들 셀라가 장성하기를 기다리라 하니 셀라도 그 형들같이 죽을까 염려함이라 다말이 가서 그 아비 집에 있으니라 얼마 후에 유다의 아내 수아의 딸이 죽은지라 유다가 위로를 받은 후에 그 친구 아둘람 사람 히라와 함께 딤나로 올라가서 자기 양털 깎는 자에게 이르렀더니 혹이 다말에게 고하되 네 시부가 자기 양털을 깎으려고 딤나에 올라왔다 한지라 그가 그 과부의 의복을 벗고 면박으로 얼굴을 가리고 몸을 휩싸고 딤나 길 곁 에나임 문에 앉으니 이는 셀라가 장성함을 보았어도 자기를 그의 아내로 주지 않음을 인함이라 그가 얼굴을 가리웠으므로 유다가 그를 보고 창녀로 여겨 길 곁으로 그게게 나아가 청컨대 나로 네게 들어가게 하라 하니 그 자부인 줄을 알지 못하였음이라 그가 가로되 당신이 무엇을 주고 내게 들어오려느냐 유다가 가로되 내가 내 떼에서 염소 새끼를 주리라 그가 가로되 당신이 그것을 줄 때까지 약조물을 주겠느냐 유다가 무슨 약조물을 네게 주랴 그가 가로되 당신의 도장과 그 끈과 당신의 손에 있는 지팡이로 하라 유다가 그것들을 그에게 주고 그에게로 들어갔더니 그가 유다로 말미암아 잉태하였더라 그가 일어나 떠나가서 그 면박을 벗고 과부의 의복을 도로 입으니라"(창 38:1-19).

잘못된 출발

하나님의 말씀은 다 목적이 있어서 씌어진 것입니다. 창세기 38장 1절에서 19절의 말씀은 어떤 뜻에서 씌어진 것인지 해석하기에 참으로 난감한 말씀 가운데 하나입니다. 그래서 다른 말씀보다도 더 많은 기도를 하고 더 크신 하나님의 인도하심을 구하며 이 말씀을 풀어낼 준비를 해야 했습니다.

이 말씀은 유다와 그의 며느리 다말에 관한 이야기입니다. 유다는 야곱의 넷째 아들이고, 이스라엘의 대표적인 인물이요, 다윗왕의 선조입니다. 그리고 무엇보다도 메시아의 계보를 갖게 되는 지파의 선조가 되는 사람입니다.

그런데 본문 말씀을 보면 그런 사람이 어떻게 이런 일을 할 수 있는가 하는 의문을 갖게 됩니다. 또 다른 한편으로는 "너의 시작은 미약하였으나 너의 나중은 창대하리라"는 욥기 8장 7절을 생각하게 되는 본문 말씀이기도 합니다. 유다처럼 훌륭한 사람도 그 시작은 보잘 것없고 미약할 수 있는 것입니다. 우리도 하나님의 존재를 알기 전에는 유다처럼 실수를 많이 한 사람이었습니다. 그리고 유다처럼 미약한 사람이었습니다.

유다의 이중적인 가치관

유다의 시작은 너무나 이중적이고 악했습니다. 그런데 하나님께서는 볼 것 없는 인간을 변화시켜서 왕족의 집안으로 만드셨습니다. 우리가 과거에 어떤 사람이었든지간에 **우리에게 희망이 있는 것은 하나님께서는 우리와 같은 죄인도 사랑하시고 하나님의 자녀라는 이름을 주시기 때문입니다.** 하나님은 우리를 사랑하시는 것을 통해서 자신이 은혜의 하나님이요 자비의 하나님이요 긍휼의 하나님인 것을 보여 주십니다.

유다는 시작이 좋지 않은 사람이었습니다. 그는 선과 악이 혼합된 사람이었습니다. '유다'라는 이름은 '던지다' '찬양하다'는 말인데 하나님을 찬양하라는 뜻이 들어있습니다. 그러나 그의 가치관과 세계관은 그렇지가 못했습니다. 자신 이름만큼의 인격이 되지 못한 사람이었습니다.

유다는 오늘날의 '예수를 믿는 사람'이라는 뜻은 '그리스도인'(christian)이라는 이름을 가졌지만 그 이름만큼의 값을 하지 못했고, 세계관과 가치관에 문제가 있는 교인들과 같은 부류의 사람이었습니다. 그런 사람의 삶은 혼돈으로 가득 차 있습니다. 선과 악이 뒤섞여 있습니다.

우리가 유다를 처음 보게 된 것은 요셉을 죽이지 말고 상인들에게 팔아버리자고 하는 창세기 26장 27절 말씀에서입니다. 유다는 혈육인 요셉을 죽이지 말자는 말을 하면서 "우리에게 무슨 유익이 있겠느냐"고 동생들을 설득합니다. 여기서 '유익'이라는 단어는 '자기에게 무슨 남는 것이 있겠느냐'는 뜻입니다. 아주 계산적이고 이기적인 마음을 가지고 있는 사람이라는 것을 알게 하는 말이 아닐 수 없습니다. 나쁘게 말하자면, 동생을 팔아서라도 자신에게 이윤을 남기겠다는 생각을 하는 사람이었던 것입니다.

그의 가치관은 혈육의 정에 있었던 것이 아니고 남기는 이윤에 있었습니다. 사랑을 도모하는 것이 아니라 유익을 추구하는 사람이었습니다.

저는 가끔 "한국 교회의 교인들이 천만이나 있는데 그 많은 사람들이 사회에서는 맥을 못추고 영향력을 발휘하지 못한다"는 말을 듣습니다. 그럴 때마다 저는 "그나마 교인들이 그만큼이나 되니 우리 사회가 이 정도 상태라도 유지하는 것"이라고 대답합니다.

그러나 유다를 바라보면서 그의 모습이 오늘의 크리스챤의 모습이 아닌가 하고 생각하게 됩니다. 유다는 나름대로 설득력이 있는 사람이었습니다. 자기 형제들이 싫어하지 않을 타협안을 실리와 함께 이끌어 내는 정치적인 사람이었습니다. 그는 나중에 국무총리가 된 요셉을 동생인 줄도 모르는 상태에서 설득하고, 두려움에 떨고 있는 아버지 야곱을 설득하는 일을 훌륭히 해내기도 합니다. 그러나 그런 모습을 갖기 전에는 혼란된 이중적 가치관을 가진 사람이었습니다.

우리도 이렇게 이중적인 가치관을 가지고 있는 사람인지도 모릅니다. 그러나 하나님을 믿는 사람이라는 말을 듣는다면 당연히 달라지려는 노력을 해야 합니다. 우리는 하나님을 믿는 사람이라고 하면서도 하나님의 말씀은 주일에 교회에서만 사용되는 것이고, 일단 교회 밖을 나서면 믿는 사람인지 안 믿는 사람인지 전혀 구분이 되지 않는 사람으로 살아가고나 있지 않는지 한번 생각해 볼 일입니다. 우리가 성경적 가치관, 올바른 신앙적 가치관을 가지고 생활할 때에야 비로소 이 땅에서 하나님의 아들들로서의 자격을 갖추게 되는 것입니다.

유다는 신앙적인 가치관에 의해서 결혼을 결정한 사람도 아니었습니다. 그는 하나님의 백성 중에서 사람을 선택하여 아내를 얻은 것이 아니라 육적인 쾌락을 추구하여 가나안 여인을 택해서 결혼했습니다.

> "그 후에 유다가 자기 형제들에게 내려가서 아둘람 사람 히라에게로 나아가니라 유다가 거기서 가나안 사람 수아라 하는 자의 딸을 보고 그를 취하여 동침하니 그가 잉태하여 아들을 낳으매 유다가 그 이름을 엘이라 하니라 그가 다시 잉태하여 아들을 낳고 그 이름을 오난이라 하고 그가 또 다시 아들을 낳고 그 이름을 셀라라 하니라 그가 셀라를 낳을 때에 유다는 거십에 있었더라"(38:1-5).

아브라함은 자기의 며느리를 얻기 위해서 천리나 되는 밧단아람에까지 종을 보내서 리브가를 데리고 왔습니다. 아브라함에게는 한 사람의 며느리가 그렇게 중요했던 것이었습니다.

요즘도 보면 '예수를 믿는 것은 믿는 것이고 자식들이 결혼을 하는 것은 예외'라는 생각을 가진 사람들이 많이 있습니다. 그 사람의 신앙은 전혀 상관이 없고 일류학교를 나오고 직장이 좋고 부잣집 자식이면 신앙은 아랑곳하지 않고 아들 딸들을 결혼시킵니다. 그래서 결국은 자식들이 신앙 때문에 십년 이십 년씩 고생을 하는 것을 보게 되는 것입니다.

유다도 그런 사람이었습니다. 그는 여인의 외모에 반해서 자기의 신앙을 상관하지 않고 이방인 여인과 결혼을 했습니다. 그러니 그 사이에서 난 아들들이 잘 자랄 리가 없었습니다. 아버지가 하는 말과 어머니가 하는 말이 다른 집에서 자랐으니 그 아들들의 가치관이 혼란스

러울 수밖에 없었을 것입니다. 그래서 철저한 신앙교육을 받지 못하고 자라게 된 것은 당연한 결과입니다.

"유다가 장자 엘을 위하여 아내를 취하니 그 이름은 다말이더라 유다의 장자 엘이 여호와 목전에 악하므로 여호와께서 그를 죽이신지라"(37:6, 7).

첫째 아들 엘은 하나님이 보시기에 너무 악했으므로 하나님께서 죽이시고 말았습니다. 그의 범죄함이 그렇게 심했던 것입니다. 아버지가 자식에게 하나님을 철저하게 가르치지 못했기 때문에 이런 일이 일어났다고 보아야 합니다.

둘째 아들 오난은 자기의 재산이 형수에게 가는 것을 못마땅하게 여기고 남편의 의무를 행하지 않았습니다. 그러자 그것이 하나님 보시기에 악했으므로 하나님께서 그도 죽이셨습니다.

"유다가 오난에게 이르되 네 형수에게로 들어가서 남편의 아우의 본분을 행하여 네 형을 위하여 씨가 있게 하라 오난이 그 씨가 자기 것이 되지 않을 줄 알므로 형수에게 들어갔을 때에 형에게 아들을 얻게 아니하려고 땅에 설정하매 그 일이 여호와 목전에 악하므로 여호와께서 그도 죽이시니"(38:8-10).

유다는 그가 신앙에 따른 결혼을 하지 않았기 때문에 결국은 두 아들을 죽이게 되는 무서운 일이 벌어지게 되었습니다.

우리의 가치관과 생활하는 모습이 다를 때에 자녀들은 혼란을 겪을 수밖에 없습니다. 그리고 그 혼란은 자녀들을 멸망의 구렁텅이로 몰고 가게 됩니다. 기왕에 하나님을 따라서 살 바에는 철저하게 사시기 바랍니다. 선을 추구할 때는 결사적으로 추구하고 악을 물리칠 때에는 철저하게 물리쳐야 합니다. 이럴 때만이 우리 아이들도 신앙 안에서 건강하고 축복받는 사람으로 성장할 수 있습니다.

약속을 지키지 않는 유다

유다는 하나님의 이름을 믿고 사는 사람이면서도 신앙에 있어서 편리주의자였습니다. 삶에 성실성이 없고 믿을 수가 없는 사람이었습니다. 그는 아들을 얻으려고 하는 며느리 다말을 셋째 아들 셀라가 자랄 때까지 집에 가 있으라고 했습니다. 그리고 셀라가 아들을 낳을 수 있을 만큼 자라게 되면 다시 부르겠다고 약속했습니다. 그러나 유다는 그 약속을 지키지 않았습니다.

11절 말씀을 보십시오.

> "유다가 그 며느리 다말에게 이르되 수절하고 네 아비 집에 있어서 내 아들 셀라가 장성하기를 기다리라 하니 셀라도 그 형들 같이 죽을까 염려함이라 다말이 가서 그 아비 집에 있으니라."

시아버지의 말씀에 따라 친정으로 돌아간 다말은 자기 시아버지 유다가 불러줄 때만을 기다리고 있었습니다. 그런데 유다는 자기의 셋째 아들마저 죽을까봐 두려워 다말을 다시 부르지 않았습니다. 가치관과 신앙이 철저하지 못하니까 자기가 한 약속을 제대로 지킬 생각을 하지 않고 피할 생각을 가지고 있었던 것입니다.

지키지 못할 약속을 함부로 해서는 안 됩니다. 성경은 "하늘을 두고도 땅을 두고도 맹세를 하지 말라"고 합니다. '하늘은 하나님의 보좌

요 땅은 하나님의 발등상'이기 때문입니다. 할 수 없이 맹세해야 할 일이 생기더라도 최선의 노력을 다하겠다고 하고, 그 말에 책임을 지도록 하는 것이 옳은 태도입니다.

서울에서의 생활은 시간 약속을 하는 것도 어렵게 만들고 있는 형편입니다. 평소에 말에 실수가 없는 사람이어야 다른 사람들에게 틀림없는 사람으로 인정받을 수 있습니다. 그런 평가를 받는 사람은 설혹 약속을 어기게 되는 일이 있어도 무슨 특별한 사정이 있을 것이라고 이해를 받을 수 있게 됩니다.

그러나 만약에 실수로 인해서 범죄할 수 있는 약속을 했을 때에는, 그 약속을 굳이 지키려고 할 필요가 없습니다. 약속을 지키기 위해서 범죄하는 것은 하나님께 더 큰 죄를 범하는 일이 됩니다.

유다는 도덕적으로 무장이 되어 있거나 가정중심적인 사고를 하는 사람이 아니었습니다. 그는 이미 장성한 세 아들을 두었을 정도이니 젊은 사람은 아니었을 것입니다. 그런데 아내가 죽자 그것을 계기로 거리의 여자와 간음을 합니다.

"얼마 후에 유다의 아내 수아의 딸이 죽은지라 유다가 위로를 받은 후에 그 친구 아둘람 사람 히라와 함께 딤나로 올라가서 자기 양털 깎는 자에게 이르렀더니 혹이 다말에게 고하되 네 시부가 자기 양털을 깎으려고 딤나에 올라왔다 한지라 그가 그 과부의 의복을 벗고 면박으로 얼굴을 가리고 몸을 휩싸고 딤나 길 곁 에나임 문에 앉으니 이는 셀라가 장성함을 보았어도 자기를 그의 아내로 주지 않음을 인함이라 그가 얼굴을 가리웠으므로 유다가 그를 보고 창녀로 여겨 길 곁으로 그에게 나아가 청컨대 나로 네게 들어가게 하라 하니 그 자부인 줄을 알지 못

하였음이라 그가 가로되 당신이 무엇을 주고 내게 들어오려느
냐 유다가 가로되 내가 내 떼에서 염소 새끼를 주리라 그가 가
로되 당신이 그것을 줄 때까지 약조물을 주겠느냐 유다가 무슨
약조물을 네게 주랴 그가 가로되 당신의 도장과 그 끈과 당신
의 손에 있는 지팡이로 하라 유다가 그것들을 그에게 주고 그
에게로 들어갔더니 그가 유다로 말미암아 잉태하였더라 그가
일어나 떠나가서 그 면박을 벗고 과부의 의복을 도로 입으니
라"(38:12-19).

유다의 눈에 띈 창녀는 변장을 한 자신의 며느리 다말이었는데 그는 그것을 모르고 있었습니다. 그는 그 여자의 유혹을 받은 것이 아니라 자기가 솔선해서 길 곁에 창녀의 복장을 하고 있는 그 여자에게 들어갔습니다. 인생을 웬만큼 살아서 며느리를 얻었고 셋째 아들이 장가를 가야 할 정도로 장성하게 되었으니 이제는 그런 유혹에서 벗어날 나이가 된 사람이, 자기 친구와 길을 지나다가 거리의 여자와 간음을 저질렀던 것입니다.

요즘 전화로 상담을 요청하는 사람들의 50퍼센트는 배우자의 부정 때문에 상담을 원하는 사람들이라고 합니다. 현대 사회는 남자나 여자를 유혹하는 것들이 얼마나 많은지 모릅니다. 그 문제 때문에 수많은 아내들과 남편들이 고통을 당하고 있는 것이 현실입니다.

만약 장기간 여행을 하는 기회가 생긴하면 더욱 특별한 조심을 기울여야 합니다. 죄는 반드시 그 사람을 잡아내게 되어 있습니다. 아무리 숨기려고 해도 하나님을 속일 수는 없습니다. 아예 유혹의 근처에 가지 않도록 해야지 자신은 유혹을 이길 수 있다고 자신해서는 안 됩니다. 유다는 자신을 통제하지 못하고 여행중에 아주 엄청난 잘못을

저지르게 되었던 것입니다.

    도덕교육은 사람의 수치감을 알게 하는 것이 가장 큰 역할이라고 할 수 있습니다. 도덕이라고 하는 것은 어두운 곳에서만 들키지 않으면 얼마든지 포장될 수 있습니다. 들키면 부끄러운 것이고, 안 들키면 다행이라고 생각하는 것이 도덕입니다. 따라서 윤리 도덕적인 문제는 가벼운 수치감을 가지고는 해결이 되지 않습니다.
    그에 반해 신앙교육은 하나님 앞에서 의롭게 살게 합니다. 사람은 누구나 잘못할 수 있고, 실수할 수 있고 유혹에 빠질 수 있습니다. 그러나 신앙을 가진 사람들은 하나님 앞에 죄의식을 느끼고 회개하게 되어 있습니다. 이것이 중요합니다. 누가 보든 안 보든 상관없이 하나님 앞에 자신의 모습을 드러내 놓고 회개하는 사람들이 신앙인입니다.

    우리 나라가 사는 길은 도덕교육 정도가 아니라 신앙교육을 하는 것입니다. 모든 백성들이 신앙에 바탕을 둔 도덕교육을 받을 때에만 그 교육이 근본적인 효과를 갖게 되는 것입니다. 그러면 실수를 할 수는 있지만 그것을 깨닫는 즉시 하나님 앞에서 회개하고 진정으로 돌이킬 수 있는 사람이 됩니다. 그렇게 하지 않으면 심령이 아파서 더이상 죄 가운데 머물러 있을 수 없게 되기 때문입니다.
    여기에 한국의 희망과 미래가 있습니다. 그러면 어디에 있어도 아무 염려할 것이 없는 사람이 됩니다. 누가 보든 안 보든 상관이 없습니다. 그는 하나님 앞에서 자신을 돌이키고 회개하는 사람이기 때문에 다른 사람들의 이목에 상관이 없는 사람이 됩니다. 이런 삶만이 참된 선을 지키면서 사는 삶이라고 할 수 있습니다.

    그러나 유다는 좋은 출발을 하지 못했습니다. 나중에는 자기의 잘못을 깨닫고 회개하는 사람이 되지만 그 죄의 결과는 대를 이어 남게 **되었습니다.**

우리는 이런 실수를 범하지 않도록 하루 하루 새롭게 출발하는 사람이 되어야 합니다. 유다와 같이 엄청난 실수를 하는 사람으로 살지 말고 누가 보든지 일관성이 있고, 하나님 앞에서나 사람 앞에서 동일하게 신실한 사람으로 살아야 할 것입니다.

제5장

복된 종말

"…유다가 가로되 그로 그것을 가지게 두라 우리가 부끄러움을 당할까 하노라 내가 이 염소 새끼를 보내었으나 그대가 그를 찾지 못하였느니라 석 달쯤 후에 혹이 유다에게 고하여 가로되 네 며느리 다말이 행음하였고 그 행음함을 인하여 잉태하였느니라 유다가 가로되 그를 끌어내어 불사르라 여인이 끌려 나갈 때에 보내어 시부에게 이르되 이 물건의 임자로 말미암아 잉태하였나이다 청컨대 보소서 이 도장과 이 끈과 지팡이가 뉘 것이니이까 한지라 유다가 그것들을 알아보고 가로되 그는 나보다 옳도다 내가 그를 내 아들 셀라에게 주지 아니하였음이로다 하고 다시는 그를 가까이 하지 아니 하였더라 임신하여 보니 쌍태라 해산할 때에 손이 나오는지라 산파가 가로되 이는 먼저 나온 자라 하고 홍사를 가져 그 손에 매었더니 그 손을 도로 들이며 그 형제가 나오는지라 산파가 가로되 네가 어찌하여 터치고 나오느냐 한 고로 그 이름을 베레스라 불렀고 그 형제 곧 손에 홍사 있는 자가 뒤에 나오니 그 이름을 세라라 불렀더라"(창 38:20-30).

복된 종말

유다는 자신이 알지 못하는 사이에 며느리와 동침을 하고 나서 그와 약속한 염소 새끼를 주고 자신이 주었던 약조물을 찾으려고 했습니다. 유다가 다말에게 주었던 약조물인 도장은 지금 우리가 생각하는 보통의 도장이 아니고 그 도장에 끈을 달아서 목에 걸고 다닐 정도로 중요한 것이었습니다. 그래서 도장과 끈이라는 것은 떨어져 있는 것이 아니고 함께 붙어 있는 것이었습니다. 그래서 유다는 그 약조물을 꼭 찾아야 했습니다.

"유다가 그 친구 아둘람 사람의 손에 부탁하여 염소 새끼를 보내고 그 여인의 손에서 약조물을 찾으려 하였으나 그가 그 여인을 찾으려 하였으나 그가 그 여인을 찾지 못한지라 그가 그곳 사람들에게 물어 가로되 길 곁 에나임에 있던 창녀가 어디 있느냐 그들이 가로되 여기는 창녀가 없느니라 그가 유다에게 돌아와 가로되 내가 그를 찾지 못하고 그곳 사람도 이르기를 여기는 창녀가 없다 하더라"(38:20-22).

그런데 그의 친구가 에나임 곁에 있었던 창녀를 찾았을 때에는 그곳에서 그 여자를 발견할 수 없었습니다. 여기서 창녀(娼女)라고 하는 것은 그 마을의 이방신을 섬기는 성전의 창녀를 말하는 것이었는데,

이러한 성창(聖娼)들은 예배를 마치고 마지막 예식으로 사람들과 성관계를 하는 것이 관습으로 되어 있었습니다. 유다는 이런 환경 속에서 구별되지 않은 채 살고 있었습니다.

그는 하나님에 대한 신앙으로 철저하게 무장되어 있지 못했기 때문에 이방 여자와 결혼을 하고 자식들도 올바로 가르치지 못한 것이었습니다. 결국 유다의 친구는 유다와 정을 통한 여자를 찾지 못하고 돌아옵니다.

그 이야기를 들은 유다는 자신의 체면을 생각해서 이 이야기가 더 이상 다른 곳으로 퍼져나가는 것을 막기 위해 더 이상 그 여인을 찾지 않고 묻어 두려고 합니다.

23절을 보십시오.

> "유다가 가로되 그로 그것을 가지게 두라 우리가 부끄러움을 당할까 하노라 내가 이 염소 새끼를 보내었으나 그대가 그를 찾지 못하였느니라."

유다가 가지고 있던 도장의 값과 염소의 값을 비교하면 도장이 훨씬 값나가는 것이었습니다. 그러나 자신의 도장을 창녀에게 주었다는 것이 알려져서 사람들에게 부끄러움을 당하게 될까봐 유다는 그렇게 소중한 집문서 같은 도장 찾기를 포기하려고 했던 것입니다.

유다는 이렇게 이중적인 가치 사이에서 방황하는 사람이었습니다. 그런데 그런 유다에게 누군가가 전하기를 그의 며느리 다말이 행음을 하여 아이를 가졌다고 했습니다. 그러자 그 이야기를 들은 유다의 반응을 보십시오. 24절입니다.

> "석 달쯤 후에 혹이 유다에게 고하여 가로되 네 며느리 다말이

행음하였고 그 행음함을 인하여 잉태하였느니라 유다가 가로
되 그를 끌어내어 불사르라."

그는 자신의 간음은 생각지도 않고 자기 며느리가 행음을 하였다는
소리를 듣고는 분노합니다. 그리고 며느리 다말을 끌어내어 불태워 죽
이라고 호령을 했습니다. 자신의 모습은 생각지도 않고 며느리의 부정
소식을 듣자 갑자기 선한 재판관이 되었습니다. 그래서 어쩌다가 그런
일이 생기게 되었는지는 들을 생각도 하지 않고 그를 죽이라고 소리
를 지릅니다.

그럴 때의 유다의 정의감은 모세의 율법보다도 더 강합니다. 모세는
간음한 사람은 그 자리에서 돌로 쳐서 죽이도록 했습니다. 그런데 유
다는 다말을 불태워 죽이라고 했습니다. 그것은 모세의 율법이 아니고
가나안의 율법이었습니다. 자기 눈에는 들보가 있으면서 다른 사람의
눈에 있는 티를 비난하는 것입니다. 이것은 우리들도 마찬가지인 것
같습니다.

모든 인간은 자신의 잘못에는 관대하고 다른 사람의 실수에는 얼마
나 혹독하게 상대하는지 모릅니다. 사람의 심리는 그런 것입니다.
예수님께 간음한 여인을 데리고 왔을 때에 사람들은 예수님께서 어
떻게 판결을 내리실지가 궁금했습니다. 그 간음의 현장에는 남자도 있
었을 텐데 사람들은 약한 여자만 잡아왔습니다. 예수님은 처음에는 아
무 말도 하지 않으시다가 바닥에 무언가를 쓰셨습니다. 성경에는 무엇
이라고 썼는지는 확실하게 나와 있지 않습니다. 그리고 나서는 "누구
든지 죄 없는 자가 먼저 돌로 치라"고 말씀하셨습니다. 그 말을 들은
사람들은 누가 먼저랄 것도 없이 하나 둘씩 돌을 놓고 그 자리를 떠
나갔습니다.

누구도 주님 앞에서 자신을 의롭다고 할 사람은 없습니다. 자신이 지은 죄가 눈에 드러나지 않고 혼자서만 지은 것이라는 차이가 있을 수는 있겠지만, 죄에서 자유로울 수 있는 사람은 한 사람도 없습니다.

우리는 다른 사람의 잘못을 볼 때에 그 사람 안에 있는 잘못이 나에게는 없는지를 살펴보아야 합니다. 다른 사람의 문제는 그 사람과 하나님 사이의 문제로 보고, 나 자신의 문제 역시 나와 하나님 사이의 문제로 바라보아야 합니다. 다른 사람의 문제는 크게 보고 나의 문제는 작은 것으로 축소해서 보는 시각은 고쳐져야 합니다.

자신이 다 알고 있는 문제라고 할 때에도 사람이 그것을 직접적으로 지적하면 반발이 생깁니다. 그러나 그것을 위해서 기도해 주고 하나님께 맡길 때는 얼마든지 고치고자 하는 마음이 생겨날 수 있습니다. 부부 사이에도 배우자의 습관을 인위적인 노력으로 고치려고 하는 사람들이 있는데 그래서는 안 됩니다. 오랜 기간 동안 길들여진 습관을 고치고 변화시키는 데는 긴 시간이 걸리는 것이 당연합니다. 따라서 우리는 서로를 위해서 기도하며 노력하고 인내하는 자세가 필요합니다.

시아버지에 의해서 불에 타 죽게 된 다말은 자신이 죽기 전에 유다에게서 받은 약조물을 보이고, 자신이 누구에 의해 아이를 갖게 되었는지를 밝힙니다. 25절을 살펴봅시다.

> "여인이 끌려 나갈 때에 보내어 시부에게 이르되 이 물건의 임자로 말미암아 잉태하였나이다 청컨대 보소서 이 도장과 이 끈과 지팡이가 뉘 것이니이까 한지라."

유다는 다말을 정죄했지만 다말이 보여준 약조물 때문에 자기 자신까지 정죄하는 사람이 되었습니다. 만일 다말을 정죄해서 불에 태워 죽인다면 자기 자신도 함께 죽어야 마땅한 처지가 되어 버린 것입니다.

유다의 회개

그런데 바로 그 문제를 처리하는 데 있어서 유다는 참다운 자기의 모습을 보게 되었고 진심으로 회개하는 기회를 얻는 계기가 되었습니다. 유다는 늦게나마 자신의 잘못을 시인하는 정직한 면모를 보여줍니다. 그는 자신을 망치고 며느리를 망칠 뻔한 사람이지만 일단 자신의 잘못이 드러났을 때에는 그것을 부인하거나 발뺌하는 대신 시인하고 바로잡으려고 했습니다.

26절을 보십시오.

"유다가 그것들을 알아보고 가로되 그는 나보다 옳도다 내가 그를 내 아들 셀라에게 주지 아니하였음이로다 하고 다시는 그를 가까이 하지 아니하였더라."

유다는 약속을 하고서도 지키지 않은 자기 잘못을 인정하고 다말의 행동을 옳은 것으로 판단합니다. 우리는 이런 모습의 유다에게서 희망을 발견할 수 있게 됩니다. 하나님 앞에서 자신의 잘못된 모습을 인정하고 돌이키는 사람에게는 성장할 수 있는 희망이 있습니다. 하나님은 자신의 죄를 인정하고 회개하는 모든 자를 용서해 주십니다.

그는 한 여인의 인생에서 자식이 없다는 것이 얼마나 큰 문제인가 하는 것을 알고 있었습니다. 여인에게 자식이 없다는 것은 생존하는 데에 절대적인 위협이 되는 것이었습니다. 따라서 다말에게 셀라를 주지 않은 것은 다말의 생명을 위협한 것이나 마찬가지였습니다. 자식이 없어서 땅을 유산으로 물려받지 못한 여인이 살 수 있는 방법이 무엇이겠습니까. 다말은 자신의 생존권과 아직 자신에게 기회가 있는 땅을 물려받을 권리를 자신의 힘으로 되찾으려고 했던 것입니다.

유다는 자신의 잘못을 깨달은 후로는 다시 다말을 가까이 하지 않았습니다. 잘못을 철저하게 회개하는 것은 말로만 잘못했다고 하는 것이 아니라, 다시는 같은 잘못을 저지르지 않는 것을 보여주는 적절한 예라고 할 수 있습니다. 유다는 회개의 열매를 맺은 사람이었습니다. 이런 점에서 다시 한 번 유다의 사람됨에 희망을 갖게 됩니다.

> "임신하여 보니 쌍태라 해산할 때에 손이 나오는지라 산파가 가로되 이는 먼저 나온 자라 하고 홍사를 가져 그 손에 매었더니 그 손을 도로 들이며 그 형제가 나오는지라 산파가 가로되 네가 어찌하여 터치고 나오느냐 한 고로 그 이름을 베레스라 불렀고 그 형제 곧 손에 홍사 있는 자가 뒤에 나오니 그 이름을 세라라 불렀더라"(창 38:27-30).

다말은 후에 아들 쌍둥이를 낳게 되었습니다. 그래서 먼저 손이 나왔던 아이의 손에 홍사를 매어 주었는데, 그 아이가 다시 들어가고 다른 아이가 나중에 나오는 일이 생겼습니다. 그렇게 해서 다말은 베레스와 세라라는 두 아들을 얻게 되었습니다. 그리고 그 아이들 중 베레스라는 아이가 바로 다윗의 조상이 되었습니다. 엄밀하게 말하면 베레스는 불륜의 자식입니다. 그런데 그런 사람의 계보에서 다윗과 메시아가 태어나게 됩니다.

하나님께서는 이렇게 악한 씨마저도 용납하셔서 선하게 변화시키시고 하나님의 큰일을 맡기시는 분이십니다. 그리고 그 점이 바로 우리의 희망이 되는 것입니다.

 인간은 언제라도 범죄할 수 있는 존재이지만 하나님 앞에 깨닫고 돌아올 때에는 하나님께서 얼마든지 그를 선하게 만드시고 복의 근원으로 만들어 주십니다. 그래서 우리 같은 죄인들에게 희망이 있는 것입니다.
 인간이 흠이 없고 완벽하기 때문에 하나님께서 사랑하시는 것이 아닙니다. 하나님은 우리가 죄인임에도 불구하고 우리를 사랑하시는 분이십니다. 우리 주위에서 일어나는 좋지 않은 일마저도 그것을 통해 하나님의 섭리를 이루시는 분이 우리 하나님이십니다. 하나님이 사랑하는 자, 그 뜻대로 부르심을 입은 자들에게는 모든 것이 합력하여 선을 이루는 하나님의 섭리가 있는 것입니다.

 그래서 우리에게는 늘 희망이 있습니다. 그리고 이 희망은 하나님이 함께 하시는 한 언제나 우리와 함께 할 것입니다.

제6장

형통한 사람 (1)

"요셉이 이끌려 애굽에 내려가매 바로의 신하 시위대장 애굽 사람 보디발이 그를 그리로 데려간 이스마엘 사람의 손에서 그를 사니라 여호와께서 요셉과 함께 하시므로 그가 형통한 자가 되어 그 주인 애굽 사람의 집에 있으니 그 주인이 여호와께서 그와 함께 하심을 보며 또 여호와께서 그의 범사에 형통케 하심을 보았더라"(창 39:1-3).

형통한 사람 (1)

형통한 사람이란?

'**형**통한 자'라는 말은 '성공적인 사람'이라는 뜻입니다. 성공하는 사람은 연속성을 지니는 것 같습니다. 그래서 한 번 성공해본 경험이 있는 사람은 다시 성공할 가능성이 많습니다. 반대로 무엇을 하든 실패만 경험한 사람은 그에 대한 심리적인 영향 때문에 실패를 거듭하게 되어 있습니다.

제가 대학에서 가르쳐본 경험에 따르면, 반드시 성공할 수 있는 사람이 있는가 하면 실패할 수밖에 없는 사람들도 있습니다. 성공하는 사람들은 대개 교사가 명하는 일에 절대적으로 순종하는 사람입니다. 가르치는 사람이 하라는 대로 하는 사람들은 대부분 성공하는데 이들은 부모님께도 역시 절대적으로 순종합니다. 부모님 말씀은 자식이 잘못되라고 하는 것은 없기 때문입니다. 하나님께서 부모와 교사들을 통해서 역사하시기 때문에 그 분들의 말에 따라 하는 일은 곧 성공으로 가는 훈련들입니다.

하나님께서 요셉을 어떻게 훈련시키시고 어떻게 성공하도록 만드셨는지를 살펴봅시다. 그리고 우리들도 요셉처럼 행하는 사람들이 되기 위해서, 창세기 39장을 신중하게 관찰합시다.

'형통한 사람들'은 어떤 상황에서도 하나님께서 돌보신다고 믿는 사람들입니다. 자기가 무슨 형편에 처해 있든지간에 언제나 하나님께서는 자신과 함께 하신다고 믿는 사람입니다.

씨름 용어 중에 '뒤집기 작전'이라는 것이 있지 않습니까? 하나님께서 함께 하는 사람은 아무리 나쁜 상황에 처해 있어도 그 상황을 뒤집어 전환시킬 수 있습니다. 어떤 환경에서도 계획하신 뜻을 이루시는 하나님이 함께 계시기 때문입니다.

39장 1절을 보십시오.

"요셉이 이끌려 애굽에 내려가매 바로의 신하 시위대장 애굽 사람 보디발이 그를 그리로 데려간 이스마엘 사람의 손에서 그를 사니라."

지금 요셉이 처한 형편은 아주 처참합니다. 형들의 시기와 질투 때문에 전혀 낯설고 다른 민족들의 땅인 애굽의 시위대장 집에 종으로 팔려갔습니다. '종으로 끌려간다'는 것은 '손발을 묶어서 데리고 간다'는 의미입니다.

우리가 아무리 어려운 상황을 겪은 경험이 있다 하더라도 아마 요셉과 같은 상황에 있었던 사람은 없었을 것입니다. 그런데 이런 극한 상황에 처한 요셉을 하나님께서는 친히 돌보시고 그 상황을 뒤집어 선하게 만들어 주십니다.

요셉은 어린 나이에 부모를 떠나서 이방 땅에서 고통스럽게 살아가게 되었습니다. 주변에서 어쩌다 한 사람이 자신을 못살게 굴어도 살기가 어려운데, 형제들이 모두 자기를 미워한다고 생각해 보십시오. 얼마나 고통스럽겠습니까?

제가 아는 미국의 목사님은 교인 한 사람 때문에 늘 고통을 당해서 아무것도 할 수 없다는 말씀을 자주 했습니다. 어떤 때는 교회를 떠나고 싶다고까지 하셨습니다. 교인 한 사람이 속을 아프게 해도 그렇게 큰 교회를 떠나고 싶을 지경인데, 요셉은 여러 형제가 한꺼번에 그를 미워했으니 그 심정이 오죽했겠습니까?

요셉은 또 죽을 고비를 넘겨야 했던 사람입니다. 형들의 질투 때문에 사망의 음침한 골짜기를 지나야 했습니다. 부모와의 생이별, 극심한 절망감, 처절한 외로움이 한꺼번에 닥쳐서 아주 깊은 낙심에 빠져 있는 상황입니다. 그를 구해 줄 수 있는 사람은 아무도 없는 어둠의 시간 중에 있어야 했습니다.

우리가 아무리 어려운 상황에 있다 해도 요셉처럼 극한 상황에 있지는 않을 것입니다. 그런데 요셉과 같은 극한 상황도 하나님께서 그의 의도대로 뒤집을 수 있으시거늘, 하물며 우리가 처한 상황인들 무슨 문제가 되겠습니까?

자신이 처한 상황이 너무 어렵고 힘들다고 생각하고 있는 사람들은 요셉을 생각합시다! 그리고 힘을 내십시오! 하나님께서 그런 상황을 허락하신 까닭은 반드시 우리에게 그 능력의 전능하심을 보이고자 하심입니다. 만일 우리가 천지를 지으시고 주관하시는 전능하신 하나님을 믿기만 하면, 그 어려움을 해결하는 것은 시간 문제입니다.

형통한 사람은 하나님께서 극한 상황 속에서도 언제나 자신을 극복시켜 주신다는 것을 믿는 사람이고, 이 시련이 하나님께서 나를 훈련하시는 시간이지 나를 망하게 하려는 것이 아니라는 것을 잘 아는 사람입니다. 하나님을 믿는 사람들이 다 이와같이 생각한다면 이 세상이 얼마나 밝은 세상이 될 수 있겠습니까? 그렇다면 우리의 미래는 기대감으로 가득 차 있게 될 것입니다.

요셉은 어려서부터 하나님을 바로 알고 있었습니다. 그래서 자신이 처한 극한 상황 역시 그를 망하게 함이 아니라 더욱 큰 사람으로 훈련시키기 위함임을 믿었습니다.

하나님에 대해 이렇게 확신 있는 믿음을 가진 사람은 다른 사람들로부터 사랑받게 되어 있습니다. 비록 종으로 팔려 오고, 형제들에게 미움을 받고, 비인격적인 대우를 받을지라도 모든 일을 하나님께서 하시는 훈련이라고 생각하고 성실하게 임하기 때문입니다. 그리고 그런 사람은 희망이 있기 때문에 아주 당당한 삶을 살아 갑니다. 그래서 보는 사람으로 하여금 반드시 신뢰를 받습니다.

우리 나라에서 가장 존경받는 신학자이신 박윤선 목사님께서는 1930년대에 미국 유학을 떠나실 때 배를 타고 떠나셨습니다. 대부분의 사람들이 배 안의 열악한 환경 때문에 배멀미를 해서 배 안이 난장판처럼 된 그 때, 박윤선 목사님께서는 요한계시록을 암송하셨다고 합니다. 다른 사람들이 불평하고 불만을 터뜨리느라고 아무것도 하지 못한 두 달 동안 박 목사님은 요한계시록을 모두 암송하신 것입니다.

그는 다른 사람들과는 달리 하나님의 말씀을 연구하고 그 말씀에 의해 사셨습니다. 그래서 같은 상황에서도 그분이 그 상황을 이겨내고 대처하는 방법은 다른 사람들과 전혀 다른 모습이셨습니다. 그렇게 자신이 처한 상황 속에서 할 수 있는 최선의 삶을 살았습니다. 그래서 지금 신학을 공부하는 분들 중에는 책상에 그 분의 즈석이 꽂혀 있지 않은 사람이 없을 정도로 유명하고 존경받는 신학자가 될 수 있었습니다.

하나님이 함께 하시는 사람

그럼 이제 2, 3절을 살펴봅시다.

"여호와께서 요셉과 함께 하시므로 그가 형통한 자가 되어 그 주인 애굽 사람의 집에 있으니 그 주인이 여호와께서 그와 함께 하심을 보며 또 여호와께서 그의 범사에 형통케 하심을 보았더라."

이 말씀과 같이 요셉이 하나님이 함께 하시는 사람이라는 것을 증거해 주는 두 사람이 있습니다. 한 사람은 창세기를 쓴 모세입니다. 모세는 물론 요셉의 시대에 살았던 사람은 아닙니다. 그러나 성령께서 함께 하셔서 그 때의 일을 알고 성경을 쓰면서 그 사실을 증언했습니다. 그리고 또 한 사람은 같은 시대에 살았던 애굽 왕의 시위대장 보디발이었습니다. 그는 비록 하나님을 알지 못하는 사람이었지만 가만히 요셉이 하는 일들을 보니 그에게는 유대인의 신인 여호와 하나님께서 함께 하신다는 것을 알 수 있었습니다. 무엇에든지 그의 손길이 닿기만 하면 하나님의 축복이 요셉과 함께 일어났습니다. 처음에는 잘못되는 것 같고 어려운 일 같은데 결과를 보면 항상 축복으로 끝이 나는 것이었습니다. 주변 사람들 곧 이방인의 눈으로 보아도 하나님을 믿는 사람은 요셉처럼 표정이 반드시 나타나게 되어 있습니다.

예수님을 믿는 사람들 중에는 자신이 그리스도인이라는 것을 밝혔다가 나중에 하나님을 욕되게 하고 자신도 행동하는 데에 불편을 겪게 될까봐 가능한 한 숨기려고 하는 사람이 있습니다. 그러나 그것은 잘못된 생각입니다. 누구에게든지 자신이 하나님의 사람이라는 사실을 당당하게 밝힌 후, 하나님의 영광을 위해서 일하고 최선의 노력을 다하는 자세로 살아 가야합니다.

운동선수들 중에 자신이 우승을 하면 그 자리에서 무릎을 꿇고 기도하는 사람들이 있습니다. 그런 모습은 다른 어떤 모습보다도 감동적이고 감격적입니다. 곧 보는 사람으로 하여금 하나님을 다시 생각하게 만들고 그 감격을 함께 나누기 때문입니다.

자신이 하나님을 믿는 사람이라는 것을 자연스럽게 나타냅시다! 자신이 하나님을 믿는 사람이라는 것은 결코 숨길 이유도 없고 숨길 필요도 없는 자랑스러운 신분입니다.

요셉은 바로 그런 사람이었습니다. 하나님께서는 하나님의 자녀가 어디를 가든지 그를 인도하시며 함께 하십니다. 그가 국경을 넘어가든, 감옥에 가게 되었든, 심지어 사망의 음침한 골짜기를 다닐 때에도 하나님은 그와 함께 하십니다. 그래서 예수 믿는 사람은 언제 어느 상황에든지 두려워하지 않고 다닐 수 있습니다. 하나님께서 언제나 함께 하신다는 것을 안다면 절망하고 두려워하고 낙심하고 우는 것은 믿는 사람의 태도가 아닙니다.

하나님이 자기와 함께 하신다는 사실을 믿고 사는 사람들은 그 얼굴 표정이 확실히 다릅니다. 그 얼굴에는 근심이나 걱정의 빛이 없습니다. 이것이 믿는 사람과 안 믿는 사람의 차이가 될 수 있는 것입니다.

누구든지 예수님의 음성을 듣고 마음 문을 열면 하나님의 자녀입니다. 하나님께서는 우리가 마음 문을 열고 그를 맞이하면 우리의 가슴 속에 영원히 임재하시겠다고 말씀하셨습니다. 성경에는 하나님이 우리와 함께 하신다는 말씀이 144번이나 기록되어 있습니다. 때문에 하나님을 믿지 않는 사람만 손해입니다.

우리가 부르는 찬송가에 문제 있는 내용이 있습니다. "쉬 떠나지 마시고 길이 함께 하소서"라는 찬송입니다. 하나님은 우리가 어떤 이야기를 하고 말고에 좌우되는 분이 아닙니다. 그 분은 언제 어느 때라도 우리를 떠나지 않으십니다. 이 찬송은 믿음의 확신이 없는 사람들이 부르는 노래입니다. 하나님께서 우리를 떠난다는 말씀은 어디에도 없습니다. 그것은 다만 믿음의 확신을 갖지 못한 사람들이 하는 좁은 생각일 뿐입니다.

하나님께서는 여호수아 1장과 히브리서 13장에서 우리를 절대로 떠나지 않으시겠다고 말씀하십니다.

"너의 평생에 너를 능히 당할 자 없으리니 **내가 모세와 함께 있던 것같이 너와 함께 있을 것임이라 내가 너를 떠나지 아니하며 버리지 아니하리니**"(수 1:5).

"돈을 사랑치 말고 있는 바를 족한 줄로 알라 그가 친히 말씀하시기를 **내가 과연 너희를 버리지 아니하고 과연 너희를 떠나지 아니하리라 하셨느니라**"(히 13:5).

하나님께서는 우리에게 약속하신 대로 세상 끝날까지 우리와 함께 하십니다(마 28:20). 예수님을 영접한 사람은 이제 자기가 사는 것이 아니라 자기 안에 있는 그리스도께서 사시는 것입니다(갈 2:2). 이런 사람은 조용하고 겸손하면서도 당당합니다. 자신 때문이 아니라 하나님이 함께 계시기 때문입니다.

　하나님께서는 분명히 우리와 함께 하신다고 말씀하셨는데 이것을 믿지 못한다면 그것은 하나님 책임이 아니라 믿지 못하는 사람이 책임을 져야 할 일입니다.

　우리의 불신앙 때문에 쓸데없는 에너지와 시간을 낭비하지 맙시다. **우리는 하나님을 믿는 믿음으로 앞으로 전진하는 삶을 살아야 합니다.**
　하나님의 동행하심을 하나의 현실로 생각하고 행동하는 사람은 벌써 언어와 태도에서부터 변화될 뿐만 아니라, 항상 형통합니다. 이는 자신의 능력이 아니라 하나님의 약속을 믿는 믿음으로써 그런 힘을 갖기 때문입니다.

제7장

형통한 사람 (2)

"요셉이 그 주인에게 은혜를 입어 섬기매 그가 요셉으로 가정 총무를 삼고 자기 소유를 다 그 손에 위임하니 그가 요셉에게 자기 집과 그 모든 소유물을 주관하게 한 때부터 여호와께서 요셉을 위하여 그 애굽 사람의 집에 복을 내리시므로 여호와의 복이 그의 집과 밭에 있는 모든 소유에 미친지라 주인이 그 소유를 다 요셉의 손에 위임하고 자기 식료 외에는 간섭하지 아니하였더라 요셉은 용모가 준수하고 아담하였더라"(창 39:4-6).

형통한 사람 (2)

우리의 하나님은 임마누엘의 하나님이십니다. 하나님은 우리가 기쁠 때나 슬플 때나, 사망의 음침한 골짜기를 다닐 때나 심지어 범죄할 때에도 우리와 함께 계십니다. 무소부재하신 하나님은 언제 어디서나 하나님의 자녀들과 함께 하십니다.

그러나 하나님께서 '늘 우리와 동행하신다'는 것과 우리가 '하나님의 임재를 늘 체험한다'는 것과는 차이가 있습니다. 하나님은 늘 우리와 함께 하시지만 우리는 하나님의 임재를 느끼지 못하고 살아갈 때도 있습니다. 보통의 경우는 하나님을 믿는 사람이라고 하면서도 자신과 함께 하시는 하나님을 느끼지도 발견하지도 못한 채로 살 때가 더 많습니다.

그런데 **'형통한 사람'은 언제나 함께 하시는 하나님의 임재를 느끼고 살아갑니다.** 하나님의 임재를 삶 속에서, 생활 속에서 체험하고 살아가는 사람에게는 힘이 있습니다. 기쁨이 있고 위로가 있고 꿈이 있습니다.

하나님과 동행하는 사람들

성경은 우리에게 하나님의 임재를 체험하며 살았던 믿음의 조상들의 이야기를 들려줍니다. 그 대표적인 예가 바로 요셉입니다. 그러면 하나님이 자신의 속에 임재하신다는 것을 확신하는 사람에게 어떤 일이 일어나는지 창 39장 2절과 3절 말씀을 살펴보겠습니다.

> "여호와께서 요셉과 함께 하시므로 그가 형통한 자가 되어 그 주인 애굽 사람의 집에 있으니 그 주인이 여호와께서 그와 함께 하심을 보며 또 여호와께서 그의 범사에 형통케 하심을 보았더라."

'하나님이 함께 하신다는 것'을 확신하는 것은 모든 일의 뿌리가 되는 것입니다. 튼튼한 뿌리가 있기 때문에 무슨 일을 하든지 좋은 열매를 맺을 수 있게 됩니다. 하나님과 자신이 하나 되어 일한다고 생각하는 사람들에게만 형통함이 있습니다. 이제는 내가 사는 것이 아니라 내 안에 있는 성령께서 함께 하신다는 사실을 매일 매일 인식하며 사는 사람에게만 나타나는 일은 그가 손으로 하는 모든 일들을 하나님께서 형통케 하는 것입니다.

자신의 모든 것이 하나님께서 주시는 것으로 믿는 사람에게만 일어날 수 있는 일들이 요셉에게 나타났습니다. 그는 하나님이 자신과 함께 하신다는 사실을 믿는 사람이었으므로, 그의 손에 무엇이 들어가든지 하나님께서는 그것을 축복하셨습니다.

하나님의 임재하심이 있는 사람은 무엇을 하든지 그것을 하나님께서 나를 위해서 하는 일이라고 고백합니다. 그래서 하나님을 사랑하고 하나님과 일치가 되어서 사는 사람들은, 자신이 무엇을 억지로 움직이려 하지 않아도 모든 일들이 차근차근 때를 맞추어 일어나게 되어 있습니다.

사람들에게 사랑받는 사람

또, 하나님이 함께 하시는 '형통한 사람'은 다른 사람들로부터 사랑받는 사람이 됩니다. 또한 다른 사람들이 우리를 볼 때에 무언가 편안함을 느낄 수 있고 따뜻함을 느낄 수 있는 사람이 됩니다.

제가 있던 신학교에 어떤 젊은이 한 사람이 저녁에 와서 공부를 했습니다. 그 사람은 미국의 BM이라는 회사에 다니는 사람이었습니다. 제가 언젠가 그 사람에게 "어떻게 신학을 공부할 생각을 하게 되었느냐?"고 물었습니다. 그랬더니 그 사람이 제 마음에 아주 감동이 되는 대답을 했습니다.

그의 회사에는 오전에 커피를 마시는 시간이 15분 있는데, 그 때 만나는 동료 중의 한 사람이 커피를 마시는 것을 보면 무엇인가 호감이 가는 면이 있었다고 합니다. 말도 한 마디 해 보지 않은 사람이었지만 무엇인가 자신하고는 다른 사람처럼 느껴졌습니다. 그 사람은 언제나 밝은 얼굴로 사람을 대하고 늘 즐거운 사람처럼 보였습니다.

그래서 하루는 그 사람에게 말을 걸면서, "그렇게 밝은 얼굴 표정을 가지고 있는 이유가 있느냐?"고 물었습니다.

직장 일을 마치고 그 사람은 질문에 대답하기를 자신에게는 자기 외에 또 한 사람이 자기 속에 살고 있는데, 그 분이 바로 예수 그리스도시고 그가 늘 즐겁고 기쁘게 살도록 해 주신다고 말했다는 것입니다. 그리고 자신이 처음 예수를 믿게 된 이야기와 예수님이 어떤 분인가 하는 이야기, 그리고 신학교에서 강의를 들었다는 이야기를 열심히 들려 주었습니다. 그 이야기를 들은 그 젊은이는 자신도 그 동료처럼 예수님과 함께 하는 사람이 되기 위해서 신학교에 들어오게 되었다는 이야기였습니다.

예수님을 믿는다는 것은 바로 이런 것입니다. 그의 삶 속에 예수님이 동행하시므로 그의 표정 속에 말 속에 그 믿음이 드러나는 것입니다. 그래서 다른 사람들이 그 사람을 통해 예수님의 모습을 발견하고 자신도 예수님과 함께 하는 사람이 되고 싶다는 생각을 하도록 만드는 사람입니다.

이제 6절 마지막을 보십시오.

> "주인이 그 소유를 다 요셉의 손에 위임하고 자기 식료 외에는 간섭하지 아니하였더라 요셉은 그 용모가 준수하고 아담하였더라."

요셉은 용모가 준수한 사람이었습니다. 그러나 용모가 준수하다란 의미가 다른 사람들이 모두 그를 아름다운 사람이라고 생각했다는 것은 아닙니다. 오히려 인물만 잘나서 더 미운 사람들도 많이 있습니다. 처음에 보기에는 얼굴이 잘나고 날씬하고 키가 커서 금방 눈에 띄기는 하지만 그럼에도 불구하고 갈수록 마음에서 멀어지는 사람이 있습니다. 이런 사람들은 나중에 그 얼굴 때문에 더욱 미움을 받게 되는 경우가 생깁니다.

여기서 "용모가 준수하고 아담하였다"는 것은 그 사람의 생김새도 그렇고 그 사람에게서 풍기는 인물의 됨됨이가 모두 호감이 가고 정이 간다는 것을 말합니다.

겉모양은 별로 눈에 띄지 않지만 사귈수록 정이 가고 아름다워지는 사람들이 있습니다. 이런 사람들은 다른 사람들에게 기쁨을 주고 오랜 만남을 유지합니다. 그 사람의 몸가짐과 마음씀이 다른 사람보다 따뜻하고 아름다워서 오래도록 깊은 교제를 나누고 싶은 사람입니다.

단지 얼굴이 잘생겨서 처음에 호감을 주는 사람과의 교제는 그리 오래 가지 못합니다. 그러나 호감을 갖게 하는 사람은 다른 사람들보다 훨씬 깊은 정을 나눌 수 있는 사람이 됩니다. 그래서 첫눈에 반하는 사람보다 시간이 가면 갈수록 좋아지는 사람이 되는 것이 더 아름답고 좋습니다. 서서히 떠오르는 사람이 있는가 하면 급히 산 너머로 사라져 버리는 사람도 있습니다. 겉사람은 자신이 선택할 수 없습니다. 그것은 하나님께서 주신 대로 받는 것입니다. 그러나 속사람은 다릅니다. 속사람은 자신이 스스로 갈고 닦으면 얼마든지 아름답고 빛나는 사람이 될 수 있습니다. 그래서 중요한 것은 속사람입니다.

요셉은 겉사람 못지않게 속사람이 준수하고 아름다운 사람임이 밝혀졌습니다. 하나님께서는 이런 사람을 쓰셔서 하나님의 영광을 드러내십니다. 다른 사람들이 싫어하고 배척하는 사람을 하나님께서 사용하시면 하나님의 일이 잘 진행될 리가 없습니다. 물론 어떤 때는 그런 사람을 통하여 하나님의 일을 이루시기도 하십니다. 그러나 보통의 경우에는 다른 사람에게 호감을 주는 사람을 통해서 하나님의 일을 이루십니다. 그래야 더 많은 사람에게 하나님을 알릴 수 있기 때문입니다.

만약 자신의 주변에 있는 사람들이 자신을 좋아하지 않는다면 심각하게 자기 자신을 검토해 볼 필요가 있습니다. 예수님도 "키가 자라고 지혜가 자라면서 하나님과 사람들에게 사랑을 받으셨습니다."

하나님께 사랑을 받으면서 다른 사람들에게는 미움을 받는다면 좋은 일이라고 할 수 없습니다. 물론 특수한 사정 때문에 하나님께 사랑을 받지만 다른 사람들에게는 미움을 받을 수도 있습니다. 그러나 보통의 경우에는 하나님께 사랑을 받으면 사람들에게도 사랑을 받게 됩니다. 하나님께 사랑을 받는 사람은 다른 사람들을 사랑하기를 하나님을 사랑하는 것처럼 사랑하기 때문에 사랑받을 수밖에 없습니다.

'형통한 사람'은 어디를 보아도 아름다운 사람입니다. 타고난 모습 때문이 아니라 그 속에 있는 아름다움이 흘러나올 때 느껴지는 아름다움 때문입니다. 제가 어떤 권사님을 한 분 만났는데 처음에 보았을 때는 너무나 못생겨서 속으로 좀 놀랐습니다. 그런데 세 시간 동안 이야기를 한 후 제가 그분에게 무릎 꿇고 절을 하고 싶은 생각이 들었습니다. 그 분의 인품에서 우러나오는 아름다움이 얼마나 깊은지 감동하지 않을 수 없었습니다. 저뿐 아니라 그분을 알고 있는 다른 사람들 역시 그분의 이름만 들어도 마음이 따뜻해지고 직접 만났을 때의 감동이 전해져 온다고 합니다. 그 사람 속에 들어있는 신앙적 인품이 매력적일 때 그런 사람의 삶이 아름다운 것이 되고, 다른 사람들에게도 그 아름다움을 감동적으로 전하는 사람이 됩니다.

어디서나 꼭 필요한 사람

'형통한 사람'은 어디서나 꼭 필요불가결한 사람이 됩니다.

4절 말씀을 보십시오.

"요셉이 그 주인에게 은혜를 입어 섬기매 그가 요셉으로 가정 총무를 삼고 자기 소유를 다 그 손에 위임하니."

요셉은 종으로 팔려갔지만 그 집에서 없어서는 안될 꼭 필요한 사람이 되었습니다. 주인의 눈치를 보지 않고 성실하게 일하고 어느 것이든지 맡은 일에는 최선을 다할 뿐 아니라 하나님께서 함께 계시니 얼마나 그가 맡은 일에 축복이 있었겠습니까? 주인의 눈치를 살피면서 성공한 사람은 하나도 없습니다. 주인이 모르는 것처럼 보여도 다 알게 되어 있습니다. 시간이 지나면 모든 사람이 그 사람의 본질적인 모습을 보게 되어 있기 때문입니다. 사람을 속이면서 일하는 사람은 절대로 성공할 수 없습니다.

1,200만이 되는 예수 믿는 사람만이라도 요셉처럼 일한다면 이 나라는 정직하고 강한 나라가 될 것입니다. 우리 믿는 사람들은 '무엇을 하든지 주께 하듯' 하는 사람이 됩시다. 예수 믿는 사람만이라도 예수 믿는 사람답게 살면 이 나라가 달라진다는 것은 불신자도 이미 알고 있습니다.

요셉은 최선을 다하는 성실함을 인정받아서 보디발의 집의 모든 일을 맡아하는 사람이 되었습니다. 그에게 일을 맡기면 틀림없고 모든 것이 잘되기 때문에 그런 신임을 얻었던 것입니다. 이런 사람은 직장이 없어서 헤매는 일이 없습니다. 이런 사람에게는 언제나 신임이 따르게 되기 때문입니다. 그러나 일하지 않고 월급에만 마음이 가 있는 사람들은 어디에서도 인정받지 못합니다. 직장에서 꼭 필요한 사람이 된다는 것은 그만큼 성실하게 일하는 사람이고, 그 성실함으로 인하여 유능한 사람이 된 것을 뜻합니다.

신뢰받는 사람

'형통한 사람'은 다른 사람들의 신임도가 높은 사람입니다. 하나님을 믿는 사람들은 신임도가 높아져서 시간이 갈수록 중요한 일을 맡아 하는 사람이 됩니다. 그런 사람은 주위 사람들이나 직장 상사들에게 완전한 신임을 받는 사람이 됩니다. 그 사람은 다섯 개만 하면 되는 일을 일곱이나 열 개까지 자진해서 하는 사람입니다. 그래서 언제든지 기대했던 것보다 더 나은 결과를 가져오게 하는 사람입니다.

다른 사람의 신뢰를 받도록 행동하는 사람을 하나님께서도 축복하십니다. 가진 자에게 더하시는 하나님의 은혜가 이런 사람에게 임하시게 되어 있습니다. 우리는 믿는 사람으로서 다른 사람들의 기준이 아니라 하나님의 기준에 맞춰 사는 사람이 됩시다. 그런 사람들이야말로 하나님과 사람의 은총을 입고 이 땅에서도 아름답고 보람있는 삶을 사는 사람입니다.

5절을 보십시오.

"그가 요셉에게 자기 집과 그 모든 소유물을 주관하게 한 때부터 여호와께서 요셉을 위하여 그 애굽 사람의 집에 복을 내리시므로 여호와의 복이 그의 집과 밭에 있는 모든 소유에 미친지라."

축복이 되는 사람

'형통한 사람'은 반드시 다른 사람에게 축복이 되는 사람입니다. 하나님께서는 요셉을 위해서 그 애굽 사람의 집에 복을 내리셨습니다. 예수 믿는 사람 하나 고용한 것으로 인해서 그 회사의 분의기가 달라지고 집안의 분위기가 달라지는 일이 생겼습니다. 그뿐만 아니라 하는 일마다 잘 되어 이전보다 더욱 풍성해진다는 이야깁니다. 자신들은 변하거나 달라진 것이 없는데 예수 믿으면서 일하는 그 한 사람을 보시고 하나님께서 그 집 전체에 축복을 내리신 것입니다. 요셉 같은 사람이 그 집 안에 있기 때문에 일어난 일입니다. 그 사람은 하나님께 자기 혼자 사랑받는 것으로 그치는 것이 아니라 자신이 하나님께 사랑받음으로 인하여 다른 사람들에게도 힘을 주고 은혜를 내리게 하는 사람입니다. 형통한 사람은 반드시 타인에게 축복이 됩니다. 그래서 다른 사람까지 형통하게 만들어 줍니다.

오늘 우리의 상태는 어떤 것인지 서로 검토를 해 보아야 할 필요가 있습니다. 우리는 요셉과 마찬가지로 하나님을 떼어 놓고는 생각할 수 없는 사람들입니다. 말하는 것, 행동하는 것도 하나님이 아니면 할 수 없는 사람들입니다. 그러므로 우리가 어려운 상황에 처해 있다 할지라도 낙심할 것이 없습니다. 요셉이 평탄하게 애굽의 총리가 된 것이 아니라, 여러 가지 어려운 상황을 극복하면서 애굽의 총리가 되었으므로 요셉의 이야기가 더욱 유명한 이야기가 된 것입니다. 요셉의 이야기가 아주 평탄하게 진행되었더라면 이처럼 우리들에게 감동과 희망을 주는 이야기가 될 수는 없었을 것입니다.

우리는 하나님과 함께 하는 사람에게는 어떤 상황에서도 하나님의 축복이 일어날 수 있다는 것을 깨닫고, 요셉으로부터 귀한 교훈을 얻는 사람이 되어야겠습니다. 그래서 하나님과 사람들로부터 사랑받고, 누가 보아도 아름다운 삶을 살며, 어디서나 필요불가결한 사람으로 인정받고, 그 사람으로 인해 주변의 사람들까지도 축복을 받는 그런 성도들이 되어야 하겠습니다.

제8장

신념의 사람들

"그 후에 그 주인의 처가 요셉에게 눈짓하다가 동침하기를 청하니 요셉이 거절하며 자기 주인의 처에게 이르되 나의 주인이 가중 제반 소유를 간섭지 아니하고 다 내 손에 위임하였으니 이 집에는 나보다 큰 이가 없으며 주인이 아무 것도 내게 금하지 아니하였어도 금한 것은 당신뿐이니 당신은 자기 아내임이라 그런즉 내가 어찌 이 큰 악을 행하여 하나님께 득죄하리이까 여인이 날마다 요셉에게 청하였으나 요셉이 듣지 아니하여 동침하지 아니할 뿐더러 함께 있지도 아니하니라 그러할 때에 요셉이 시무하러 그 집에 들어 갔더니 그 집 사람은 하나도 거기에 없었더라 그 여인이 그 옷을 잡고 가로되 나와 함께 동침하자 요셉이 자기 옷을 그 손에 버리고 도망하여 나가매 그가 요셉이 그 옷을 자기 손에 버려 두고 도망하여 나감을 보고 집 사람들을 불러서 그들에게 이르되 보라 주인이 히브리 사람을 우리에게 데려다가 우리를 희롱하게 하도다 그가 나를 겁간코자 내게로 들어오기로 내가 크게 소리를 질렀더니 그가 나의 소리질러 부름을 듣고 그 옷을 내 손에 버려두고 도망하여 나갔느니라 하고…"(창 39:7-18).

신념의 사람들

요셉이 성공한 것은 그의 삶의 방식이 다른 사람들과 구별되는 점이 있었기 때문입니다. 인류의 역사에는 평범한 보통사람들이 중요한 역할을 많이 했습니다. 그러나 역사에 길이 남을 뛰어난 지도자가 되려고 한다면 다른 사람과 다른 점이 있어야 합니다. 요셉처럼 뛰어난 지도자가 되기 위해서는 보통 사람들과 다른 점이 있기 마련입니다.

위대한 사람에게는 신념이 있다

요셉은 다른 사람들보다 신념이 특별히 강한 사람이었습니다. 그래서 그 신념 때문에 승리하게 된 사람입니다. 그의 이야기는 듣는 것만으로도 가슴을 시원하게 하는 면이 있습니다. 특별히 요즘처럼 흉한 얘기들로 꽉찬 시대에 창세기 39장을 읽는 것은 참으로 기쁜 마음을 줍니다.

우리 주변은 많은 유혹으로 가득 차 있습니다. 돈과 권세와 명예에 대한 유혹들로 둘러싸여 있어서 어디를 가도 그 유혹을 피할 수 없습니다. 그 중에서도 돈과 성에 대한 유혹이 가장 크고 집요하게 다가옵니다.

얼마 전에 보니까 "벗기는 것은 그만하라"는 내용의 칼럼이 일간신문에 등장했습니다. 연극에 대한 이야기였던 것 같습니다. 이런 현상은 이제 영화뿐 아니라 무대에서 하는 연극까지도 외설적인 장면이 너무나 많이 등장하고 있다는 것을 말해줍니다. 특히 여성들을 눈요기감으로 이용하는 데 대한 분노가 그 글의 요지였습니다. 그것은 '여성의 상품화'라는 것과 맞물려 있는 것입니다. 이 시대, 이 땅에 살고 있는 우리는 어쩔 수 없이 유혹의 집에서 살고 있는 것과 마찬가지입니다.

주인 보디발의 아내는 요셉에게 날마다 눈짓을 하면서 동침할 것을 요구했습니다. 하루는 집에 아무도 없는 틈을 타서 함께 자자며 요셉의 옷을 붙들고 놓아주지 않았습니다.

그렇게 집요하게 유혹을 하는데도 요셉은 넘어가지 않았습니다. 그래서 요셉이 특별한 사람이라는 것입니다. 그는 그 유혹에서 자기 자신을 지킬 수 있었기 때문에 나중에는 자기 가족들과 애굽 사람들을 구하는 큰일을 행하는 사람이 될 수 있었습니다.

자신을 악으로 유혹하는 것에 고개를 돌리고 그것을 바라보아서는 안 됩니다. 성경의 인물 중 다윗의 문제가 바로 유혹이 찾아왔을 때, 바로 고개를 돌려 피하지 않고 쳐다보다가 그 유혹에 넘어갔기 때문에 생긴 것이었습니다. 우연히 목욕하는 여인을 보게 되었으면 빨리 그 자리를 피해서 유혹에서 떠나야 하는데, 계속 바라보고 있었기 때문에 결국 유혹에 지고 말았던 것입니다.

대개의 유혹은 눈으로부터 오는 것입니다. 그래서 우리는 보는 것을 가장 조심해야 합니다. 다른 것도 그렇지만 요즘 광고는 쳐다보기가 두려울 정도입니다. 그래서 저는 가능한한 신문에 나오는 광고조차 쳐다보지 않으려고 합니다.

요셉은 이십대 전후의 젊은이였습니다. 그에게는 누가 유혹하지 않아도 자연스럽게 끌어오르는 성적인 욕구가 있었을 것입니다. 그런데 그런 그에게 주인 아내는 매일 유혹의 눈길을 보내왔습니다. 요셉은 그것을 견디는 것이 쉽지 않았을 것입니다. 주위에는 아무도 없고 자신과 주인 아내만 있다고 생각하면 분명히 죄를 저지를 수 있는 여건이 되어 있는 것입니다.

하나님의 사람은 유혹이 올 때에 극복하는 방법에서 특별함이 나타나게 되어 있습니다. 요셉에게 닥친 유혹은 순간적인 쾌락으로 끝나는 것이 아니라 자신과 자신의 가족들을 영원히 망치는 결과를 낳게 할 수 있는 것이었습니다. 그러나 요셉은 그런 함정에 빠지지 않았습니다.

한국 사회는 타락하기로 작정하면 얼마든지 타락할 것들이 널려 있는 곳입니다. 학교에 입학하는 것도 부정을 저지르고자 들면 얼마든지 가능한 곳입니다. 교육부분마저도 타락했다면 다른 부분은 어떻겠습니까? 요셉의 시대는 지금 우리보다 더한 성적인 타락이 있었을 때였습니다. 종교적인 행사에서 남녀가 함께 성교를 하고 즐기는 것이 공식적인 순서로 되어 있던 시대였습니다. 그러니 어떻게 보면 요셉이 주인의 아내와 동침한 것은 아무것도 아닐 수도 있는 그런 시대였습니다.

그런 시대를 살면서도 요셉은 하나님을 믿고 하나님께서 원하시는 대로 살려고 하는 의로운 청년이었습니다. 그래서 하나님께서 다른 사람이 아닌 그를 들어서 많은 사람을 구하는 일에 쓰신 것입니다.

유혹을 피하는 다섯 가지 방법

요셉은 유혹을 물리치는 방법으로 다섯 가지를 사용했습니다.

첫째, 처음부터 단호하게 물리치는 것입니다.
아예 상대방이 가능성을 생각하지 못하도록 처음부터 단호하게 대하는 것입니다.
7절에서 9절 말씀을 보십시오.

> "그 후에 그 주인의 처가 요셉에게 눈짓하다가 동침하기를 청하니 요셉이 거절하며 자기 주인의 처에게 이르되 나의 주인이 가중 제반 소유를 간섭지 아니하고 다 내 손에 위임하였으니 이 집에는 나보다 큰이가 없으며 주인이 아무것도 내게 금하지 아니하였어도 금한 것은 당신뿐이니 당신은 자기 아내임이라 그런즉 내가 어찌 이 큰 악을 행하여 하나님께 득죄하리이까."

요셉은 주인의 처의 말을 단호하게 첫마디에 거절했습니다. "당신의 남편이 집의 모든 것을 맡겨서 주인 외에 나보다 큰 이가 없지만 당신만은 금하였는데, 어떻게 그 신임을 어기고 하나님께 득죄를 하겠느냐?"는 것이 그의 말이었습니다.

하나님과 자기를 신임하는 사람에 대한 책임감 때문에 요셉은 단호하게 거절할 수 있었습니다. 완전한 신임은 완전한 책임감을 만드는 것입니다. 사람은 자신을 믿는 사람을 배반하지 않아야 합니다. 요셉은 그 신의를 굳게 지키려고 하는 사람이었습니다. 신의를 지키고자 하는 강한 의지가 본능으로 오는 큰 유혹을 물리칠 수 있게 하는 무기가 되었던 것입니다.

이런 책임감은 어렸을 때의 삶의 방식으로부터 오는 것입니다. 어렸을 때부터 이런 생활 방식에 길들여진 사람들은 언제 어디서든 신임할 수 있는 사람이 되고 하나님께서 큰일에 들어 쓰시는 사람이 됩니다.

둘째, 요셉은 하나님 앞에서 사는 사람이었기 때문에 유혹을 뿌리칠 수 있었습니다.
요셉은 "어떻게 그 큰 악을 행하여 하나님께 득죄하리요"라는 말을 합니다. 자신은 하나님께서 꿈을 주신 사람인데 어떻게 하나님 앞에서 죄를 짓는 일을 할 수 있겠느냐는 것입니다. 요셉은 죄를 자기의 주인을 속이고 쾌락을 취하는 것을 넘어서서 한 인간의 신뢰를 저버리는 것이며, 하나님 앞에서 엄청난 죄를 짓는 것임을 알았던 것입니다.
당신은 하나님 앞에서 모든 일들을 결정하고 그분 앞에서 행하는 삶을 살고 있습니까? 보는 사람이 없으면 그저 적당하게 유혹에 넘어가는 사람이라면 하나님을 두려워하는 사람이라고 할 수 없습니다. 남들 정도의 도덕적 삶을 사는 사람이라면 하나님께서 큰일을 맡기시고 탁월한 지도자로 삼을 수 없는 사람입니다.
사람을 두려워하는 사람보다 하나님을 두려워하는 사람의 삶은 더 청결하고 도덕적이고 깨끗해야 합니다. 언제나 하나님 앞에서 사는 사람들은. 상당한 절제가 필요하며 하나님께서는 이런 사람을 축복하십니다.

셋째, 무엇보다 중요한 것은 유혹의 근처에는 아예 가지 않는 것입니다.
물가를 배회하는 사람이 물에 빠지기 쉬운 것은 당연합니다. 물에 빠지지 않으려면 위험한 물가에는 처음부터 가지를 말아야 하듯이, 유혹이 있을 만한 환경은 처음부터 피하여야 합니다.

"여인이 날마다 요셉에게 청하였으나 요셉이 듣지 아니하여 동침하지 아니할 뿐더러 함께 있지도 아니하니라"(창 39 : 10).

요셉은 주인의 처가 하는 말을 처음부터 듣지 않았을 뿐 아니라 "함께 있지도 아니"하였습니다. 매일 보고 함께 있어야 하는 상황이었지만 할 수 있는 한 유혹의 근처에서 멀리 떠나려 노력했었음을 보여줍니다.

이런 요셉을 하나님께서 축복하십니다. 유혹의 가능성마저도 만들지 않으려 피하는 사람이야말로 진정으로 유혹을 이기는 사람이라고 할 수 있습니다.

넷째, 그렇게 피했는데도 유혹이 찾아오면 뿌리치고 도망하여야 합니다.
11, 12절 말씀을 보십시오.

"그러할 때에 요셉이 시무하러 그 집에 들어 갔더니 그 집 사람은 하나도 거기 없었더라 그 여인이 그 옷을 잡고 가로되 나와 함께 동침하자 요셉이 자기 옷을 그 손에 버리고 도망하여 나가매."

기회를 엿보던 여인은 아무도 없는 틈을 타서 요셉의 옷을 붙들고 늘어졌습니다. 그러자 요셉은 자신의 옷을 벗어버리고 도망하여 나옵니다.

유혹 자체는 없을 수 없습니다. 이 세상을 살면서 아무리 조심을 해도 생각지 못한 곳에서 유혹이 손짓하고 있습니다. 그러나 성도들은 어떠한 상황일지라도 유혹의 손길을 벗어버려야만 합니다.

바울은 디모데에게 "청년의 정욕을 피하라"고 명하고 있습니다. 여기서 '피하라'는 것은 '도망하라'와 같은 말입니다. 요셉은 이런 유혹을 뿌리치고 도망감으로 인하여, 처음에는 고초를 겪지만 나중 그는 높은 사람이 되었습니다. 그는 남이 하는 대로 그럭저럭 따라가는 평범한 보통 사람이 아니라 하나님의 의와 법을 따르는 특수한 사람이었습니다.

우리 나라는 점점 더 부패하고 타락한 사회로 가고 있는 것 같습니다. 그래서 어디서부터 어떻게 손을 대야 할지 도무지 알 수 없을 지경입니다. 다른 사람들과 대화를 통해 더욱 그런 생각이 들고 낙심이 됩니다.

그런데 하나님께서는 이런 때일수록 교회의 역할이 중요함을 말씀하십니다. 작은 일부터 그리고 교회부터 이런 유혹에서 벗어나야 합니다. 교회에 있는 사람들부터 이런 유혹을 벗어버리는 훈련을 한다면 이 사회와 국가를 유혹으로부터 지킬 수 있습니다. 다른 사람들은 어떠하든지 우리 믿는 사람들만이라도 윤리와 도덕을 지킨다면 그 힘이 점점 퍼져나가서 마침내 하나님의 섭리의 손길을 이루게 될 것입니다.

다섯째, 유혹은 손해를 입더라도 물리쳐야 합니다.

그러면 하나님께서는 그를 돌보시고 함께 하실 것입니다. 그 여인은 자신이 요셉을 유혹하다가 실패로 끝나자 자기 손에 있는 요셉의 옷을 빌미로 요셉에게 겁탈을 당할 뻔했다고 뒤집어 씌웠습니다.

"그가 요셉이 그 옷을 자기 손에 버려 두고 도망하여 나감을 보고 집사람들을 불러서 그들에게 이르되 보라 주인이 히브리 사람을 우리에게 데려다가 우리를 희롱하게 하도다 그가 나를 겁간코자 내게로 들어오기로 내가 크게 소리를 질렀더니 그가 나의 소리질러 부름을 듣고 그 옷을 내 손에 버려두고 도망하여 나갔느니라 하고 그 옷을 곁에 두고 자기 주인이 집으로 돌아오기를 기다려 이 말로 그에게 고하여 가로되 당신이 우리에게 데려온 히브리 종이 나를 희롱코자 내게로 들어왔기로 내가 소리질러 불렀더니 그가 그 옷을 내게 버려 두고 도망하여 나갔나이다"(39:13-18).

결국 요셉은 누명을 쓰고 감옥에 가게 됩니다. 그러나 우리는 기억해야 합니다. 하나님의 뜻대로 살고 하나님의 약속을 믿고 신념과 믿음으로 살려고 하는 사람에게는 하나님께서 반드시 그 억울함을 백배로 갚아 주십니다. 이런 사람들을 축복하지 아니하시면 하나님께서 누구를 축복하시겠습니까? 요셉이 감옥에 가지 않았으면 요셉은 애굽의 국무총리가 될 수 없었습니다. 하나님께서는 우리가 생각지도 못한 방법으로 역사하시는 것입니다.

하나님의 의 때문에 핍박을 받고 있다면 염려하지 다십시오! 그것으로 인하여 받은 손해는 하나님께서 열 배, 백 배의 결실을 얻게 하실 것입니다. 하나님의 섭리는 인간이 만들어낸 어떤 악조건도 뚫으시며, 어떤 나쁜 상황도 선한 것으로 변화시킬 수 있습니다.

하나님을 믿는 사람들은 이런 하나님의 공의와 전능하심을 믿어야 합니다. 하나님께서는 이런 사람들을 기다리고 계시며 돕기를 바라고 계십니다. **하나님은 모든 것을 보고 계시며 모든 것을 지배하십니다. 우리는 어떠하든지 하나님 앞에서 의롭게 살아야 합니다.**

우리 가운데 특별히 젊은 사람들은 하나님께서 우리 나라를 21세기에 들어 쓰실 것이라는 사실을 깨닫고, 이땅 곳곳에서 요셉과 같은 사람들이 필요하다는 사실을 생각하십시오. 그리고 앞으로 오는 세대에 자신은 어떤 사람이 되어야 하는지를 깊이 생각하고 기도하면서 내일을 준비하십시오.

하나님께서 우리 젊은이들에게 기회를 주실 것입니다. 하나님께서는 유혹을 단호하게 뿌리치는 요셉처럼 청렴한 사람들을 들어 쓰십니다. 그 때에 하나님의 쓰임을 받는 사람이 되시기를 바랍니다. 머리가 좋은 사람에게 하나님 일을 맡기시는 것이 아닙니다. **하나님께 순종하고 그 말씀대로 살려고 하는 사람에게 하나님께서는 함께 하시고 그 사람을 들어 하나님의 일에 쓰십니다.**

젊었을 때의 결단이 자신의 일생을 결정할 수 있습니다. 우리의 미래는 젊은이들의 손에 달렸다는 사실을 깨닫고 우리 나라와 민족을 위해 기도하는 여러분들이 되시기 바랍니다.

제9장

성공적인 감옥생활

"주인이 그 아내가 자기에게 고하기를 당신의 종이 내게 이같이 행하였다 하는 말을 듣고 심히 노한지라 이에 요셉의 주인이 그를 잡아 옥에 넣으니 그 옥은 왕의 죄수를 가두는 곳이었더라 요셉이 옥에 갇혔으나 여호와께서 요셉과 함께 하시고 그에게 인자를 더하사 전옥에게 은혜를 받게 하시매 전옥이 옥중 죄수를 다 요셉에게 맡기므로 그 제반 사무를 요셉이 처리하고 전옥이 그의 손에 맡긴 것은 무엇이든지 돌아보지 아니하였으니 이는 여호와께서 요셉과 함께 하심이라 여호와께서 그의 범사에 형통케 하셨더라"(창 39:19-23).

성공적인 감옥생활

'**성**공적인'이라는 말과 '감옥생활'이라고 하는 말은 전혀 결합이 될 수 없는 단어입니다. 그래서 성공적인 감옥생활이라는 말은 전혀 짝이 맞지 않는 두 말을 합쳐 놓은 것과 같습니다. 아이러니하게도, 요셉은 감옥에 갔기 때문에 성공한 사람이었습니다.

요셉은 이렇게 나쁜 환경 속에서 성공적인 생활을 할 수 있었던 선결조건이 한 가지 있었습니다. 그것은 감옥에 가는 일입니다. 바로 감옥이라는 곳에 갔기 때문에 후에 요셉이 누린 성공이라는 것이 성립될 수 있었다는 말입니다. 일반적인 공식과는 달리 요셉에게는 '감옥'이 '성공적인 생활'의 선결조건이 되었던 것입니다.

19절 말씀을 보십시오.

> "주인이 그 아내가 자기에게 고하기를 당신의 종이 내게 이같이 행하였다 하는 말을 듣고 심히 노한지라 이에 요셉의 주인이 그를 잡아 옥에 넣으니"

사실 주인으로 보면 다른 형벌 없이 그저 옥에 넣는다는 것은 아주 관대한 처벌일 수 있습니다. 다른 사람 같았으면 자기 아내에게 그 소리를 듣자마자 당장 죽이려고 했을지도 모르는 일인데 그저 감옥에 가는 일로 그친 것입니다. 이것은 그동안 쌓아 두었던 요셉의 신뢰에서 비롯된 것이며, 크게 보면 모두 하나님의 은혜로 이루어진 일입니다.

요셉의 처지에서 보면 이것은 아주 억울한 옥살이가 아닐 수 없었습니다. 주인과의 신의를 지키기 위해서, 그리고 하나님 앞에서 순결한 삶을 살려고 했던 결과로 감옥에 갇히게 된 것이었습니다. 아무리 감옥이 성공적인 생활의 비결이 된다 해도 아무도 감옥에 가고 싶은 사람은 없을 것입니다. 누구나 하나님과 함께 하는 형통하는 삶을 살고는 싶지만 그렇다고 감옥을 흔쾌히 선택할 사람은 없습니다. 그러나 감옥에 가지 않은 요셉의 이야기는 있을 수가 없습니다.

고난을 통해 역사하시는 하나님

요셉이 살던 시대는 주인이 종을 자기의 마음대로 부릴 수 있는 시대였습니다. 그래서 요셉의 주인은 자기 부인의 말만 듣고 자초지종을 살피지 않은 채 요셉을 감옥에 넣은 것입니다. 이런 것을 보면 공정한 법의 심판을 받을 수 있는 사회에 산다는 것만으로도 우리는 참으로 행복한 사람입니다.

요즈음 신문이 모든 것을 다하는 것처럼 생각될 때도 간혹 있습니다. 신문이 고발고소하고 판결도 하고 선고도 내리는 것입니다. 언론이 그렇게 해 놓으면 정말로 공정한 판단을 하기가 무척 어려워집니다. 사람들은 신문의 활자를 신뢰하고 거기에 씌인 대로 믿기 마련입니다. 그래서 진위가 아직 드러나지 않은 사건까지도 언론에서 그 사람이 범인인 것처럼 몰아놓으면 나중에 진실이 드러나도 바로잡기가 힘들어지게 됩니다.

우리는 법정에서 정식 재판을 받고 진실이 드러나기까지 신문에서 주장하는 대로 믿어서도 안 되고, 그 사람을 죄인 취급해서도 안 됩니다. 재판으로 죄가 확정이 되기 전까지 누구도 그 사람을 죄인이라고 부를 수 없습니다.

과거 우리 나라에서 많은 사람들이 억울하게 죄인으로 몰리고 부당한 옥살이를 했습니다. 통치자의 생각과 다른 것을 주장해서 그 비위를 거슬렸다는 것만으로도 감옥에 가는 사람들이 많이 있었습니다. 그리고 반쯤 폐인 된 채 풀려난 사람들도 있었습니다. 이런 사실이 과거 우리 역사 가운데 존재했었습니다. 사람의 신분이나 다른 어떤 여건에 관계 없이 반드시 정당한 법에 의한 공정한 대우를 받을 수 있는 사회가 될 때 진정 민주화된 사회가 이루어질 수 있다는 교훈을 남겨준 사건들이었습니다.

아직도 정치적 이해관계에 의해서 어떤 일들은 감춰지거나 확대될 때가 종종 있고, 기댈 곳이 없는 약한 사람들은 억울하게 당하고도 하소연할 곳을 찾지 못하지만 문민정부가 들어서고는 법의 집행이 많이 진전된 것이 사실입니다.

그런데 요셉이 살던 시대 역시 주인 마음대로 종을 부릴 수 있는 사회였기 때문에 공정하게 변론할 기회 없이 가두었던 것입니다. 참으로 억울하기 짝이 없는 일이었습니다. 한 사람에게만 절대적이 권력이 주어지기 때문에 이런 병폐가 일어나는 것입니다.

절대적인 권력은 절대적으로 부패하게 되어 있습니다. 사회를 이루는 여러 제도 중 민주주의가 가장 합리적인 제도입니다. 아무도 완벽한 사람은 없지만 그런 중에도 여러 사람들이 존경하고 믿을 만한 사람들을 뽑아서 정치를 맡기는 것이 그래도 안전한 방법인 것입니다.

민주주의의 발달을 위해서는 시민들이 자신의 권리를 최대한 행사해야 하고, 그렇게 해서 민주주의가 발달하게 되면 시민들이 권리 또한 더욱 확장되는 것입니다.

독재구조에서는 권력자가 곧 법입니다. 그래서 요셉은 아무런 죄가 없었지만 감옥에 갇히는 억울한 처지가 되었던 것입니다. 그러나 요셉은 그런 그의 처지에 대해서 항거하거나 한탄하지 않았습니다. 하나님의 선하신 뜻을 신뢰하고 소망하는 마음이 있었기 때문입니다. 요셉이 믿었던 것처럼 하나님의 뜻을 이루기 위해서 요셉은 감옥에 들어가야 했던 것입니다.

결국 요셉은 자신을 감옥에 가도록 만든 하나님의 역사하심에 감사해야 합니다. 자신의 억울한 일을 통해서 선한 역사를 만드시는 하나님께 감사해야 한다는 말입니다. 그렇게 억울한 일을 당하지 않았더라면 요셉은 그저 평범한 사람으로 살다가 죽었을 것입니다.

우리들에게도 똑같이 적용할 수 있습니다. 지금 너므나 억울한 일을 당해서 하나님께서 어떻게 나에게 이렇게 하실 수 있을까 하는 생각을 하십니까? 그렇다면 하나님을 원망하는 마음을 누르고 하나님의 선하신 뜻이 모든 것을 합력하여 선을 이루게 하실 것이라는 것을 믿고 감사하십시오! 하나님은 어떤 억울한 일이 일어났다고 하더라도 그것을 역전시켜서 그 사람에게 축복이 되도록 하실 수 있는 분이시기 때문입니다. 이렇게 생각을 하고 살아가는 사람들이야말로 형통하는 사람들이고 바로 감옥에서도 성공할 수 있는 사람들입니다.

누구도 고난받는 것을 원하지 않습니다. 즉 감옥을 원하지 않습니다. 또한 시련과 억울함과 오해와 실패를 원치 않습니다. 그러나 하나님의 사람은 그런 어려운 상황을 변화시키고, 그런 상황을 통해서 하나님의 역사가 이루어진다는 것을 믿고, 또 그렇게 만드는 사람인 것입니다. 감옥에 들어가지 않았더라면 요셉은 우리가 아는 요셉이 될 수 없었을 것입니다.

이런 요셉의 삶을 배운 우리들은 어려운 일을 당했을 때에 먼저 하나님께 감사하는 사람이 되어야 합니다. 하나님의 뜻을 이해할 수 없고 도저히 견디기 힘든 상황이라고 판단되는 그런 시점에 있다면 더욱 하나님께 먼저 감사하십시오. 그것이 바로 믿음입니다. 우리는 믿음으로 사는 자들입니다. 우리는 믿음으로 출발한 자들입니다. 우리의 믿음은 보이지 않을지라도 이루실 줄 믿고 감사하는 것입니다. 믿음은 결국 우리들에게 모든 형통한 축복을 가져다 주십니다.

멈추지 아니하시는 하나님의 손길

감옥에 가는 것이 그 사람의 범사라면 그 사람은 그 범사에 감사해야 합니다. "범사에 감사하라 이는 너희를 향하신 하나님의 뜻이니라." 우리의 범사 가운데에 억울한 일이 포함되었다 해도 우리는 그것으로 인하여 감사해야 합니다. 왜냐하면 범사에 일어나는 일이 곧 하나님의 섭리 속에서 일어나기 때문입니다. 그리고 하나님께서는 그곳이 감옥이라 할지라도 인도하시는 그 손길을 멈추지 아니하시기 때문입니다.

20절을 살펴봅시다.

"이에 요셉의 주인이 그를 잡아 옥에 넣으니 그 옥은 왕의 죄수를 가두는 곳이었더라 요셉이 옥에 갇혔으나"

참 재미있는 일입니다. 그 당시 많은 감옥이 있었을텐데 요셉은 하필이면 왕의 죄수들을 가두는 감옥에 갇히게 되었던 것입니다. 하나님께서는 그가 억울하게 감옥에 가도록 허락하셨지만, 아무 감옥에나 가두도록 두신 것은 아니었습니다. 성공적인 감옥생활을 하도록 특별한 곳을 미리 택하여 그곳에 있게 하셨습니다.

보이지 않는 하나님의 손이지만 언제나 모든 것을 미리 계획하시고 그 뜻을 이루셨습니다. 만약 요셉이 아무 감옥에나 갇혔었더라면 그는 애굽의 총리가 되는 영광을 얻지 못했을 것이고 나중에 그의 가족들도 구하지 못했을 것입니다. 그러나 하나님의 보혈의 피로 산 사람들에게는 언제 무슨 일을 하든지 거기에는 하나님의 뜻이 있는 것입니다. 심지어 감옥에 가도 성공할 수 있도록 만드십니다. 이것이 바로 하나님의 은혜입니다.

우리는 하나님의 인도하심에 대한 확신을 갖고 살아야 합니다. 잠언 3장 5절을 보십시오.

"너는 마음을 다하여 여호와를 의뢰하고 네 명철을 의지하지 말라."

자신이 억울하게 감옥에 간다해도 감옥에 온 것은 하나님의 어떤 뜻이 있는 것이라고 믿고 주를 인정하면 주께서 모든 일을 인도하여 주실 것이라는 말입니다. 네 명철을 의지하지 말라는 뜻은 자신의 판단에 확신을 가지고 교만해지지 말고 오직 하나님만을 의지하며 살라는 말씀입니다.

우리 하나님이 모든 것을 그 뜻대로 선하게 인도하시리라고 우리가 믿는다면 얼마나 편안한 마음을 가지고 살 수 있겠습니까? 그래서 요셉에게는 불평이 없었던 것입니다. 작은 일에도 짜증을 내고 불평하는 사람에게는 하나님의 축복이 임할 수가 없습니다.

저는 예수 믿는 우리들이 평범한 보통 사람이 되는 것을 원하지 않습니다. 신앙이 있는 사람은 어딘가가 달라도 좀 다른 사람이 되어야 한다는 것이 저의 생각입니다. 그렇기 때문에 설령 억울하게 감옥에 간다하더라도 다른 생각과 다른 태도를 갖는 사람이 될 수 있는 것입니다. 하나님의 백성에게는 절대로 우연한 것은 없습니다! 반드시 어떤 일이든지 우리에게는 섭리로 나타나고 은혜가 될 것이기 때문에 일어났다고 생각해야 합니다. 그리고 그렇게 산다면 불평없이 감사로 가득 찬 삶을 살게 되는 것입니다.

요셉에게 나타난 하나님의 축복

감옥에 있는 요셉에게 하나님의 축복이 나타났습니다. 감옥에서도 하나님은 요셉과 함께 계셨던 것입니다.
21절을 보십시오.

> "여호와께서 요셉과 함께 하시고 그에게 인자를 더하사 전옥에게 은혜를 받게 하시매."

하나님께서는 감옥에도 요셉과 함께 하셨습니다. '하나님은 평화롭고 좋은 자리에 있을 때에만 함께 계셔서 축복하시지만, 어려움 속에 빠져 있을 때에 나 몰라라 하는 분인가' 하는 생각은 잘못된 것이라는 증거가 여기에 나타납니다. 언제 어디서나 주님이 나와 함께 계신다고 생각하면 어떤 일을 당해도 우리는 편안한 마음이 될 것입니다.

제가 어렸을 때 하나님은 예배당 안에만 계시는 줄 생각했습니다. 그래서 교회당 안에 들어갈 때 발뒤꿈치를 들고 조용조용히 들어가곤 했습니다. 그러지 않는 사람은 전도사님이 지키고 앉아 있다가 다시 나갔다 들어오라고 호통을 치셨습니다. 요즘에 그런 식으로 가르치면 아무도 교회에 오려고 하지 않을는지 모르겠습니다.

교회 안에만 하나님이 있다고 믿었을 때에는 교회 밖에서는 마음껏 소리지르고 뛰어 놀다가도 교회 안에 들어서기만 하면 모두 입을 조용히 다물었습니다. 그리고 집에서 기도하면 하나님께서 잘 들어주시지 않을 것 같고 꼭 교회에 가서 기도해야 한다는 생각이 들었습니다. 하나님은 교회에만 가득하게 계시고 다른 곳에는 그저 계신 듯 안 계신 듯 할 것이라고 생각했던 것입니다.

그러나 하나님은 어디에나 꼭 같이 계시는 분이십니다. 그곳이 교회이든 운동장이든 감옥이든 하나님은 동일한 모습과 동일한 능력을 가지고 그 곳에 계시는 분이십니다. 내가 어디에 있든지 나를 둘러싸고 계시는 분입니다. 우리를 감싸고 있으면서 또한 우리 안에 계시는 분이십니다. 우리가 어디 가서 어떤 어려운 상황을 당한다 하더라도 하나님께서 뒤로 물러서지 않으십니다.

그러므로 우리에게는 전진만이 있습니다. 미식축구를 하는 선수들은 뒤로 넘어지지 않습니다. 아무리 많은 사람들의 공격을 당하고 순식간에 많은 사람들 밑에 깔린다 해도 공을 감싸안고 앞으로 넘어집니다. 공을 자기 가슴에 앉고 일어나서 다시 달려갈 수 있는 자세로 넘어지게 되어 있습니다. 하나님의 자녀가 감옥에 있다 해도 하나님의 역사는 항상 앞을 향하여 가고 있는 것입니다.

　21절의 말씀이 바로 그런 말씀입니다. 여호와께서는 요셉과 함께 하실 뿐만 아니라 그에게 인자를 더하십니다. 하나님께서 성공의 요인을 제공하신 것입니다.
　우리에게 능력이 있다고 모두 성공을 하는 것은 아닙니다. 삼손을 보십시오. 그가 능력을 가진 자였지만 그의 만년은 그의 능력 때문에 비참하게 끝이 났습니다. **성공하는 것은 자신의 능력 때문이 아니라 하나님의 은혜로 인한 것입니다.** 우리는 이 원리를 바르게 알고 믿어야 합니다. 이것이 하나님을 나의 주인으로 믿는 신앙의 첫번째 조건입니다.

　하나님의 은혜로 요셉은 전옥의 눈에 들었습니다. 전옥(典獄)은 옥을 관리하는 사람을 말합니다. 앞부분에서도 설명했지만 요셉은 누구에게나 아주 호감이 가는 사람이었습니다. 그래서 전옥 역시 자연스럽게 그에게 눈이 가고 호의를 베풀고 싶어졌을 것입니다.
　평상시 우리들도 요셉과 같은 믿음을 가지고 요셉처럼 산다면 하나님의 은혜와 사람들의 호의가 저절로 나타나게 되어 있습니다. 그런데 평소에 이런 모습을 우리가 나타내지 못하면 하나님으로부터도 사람으로부터도 은혜와 호의를 얻을 수 없게 됩니다. 그런 사람은 다른 사람들을 위해서 큰 일을 하거나 하나님을 위해서 선한 일을 할 수 없습니다. 요셉과 같은 사람이 많이 나와야만 나라가 잘 될 수 있다는 것도 바로 이런 이유에서입니다.

　위대한 역사는 사람으로부터 비롯됩니다. 모든 일이 사람의 손을 통해서 되는 것이기 때문에 인재가 없으면 아무 일도 할 수 없습니다. 우리에게는 요셉과 같은 사람들이 많이 필요합니다. 지금 시대에 문제가 많은 것은 요셉과 같은 사람이 부족하기 때문입니다. 모든 문제들이 사람으로부터 비롯되는 것인데 정치, 경제, 사회의 문제가 모두 사람의 문제입니다.

교회는 요셉과 같은 사람들을 키워 내는 곳이 되어야 하며 그들이 문제를 해결해야 합니다. 그리고 하나님의 말씀인 이 성경 속에는 이런 문제를 해결하는 많은 방법들이 기록되어 있습니다. 귀가 있어도 듣지 아니하고 눈이 있어도 보지 아니하기 때문에 이런 문제들이 여전히 해결되지 않고 우리를 괴롭힙니다. **우리는 하나님께서 성경과 성령을 통하여 하시는 말씀에 귀를 기울여야만 합니다. 그리고 그 말씀에 의한 감화로 우리 삶에 근본적인 변화가 일어나서 하나님의 은혜와 사람의 총애가 나타나는 사람이 되어야 합니다.**

작은 진리를 깨닫고 작은 은총을 입었다면, 그것이 우리의 가슴에 파고들어서 우리의 마음을 변화시키고 삶을 아름답게 만들어 가는 그런 사람이 되어야 합니다. 그리고 이렇게 요셉과 같이 변화된 많은 사람들이 함께 하는 교회가 되도록 해야 할 것입니다.

요셉이 전옥의 호감을 산 것은 그가 마음 가운데 품고 있는 모든 것이 외모로 드러났기 때문입니다. 우리의 행동이나 말이나 표정은 우리 속에 들어있는 대로 나오기 마련입니다. 전혀 없는 상태에서 좋은 것이 나올 수는 없습니다. 그것이 좋은 것이든 나쁜 것이든 우리가 넣은 것이 그대로 표면으로 드러나기 마련인 것입니다.

좋은 생각을 심으면 좋은 행동이 나오고, 좋은 행동을 심으면 좋은 습관이 나오고, 좋은 습관을 심으면 좋은 인격이 형성됩니다. 인격이라는 것은 오랜 시간 동안 한결같이 갈고 닦은 것이 내면화되어 나타나는 것입니다. 성령님의 도움으로 우리의 약하고 악한 부분을 계속 고치고 깨끗하게 만들고자 기도하고 훈련하는 가운데 훌륭한 인격이 만들어집니다. 결국 이런 훈련을 통해서 우리는 평소 모습과 인격을 갖추는 것입니다..

계속해서 22절 말씀을 살펴봅시다.

"전옥이 옥중 죄수를 다 요셉에게 맡기므로 그 제반 사무를 요셉이 처리하고."

요셉은 전옥의 배려로 감옥의 죄수들을 관장하게 되었습니다. 이렇게 사람을 관리하는 일처럼 훌륭한 훈련이 없습니다. 성공하는 사람의 조건들 중 사람들을 잘 관리하는 것만큼 중요한 것은 없습니다. 사람과 사람과의 관계를 잘하는 사람에게는 다른 문제가 있을 수 없습니다. 세상의 모든 문제는 사람으로 인하여 생기는 것이므로 사람을 관리하는 훈련을 할 수 있다는 것은 너무나 귀중한 기회입니다. 그런데 감옥에서 요셉은 그런 훈련할 기회를 갖게 된 것입니다.

범죄자들을 다스릴 줄 아는 훈련이 된 사람은 어디에서 누구의 우두머리가 되게 해도 그 사람을 다스릴 수 있는 능력이 생기지 않겠습니까. 감옥에는 특별한 사람들이 모여 있습니다. 요셉처럼 억울하게 옥살이를 하는 사람도 있지만 아주 흉악한 범죄자도 있을 것입니다. 그러니 이런 사람들을 다스리는 요셉이야말로 무엇이든지 할 수 있는 능력을 기르게 되었음을 의미합니다. 이와같은 훈련장에 들어갈 수 있었다는 것은 요셉으로서는 백 번 감사해도 부족한 일이었습니다.

그러나 어렵고 열악한 환경 속에서 사는 사람들과 함께 산다는 것은 쉬운 일이 아닙니다. 어느 목사님께서 당회원들 때문에 아주 고생을 많이 하셨습니다. 그래서 힘들게 지내시다가 교회를 떠나게 되셨습니다. 그래서 저는 그 목사님께 "당신은 드디어 목회대학원을 졸업하신 것입니다. 이제부터는 모든 일이 다 잘되고 괜찮아질 것입니다"라는 말을 해드렸습니다. 그리고 정말 그 다음 목회지에서는 훌륭한 목회를 할 수 있게 되었습니다. 많은 연단과 인내를 이미 겪었기 때문에 웬만한 일은 별 문제가 되지 않았던 것입니다.

고난은 신앙을 연단시킨다

어려운 환경은 우리를 철저하게 훈련시키는 장소입니다. 어떤 사람은 어려운 환경을 당하면 얼굴이 찌그러지고 마음이 찌그러지고 인격이 찌그러지는 사람이 있습니다. 반면 비록 같은 환경 속에서도 더욱 밝아지고 맑아지는 사람이 있습니다. 그 사람은 그런 고난의 기회를 자신의 발전 기회로 삼는 것입니다. 이런 사람은 감옥 생활도 성공적으로 할 수 있게 되는 것입니다. 일단 이런 훈련을 한 번 받으면 그 다음부터는 모든 것이 쉬워집니다.

전쟁을 체험해 본 사람은 무슨 일이든지 해내고 견뎌어낼 수 있는 힘이 있습니다. 전쟁이라는 극한 상황이 그 사람을 그렇게 훈련시키기 때문입니다. 군대를 체험한 사람들도 마찬가지입니다. 군대라는 특수 상황을 체험한 사람과 그렇지 못한 사람의 차이는 반드시 있습니다. 그리고 체험을 한 사람이 훨씬 많은 삶의 가능성과 방법을 터득하게 됩니다.

똑같이 군대 가는 아들을 두었어도 한 사람은 걱정이 마를 새가 없고 그저 눈물과 염려로 보내는가 하면, 한 어머니는 자신의 아들이 국방의 의무를 할 수 있을 만큼 씩씩하고 건강하게 자랐다는 것을 감사하고 자랑스럽게 생각하는 어머니도 있습니다. 같은 상황에서도 서로 반대의 생각을 가지고 지내는 사람으로 나누어집니다. 기왕에 닥칠 일이라면 적극적이고 희망과 감사가 있는 시간으로 지내는 것이 좋지 않겠습니까? 사실 우리의 아들 딸들은 고생을 좀 할 필요가 있습니다. 아무런 시련이 없이 자라면 정금과 같은 사람으로 단련될 수 없는 것입니다.

이제 감옥 안에서의 모든 일은 요셉을 통해서 이루어졌습니다. 어려운 상황 속에서 일을 원만하게 처리하는 방법을 감옥에서 배운 것입니다. 만약 하나님께서 우리를 어려운 상황에 처하게 하신다면 그로 인해서 하나님께 감사해야 합니다. 하나님께서 허락하지 아니하시면 머리칼 하나도 상치 아니하기 때문에 우리에게 일어나는 모든 일들은 하나님께서 나를 사랑하셔서 일어나는 일이라고 생각하십시오. 하나님께서 요셉을 향하신 인자하심의 결과가 23절에 나와 있습니다.

"전옥이 그의 손에 맡긴 것은 무엇이든지 돌아보지 아니하였으니 이는 여호와께서 요셉과 함께 하심이라 여호와께서 그의 범사에 형통케 하셨더라."

어느 사회든지 요셉과 같은 사람이 나타나면 주변의 다른 사람들이 편하게 되어 있습니다. 어떤 궂은 일을 맡겨도 즐거운 마음으로 하고 성심을 다하는 사람이기 때문에 다른 사람들의 일을 덜어주고 편안하게 합니다. 감옥의 일을 요셉에게 맡긴 전옥은 특별하게 신경쓸 일이 없었을 것입니다. 요셉에게만 맡겨 놓으면 그 이후는 간섭할 것이 없을 만큼 일이 잘되었기 때문입니다.

요셉과 같은 사람은 반드시 자신이 속한 곳을 축복의 장소로 변화시키는 사람입니다. 그 사람이 나타나기만 해도 하나님께서는 그 사람 때문에 주위의 모든 환경을 선하게 변화시키시는 것입니다.

하나님께서는 믿는 백성들을 모두 '감옥의 요셉'으로 만드시지는 않으시지만 '요셉과 같은 사람'으로 만들기 위해서 우리를 구원해 주신 분이십니다. 뿐만 아니라, 우리를 말씀으로 키우시고 성령의 사랑으로 감동시키시기 때문에 우리로 인하여 가정이 밝아지고 교회가 발전하고 직장과 사회가 형통해지는 축복을 받습니다.

하나님께서 원하시고 우리가 그것을 소망한다면 얼마든지 가능함을 믿고 그 인도하심에 따르는 우리들이 됩시다.

제10장

문제는 풀린다 (1)

"그 후에 애굽왕의 술 맡은 자와 떡 굽는 자가 그 주 애굽 왕에게 범죄한지라 바로가 그 두 관원장 곧 술 맡은 관원장과 떡 맡은 관원장에게 노하여 그들을 시위 대장의 집 안에 있는 옥에 가두니 곧 요셉이 갇힌 곳이라 시위대장이 요셉으로 그들에게 수종하게 하매 요셉이 그들을 섬겼더라 그들이 갇힌 지 수일이라 옥에 갇힌 애굽왕의 술 맡은 자와 떡 맡은 자 두 사람이 하룻밤에 꿈을 꾸니 각기 몽조가 다르더라 아침에 요셉이 방에 들어가보니 그들에게 근심빛이 있는지라 요셉이 그 주인의 집에 자기와 함께 갇힌 바로의 관원장들에게 묻되 당신들이 오늘 어찌하여 근심 빛이 있나이까 그들이 그에게 이르되 우리가 꿈을 꾸었으나 이를 해석할 자가 없도다 요셉이 그들에게 이르되 해석은 하나님께 있지 아니하니이까 청컨대 내게 고하소서"
(창 40:1-8).

문제는 풀린다 (1)

하나님의 사람이 가진 문제는 반드시 풀리게 되어 있습니다. 하나님께서 그 열쇠를 가지고 있기 때문입니다. 우리는 인생을 살면서 상당히 많은 문제들을 안고 삽니다. 대부분의 문제들은 우리가 원하지 않는 때에 원하지 않는 방법으로 나타납니다. 하나님의 시간에 하나님의 장소에서 하나님의 방법으로 우리를 향하신 하나님의 뜻을 이루시기 때문입니다.

이런 원리를 모르면 인생을 살 때 아주 전전긍긍합니다. 절대 통치자 하나님께서 우리를 위하여 계획하시고 함께 하신다는 것을 아는 삶은 안심하며 평화롭게 살아갑니다.

위기는 축복의 계기가 된다

여기의 말씀에서는 다른 사람의 위기가 때론 나의 축복의 계기가 될 수 있다는 것을 보여 주십니다.

1-3절을 보십시오.

"그 후에 애굽왕의 술 맡은 자와 떡 굽는 자가 그 주 애굽 왕에게 범죄한지라 바로가 그 두 관원장 곧 술 맡은 관원장과 떡 맡은 관원장에게 노하여 그들을 시위 대장의 집 안에 있는 옥에 가두니 곧 요셉이 갇힌 곳이라."

　왕의 음식물을 만드는 사람들은 보통 이상의 신임을 받는 직책입니다. 음식에 잘못된 것이 조금이라도 들어가면 왕의 목숨을 위협하기 때문에 생명과 건강을 맡은 아주 중요한 자리였습니다. 주부가 음식 만드는 것에 의해 가족 전체의 건강이 좌지우지됩니다. 가족의 식습관이 그 가족들의 건강을 결정합니다.
　본문의 관원들은 실수를 했습니다. 여기서 '범죄했다'는 용어를 원문 대조하고 다른 성경을 찾아보면 엄청난 범죄를 한 것이 아니라 그저 왕의 기분을 조금 상하게 한 정도였습니다. 왕의 기분을 좀 상하게 한 것으로 인해서 두 관원이 감옥에까지 왔었습니다.

　이런 일은 전제국가나 독재국가에서만 있을 수 있는 일입니다. 절대적인 독재자가 권좌를 차지하고 앉아서 자기의 기분을 좀 상하게 했다고 감옥에 보내고 잡아들이는 것입니다. 이것은 민주주의 국가에서 있을 수 있는 일은 아닙니다. 세력이 있는 사람의 감정을 조금 거슬렸다고 해서 가두고 고문하고 지위를 빼앗는 나라는 민주주의 국가라고 할 수 없습니다. 권력을 가진 소수의 사람들을 만족시키기 위해서 힘없는 다수의 국민들이 고생을 감수하면서 살아야 하는 사회가 바로 이런 사회입니다.
　우리 나라에서 다시는 이런 일이 일어나지 않도록 해야 합니다. 과거야 어떻게 되었든지간에 앞으로는 독재자와 소수의 권력자들에게 나라를 맡기는 일은 없어야 할 것입니다. 그런 시대는 과거로 끝나야 합니다.

　통치자는 국민을 위해서 존재해야 하는 것입니다. 통치자는 국민의 충복이 되어야 합니다. 우리 나라는 하나님께서 함께 하심으로 새로운 시대를 열고 그곳을 향해서 가고 있습니다. 이제는 당당하게 민주 국가의 국민으로서 권리와 의무를 감당하고 공정한 법에 따라 사는 사람들이 되어야 합니다. 특정한 사람의 권력을 지키기 위한 법이 아니라 모든 사람들에게 공평한 법을 적용하는 것에 의해 이 나라는 통치되어야 하는 것입니다. 국민의 삶을 불편하게 하고 억압하는 법은 개정되어야 하고 없어져야 합니다.

하나님의 사람에게는 감옥마저도 유익한 일을 정하는 장소로 변했습니다. 요셉은 감옥에서 바로의 관원장들을 만났습니다. 감옥이 아니면 만날 수 없는 높은 사람들이었습니다. 그리고 요셉이 이 사람들을 만났기 때문에 요셉이 요셉 될 수 있었습니다. 왕의 관리 두 사람이 요셉이 갇혔던 감옥에 같이 갇히게 되었습니다. 처음에 요셉이 옥에 갇혔을 때에는 억울하기 짝이 없는 일이었지만 결국 감옥에 있었던 것이 요셉을 애굽의 총리로 만드는 결정적인 기회였습니다.

이렇게 언듯 보기에는 억울한 일을 당하는 것 같으나 하나님께서는 그런 일을 통해서 하나님의 일을 일으키십니다. 억울한 감옥행마저 하나님의 백성들에게는 도움이 될 수 있습니다. 요셉이 괴로움과 시련을 당하던 감옥에 하나님의 축복이 예비되어 있었습니다.

하나님은 독재자의 마음이나 감옥의 형편마저 우리를 인도하시는 기회로 삼으십니다. 만약 지금 이 순간 내 인생은 왜 이렇게 고난과 괴로움의 연속인가 느끼십니까? 당신의 지금 당하는 그 고난으로 인하여 기뻐하십시오! 하나님께서 그 일을 통하여 누구를 만나게 하시고 어떤 길로 인도하실지 아무도 모르는 일입니다. 그리고 그 고난을 통해서 또한 반드시 은혜를 주실 것이고, 발전의 기회 또한 주실 것이기 때문입니다.

　요셉의 주인이었던 보디발은 요셉에게 그 두 관원장을 섬기라고 명령했습니다. 이미 많은 죄수들의 일을 맡고 있었던 요셉으로서는 벅찬 일이 아닐 수 없었을 것입니다. 그것도 조심스럽게 섬겨야 하는 사람이 둘이나 생겼으니 마음이 불편할 것임은 틀림없는 일입니다. 그래서 대부분의 사람들이 윗사람을 섬기는 일을 번거롭게 생각하고 어려워합니다.

　그러나 윗사람을 섬기는 일에 성실하고 잘 훈련을 받은 사람들이 역시 큰일을 하거나 다른 사람들을 다스리는 일에도 능숙하다고 합니다. 그래서 성경도 아랫사람이 윗사람을 얼마나 잘 모시고 잘 대접해야 하는가에 대해 "주 안에서 네 부모를 공경하라. 이것이 약속있는 첫 계명이니라"라고 말하고 있습니다.

　아주 예외적인 경우를 제외하고 부모가 자식에게 하라고 하는 일 중에 잘못된 것을 시키는 경우는 거의 없습니다. 집에서 부모의 말씀을 잘 듣지 않는 사람이 사회에서 상사의 말을 잘 들을 리가 없습니다. 만일 자신의 일이 오랫동안 잘 되지 않는다면 제일 먼저 부모님에게 잘못한 것이 없는지를 살피는 것이 가장 먼저 해야 할 일입니다.

　하나님께서 우리에게 "부모를 공경하는 사람은 축복을 해 주시겠다"고 약속하십니다. 그러므로 지금이라도 자신의 인생에 있어서 부모에게 얼마나 순종하고 공경해 왔는가 하는 것을 되짚어 봅시다. 윗사람들은 우리가 고생하기를 바라지 않습니다. 그들은 우리가 보다 더 훌륭한 사람이 될 수 있도록 훈련시키려고 우리와 함께 하도록 하신 분들입니다.

언젠가 한기총에서 청소년을 담당하시는 분이 청소년들이 많은 어떤 장소에 갔다가 좋지 못한 행동을 하는 학생을 만류했더니, 그 학생이 그 분을 쳐다보면서 하는 말이, "당신이 누군데 나에게 이래라저래라 하느냐?"고 대들더라고 했습니다.

제 생각에 그 아이는 그 일을 회개하지 않으면 반드시 망하게 되어 있습니다. 이것이 하나님의 원리입니다. 그리고 이것을 아는 젊은 사람들에게는 희망이 있는 것입니다.

일에도 충성하는 요셉

요셉은 그 사람들을 귀찮아하지 않고 극진히 섬겼습니다. 그리고 늘 주위의 사람들 일에 관심을 가지고 있었습니다.

6절을 보십시오.

"아침에 요셉이 방에 들어가보니 그들에게 근심빛이 있는지라 요셉이 그 주인의 집에 자기와 함께 갇힌 바로의 관원장들에게 묻되 당신들이 오늘 어찌하여 근심 빛이 있나이까."

같은 것이라도 어떤 사람의 눈에는 보이는가 하면 어떤 사람의 눈에는 보이지 않습니다. 요셉은 그 사람들을 섬기면서 늘 그들의 표정을 살피던 사람이었기 때문에 그들에게 어두운 그림자가 있다는 것을 알 수 있었던 것입니다. 요셉은 자기와 함께 하는 사람들의 형편을 살펴 편하게 해주고 문제를 해결해 주기 원했습니다.

하나님께서 크게 쓸 사람은 그 주위의 많은 사람들의 기분을 살피고 형편을 살피는 사람입니다. 자신의 주변을 살필 줄 모르는 사람에게 어떻게 크고 많은 일을 맡길 수 있겠습니까? 늘 이웃에 대한 깊은 관심으로 이웃 사람들을 진정으로 걱정하는 사람이야말로 하나님의 일을 할 수 있는 사람이 될 수 있습니다.

또 요셉은 자신있는 믿음을 가진 사람이었습니다.

8절을 보십시오.

> "그들이 그에게 이르되 우리가 꿈을 꾸었으나 이를 해석할 자가 없도다 요셉이 그들에게 이르되 해석은 하나님께 있지 아니하니이까 청컨대 내게 고하소서."

이 말에 요셉의 믿음이 나타나 있습니다. 꿈을 주시는 이가 하나님이기 때문에 해석하는 이도 하나님이라는 것입니다. 여기에 요셉의 멋이 있고 성공이 있습니다. 지난 밤에 꾼 꿈의 뜻을 알지 못해서 불안해 하고 있는 사람들에게 요셉은 그 문제를 해결할 길을 제시합니다.

문제는 풀리게 되어 있습니다. 해결하는 길이 있고, 그 열쇠는 하나님께 있습니다. 이것이 요셉의 믿음의 대답이었습니다.

우리도 인생을 살다가 보면 어떻게 행동해야 할지 어떻게 해결해야 할지 모르는 일들이 항상 있습니다. 그럴 때에는 요셉처럼 하나님께는 항상 대답이 있다는 것을 믿고 하나님 앞에서 부르짖으십시오. 대답은 오직 하나님께 있는 것입니다. 부모에게도 남편에게도 아내나 친구에게도 대답은 없습니다. **오직 대답은 하나님께만 있습니다. 이것이 요셉의 신앙이고 우리가 본받아야 할 신앙입니다.**

이러한 신앙을 가지려는 마음이 여러분의 속에 강렬하게 일어나기를 바랍니다.

요셉의 신앙고백

이와같은 요셉의 신앙고백은 다음 몇 가지를 말해 줍니다.

첫째, 하나님과 요셉의 친분 관계를 말해 주는 것입니다.
해석은 하나님께 있으니 일단 자신에게 말을 하라는 요셉은 어려서부터 하나님과 함께 함으로서 하나님과의 친분 관계를 두텁게 유지하고 있었습니다. 그래서 어떤 문제가 생겨도 걱정하거나 염려하는 마음이 없었던 것입니다.

만일 누군가가 하나님 앞에서 내 이름을 댄다면 하나님께서는 어떤 반응을 보이실 것이라고 생각하십니까? 그 사람은 잘 아는 사람이고 늘 만나는 사람이라고 하실지, 아니면 그 사람은 잘 알기는 하지만 만난 지는 오래되었다고 하실지 생각해 보았습니까?

하나님은 아브라함에 대해서 말씀하실 때에 "내가 그를 안다"라고 말씀하십니다. 창세기 18장에 나오는 이 말씀이 우리 말 성경에는 빠져 있습니다. 하나님은 "내가 아브라함을 잘 아는데 그는 자기의 자손들을 나의 법도와 규례를 따라서 교육할 것이라는 것을 내가 안다"라고 하셨습니다. 아브라함과 하나님은 친구 사이였습니다.

우리는 날마다 하나님과 동행하고 의논하면서 하나님과 함께 살아가고 있습니까? 아니면 일주일에 한 번 교회에 와서 문안인사만 드리고 있습니까? 하나님은 우리를 사랑하시고 우리를 좋아하시고 우리와 함께 지내시기를 원하시는 분이십니다. 날마다 그분과 함께 하시고 동행하면서 모든 문제를 함께 상의하고 경영하면서 동행하는 사람이 하나님의 친구가 될 수 있는 것입니다. 주변에 어려운 문제를 가진 사람이 있을 때 우리는 하나님과의 친분으로 인하여 그 사람의 문제를 해결해 줄 수 있는 사람이 되어야합니다.

둘째, 요셉의 신앙고백은 살아계신 하나님에 대한 신앙고백에서 비롯된 것입니다.

'다른 사람들은 어떻게 생각하든지 하나님은 살아계셔서 내가 찾기를 원하는 자리에 언제든지 함께 하시고 나에게 응답하시리라' 는 것이 요셉의 신앙고백이었습니다. 우리 예수님은 십자가에 돌아가시고 사흘만에 다시 부활하셔서 우리의 마음 가운데 지금 살아계신다고 하는 우리들의 확신처럼, 골리앗이 아무리 거인이고 강해도 하나님께서 나와 함께 하시면 얼마든지 그를 쓰러뜨릴 수 있다는 다윗의 확신처럼, 요셉은 살아계신 하나님에 대한 확신이 있었습니다.

하나님의 성령께서 우리의 마음을 깨뜨려 주시고 두드려 주셔서 하나님께서 우리와 함께 하신다는 것을 늘 확신하는 사람이 됩시다.

마지막으로 요셉의 신앙고백은 자신감을 가진 것이었습니다.

이 자신감은 자기 자신에 대한 자신감이 아니라 하나님에 대한 자신감입니다. 해답의 열쇠는 자신에게 있는 것이 아니고 하나님께 있는 것이라는 대단한 자신감이 있었던 것입니다.

남의 나라에 와서 종살이를 하면서도 겸손하면서도 자신있고, 당당하면서도 성실한 사람이 바로 요셉이었습니다. 왜 그렇게 될 수 있었습니까? 살아계신 하나님에 대한 확신 때문이었습니다. 자신이 잘났다는 우쭐한 자신감이 아니었습니다. 하나님에 대한 자신감이었습니다. 자신이 지금은 비록 이방 나라의 종으로 팔려왔을지라도 자신을 지키시는 하나님에 대한 자신감은 변치 않았습니다. 그의 눈빛과 태도 속에는 꺼지지 않는 하나님에 대한 자신감이 있었습니다.

지금 우리 나라에는 요셉과 같은 사람들이 곳곳에서 많이 필요합니다. 21세기에 이 백성을 크게 들어 쓰시도록 우리 젊은이들 중에 예수를 믿는 사람들이 사회의 곳곳에서 훌륭하게 쓰임받는 인재들이 되어야 하지 않겠습니까?

앞으로 21세기에는 하나님께서 우리 백성들이 세계를 향하여 도전하고 지도하여 나아갈 시대가 되게 하실 것입니다. 우리는 이 때를 대비하여 요셉과 같은 젊은이들을 길러냅시다. 그리고 우리 자신들도 그런 젊은이가 되도록 훈련받는 일에 충실합시다. 요셉의 모습이 바로 우리의 모습이 되고, 요셉의 신앙고백이 바로 우리의 신앙고백이 될 수 있도록 하나님께서 우리를 축복하시기를 기도해야겠습니다.

제11장

문제는 풀린다 (2)

"…요셉이 그에게 이르되 그 해석이 이러하니 세 가지는 사흘이라 지금부터 바로가 당신의 머리를 들고 당신의 전직을 회복하리니 당신은 이왕에 술 맡은 자가 되었을 때에 하던 것같이 바로의 잔을 그 손에 받들게 되리이다 당신이 득의하거든 나를 생각하고 내게 은혜를 베풀어서 내 사정을 바로에게 고하여 나를 이 집에서 건져 내소서 나는 히브리 땅에서 끌려온 자요 여기서도 옥에 갇힐 일은 행치 아니하였나이다 떡 굽는 관원장이 그 해석이 길함을 보고 요셉에게 이르되 나도 꿈에 보니 흰 떡 세 광주리가 내 머리에 있고 그 윗광주리에 바로를 위하여 만든 각종 구운 식물이 있는데 새들이 내 머리의 광주리에서 그것을 먹더라 요셉이 대답하되 그 해석은 이러하니 세 광주리는 사흘이라 지금부터 사흘 안에 바로가 당신의 머리를 끊고 당신을 나무에 달리니 새들이 당신의 고기를 뜯어먹으리이다 하더니 제 삼일은 바로의 탄일이라 바로가 모든 신하를 위하여 잔치할 때에 술 맡은 관원장과 떡 굽는 관원장으로 머리를 그 신하중에 들게 하니라 바로의 술 맡은 관원장은 전직을 회복하매 그가 잔을 바로의 손에 받들어 드렸고 떡 굽는 관원장은 매어 달리니 요셉이 그들에게 해석함과 같이 되었으나 술 맡은 관원장이 요셉을 기억지 않고 잊었더라"(창 40:9-23).

문제는 풀린다 (2)

만약에 술 맡은 관원장이 꿈을 꾸고 여러분에게 "이 꿈이 어떤 뜻이냐?"고 묻는다면 여러분은 어떻게 대답하겠습니까? 저라면 그 꿈의 내용이 좋은 내용이라고 하는 것은 대강 짐작할 수 있을 것 같습니다. 모르는 사람이 들어도 그것은 좋은 내용일 것 같습니다. 신선한 포도를 따서 왕에게 바치는 꿈이니 다시 자리를 찾는다는 뜻일 것 같다고 짐작할 수 있습니다. 그 정도의 해석은 누구나 할 수 있는 정도의 해석일 것입니다.

성령께서 풀어주시는 꿈

그런데 여기서 초점이 되는 것은 요셉이 포도의 세 가지를 사흘이라고 해석한 것입니다. 무엇을 근거로 해서 나무 가지 세 가지를 사흘이라고 했는지는 알 수가 없습니다. 아마 성령이 순간적으로 가르침을 주셔서 그런 해석을 하게 된 것이 아닐까라고 짐작할 수 있습니다. 이것은 인간이 직접적으로 꺼낼 수 없는 대답을 하나님께서는 미리 준비하셔서 할 수 있도록 하신 것으로 보아야 합니다.

예수님께서도 말씀하시기를, "너희가 이 다음에 잡히게 되면 무슨 말로 대답을 해야 할지 염려하지 말라"고 말씀하셨습니다. "예수 그리스도의 이름으로 그들 앞에 서면 하나님의 성령께서 그 때에 무엇이라고 대답해야 할 것인지를 가르쳐 주실 것"이라고 말씀하셨습니다.

요셉도 막 질문이 끝나서 생각할 사이도 별로 없었는데 바로 그 때에 하나님께서 거기에 알맞는 대답을 할 수 있도록 도우셨습니다. 여기에 우리의 희망이 있고 우리가 하나님의 일에 쓰임을 받을 수 있는 사람이 될 수 있는 가능성이 있습니다.

성경은 어떤 경우든지 "지혜가 모자라거든 꾸짖지 아니하시고 후히 주시는 하나님께 구하라"(약 1:5)고 말씀하십니다. 그러나 이때 구하는 것은 "믿고 구하라"는 것이어야 합니다. 하나님께 지혜를 구하고 은혜를 구할 때 우리에게 반드시 참된 지혜를 주실 것을 믿음으로 구해야 합니다. 믿음으로 구하면 하나님께서는 그 믿음을 보시는 것만으로 하늘의 지혜를 우리에게 가르쳐 주실 것입니다.

하나님께서 계시다는 것을 알면서도 의존하지 아니하고 도움을 청하지도 아니하고 나 혼자만의 생각으로 결정을 한 것은 육적인 결정입니다. 그러므로 육적인 결정이 결코 옳은 결정이 될 수는 없습니다. 요셉이 그 꿈을 자신에게 말하라고 한 것은 자신에 대한 자만이 아니라 하나님에 대한 자신감이었습니다.

우리는 하나님의 사람이요 하나님의 은총 속에서 사는 사람들이기 때문에 어떤 결정을 하더라도 하나님께 먼저 기도하면서 하나님의 대답을 먼저 구해야 합니다. 그러면 우리와 함께 하신 성령께서 우리들을 반드시 옳은 길로 인도하십니다.

요셉이 해석한 꿈은 사흘 후에 사실로 나타났습니다. 하나님의 성령께서 해석하여 주신 것이므로 틀림이 없었던 것입니다. 그런데 요셉은 술 맡은 관원장에게 꿈을 해석한 후 부탁한 것이 있었습니다. 14절을 보십시오.

> "당신이 득의하거든 나를 생각하고 내게 은혜를 베풀어서 내 사정을 바로에게 고하여 나를 이 집에서 건져 내소서 나는 히브리 땅에서 끌려온 자요 여기서도 옥에 갇힐 일은 행치 아니하였나이다."

요셉이 부탁한 것은 꿈대로 모든 것이 잘되면 자신을 잊지 말고 기억해 달라는 것과, 바로에게 사정을 말해서 이 감옥에서 나가게 해 달라는 것이었습니다. 그러면서 자신의 억울한 사정을 말했습니다. 형제들이 자신을 미워해서 종으로 팔려왔고 보디발의 집에 있을 때에도 누명을 쓴 것일 뿐, 절대로 감옥에 올 일을 하지 않았다는 것을 '사실대로 말한 것' 입니다.

그리고 그가 꿈해석하는 것을 길하고 신기하게 여긴 빵 굽는 관원장이 자기의 꿈도 해석해 달라고 부탁하자 그의 꿈까지 선뜻 해석을 해 줍니다. 16, 17절 말씀에 나타나 있습니다.

> "떡 굽는 관원장이 그 해석이 길함을 보고 요셉에게 이르되 나도 꿈에 보니 흰 떡 세 광주리가 내 머리에 있고 그 윗광주리에 바로를 위하여 만든 각종 구운 식물이 있는데 새들이 내 머리의 광주리에서 그것을 먹더라."

이 꿈 역시 꿈 해석을 잘 모르는 사람이 들어도 별로 좋지 않은 내용입니다. 요셉은 광주리 세 개를 역시 사흘로 해석하고 그 관원장은 사흘 후에 나무에 달려 죽고 그 시체를 새들이 쪼아먹을 것이라고 해석했습니다.

　만일 저에게 이 꿈의 해석을 부탁했더라면 저는 아마 잘 모르겠다고 얼버무렸을 것 같습니다. 기왕에 죽을 사람이라는 것을 알긴 했지만 그 동안만이라도 편안하게 살다 갈 수 있도록 배려하는 마음으로 그렇게 했을 것입니다. 그리고 그 나머지 사흘을 아주 잘해 주려고 했겠지요.

　그런데 요셉은 아주 솔직하게 꿈해석을 해 주었습니다. 당신은 사흘만에 죽을 것이오, 그 시체가 매달릴 것이며 새들이 와서 그 시체를 쪼아먹을 것이라는 말을 그대로 해 준 것입니다.
　이것이 하나님의 사람의 방법입니다. 하나님께서 축복을 선언해 주라고 하면 축복을 선언하고 저주하라 하면 저주하는 것이 하나님의 방법입니다. 하나님의 사람은 하나님의 입으로 살아야 하기 때문에 그 말의 좋고 나쁨을 선택할 자유가 없습니다.
　하나님의 종은 마이크와 같은 것입니다. 마이크는 자신의 말을 하는 것이 아니라, 자신에게 대고 말하는 사람의 말을 그대로 옮기는 기능을 가진 것입니다. 모든 사람이 듣기 싫어 하는 이야기를 하는 것을 좋아할 사람은 아무도 없습니다. 그러나 하나님께서 하라고 하시면 할 수밖에 없는 것이 하나님의 사람의 의무입니다.

　목회자가 성도들을 나무랄 때에도 마찬가지입니다. 개인적으로 무슨 유감이 있어서 성도들을 나무라는 것이 아닙니다. 하나님의 말씀인 성경에 비추어서 잘못되었다고 생각될 때, 교인들이 싫어할 줄 알면서도 말을 할 수밖에 없는 것입니다. 이런 일에는 좋은 것이 좋다는 말이 통할 수 없는 것입니다. 요셉은 하나님의 종이었고 하나님의 사람이었습니다. 그래서 하기 어려운 말이었지만 스스로 해야만 했던 것입니다.

사흘 후는 바로의 생일이었고 이날 요셉이 해석한 꿈대로 모든 일이 일어났습니다. 술 맡은 관원은 관직을 회복했고 떡 맡은 관원은 나무에 달려 죽고 말았습니다.

결국 인생은 우리의 생각대로 되는 것이 아니고 하나님의 뜻과 말씀에 근거해서 이루어지는 것입니다. 우리의 삶과 죽음 행복과 불행, 이 모든 것이 하나님께 달려 있기 때문에 우리의 마지막 소망도 하나님께 있는 것이요 그 열쇠를 가진 이도 하나님이십니다. 하나님과 친하고 하나님에 대한 자신감이 있고 기회가 있을 때마다 자신을 겸손히 낮추고 하나님을 드높히는 그런 사람이 요셉이었습니다.

하나님의 계획은 하나님의 때에 성취된다

그런데 마지막 23절에는 안타까운 이야기가 기록되어 있습니다.

"술 맡은 관원장이 요셉을 기억지 않고 잊었더라."

기껏 꿈을 해석해 주고 자기를 잊지 말라고 부탁까지 했는데 술 맡은 관원장은 나가자마자 은혜를 베푼 요셉을 잊어버렸습니다. 그는 자유롭게 되자 자신에게 은혜를 베풀고도 아무런 죄없이 지하감옥에 갇혀 있는 요셉에 대해서는 까맣게 잊어버리고 말았습니다. 어떻게 이럴 수가 있습니까? 자신의 생명에 관한 은혜를 베풀어준 사람을 사흘밖에 지나지 않아서 잊어버리다니요?

그러나 그 사람의 건망증을 인하여 하나님께 감사를 드릴 수밖에 없게 될 것입니다. 만약 이 사람이 잊어버리지 않았더라면 요셉을 구해냈을 것이고, 그랬으면 아마 요셉은 아버지가 있는 이스라엘로 도망갔을 것입니다. 그러면 애굽 왕의 꿈을 해석할 수 있는 기회를 잃게 되었을 것입니다. 그리고 구약의 역사가 달라졌을 것입니다. 그 사람이 건망증을 갖게 된 것은 하나님께서 정하신 '요셉의 때'가 아직 이르지 않았기 때문이었습니다.

어떤 때 '하나님께서 나를 잊어버리셨는가' 하는 생각을 하곤 합니다. '내 형편과 처지를 모르시고 내팽개쳐 놓으시는가' 하고 한탄합니다. 그러나 절대로 그렇지 않습니다. 하나님께서 여러분이 감옥 속에 있는 것을 몰라서 그 어려운 형편을 돌아보지 않으시는 것이 아닙니다. 하나님께서는 아직 때가 이르지 않았다고 판단하신 것입니다. 우리를 위한 더 크고 더 높은 계획을 가지고 계시기 때문에 '아직은 아니다' 하며 기다리십니다. 하나님의 때와 하나님의 상황을 기다리고 있으면서 시간을 재고 계십니다. 그런데 어떤 인간은 그 시간을 참고 기다리지 못하고 자신을 괴롭히다가 스스로 죽음을 택합니다. 얼마나 안타까운 일입니까?

하나님의 계획은 하나님께서 정하신 일이 하나님의 시간에, 가장 적절한 때에 성취되는 것입니다. 하나님께서는 당신의 사람을 절대로 버려 두지 않으십니다. 하나님의 계획과 축복은 우리가 이해하지 못할 때에도 계속되고 있다는 것을 믿고 기다리면서 하나님께 감사해야 합니다. 이런 사람의 삶은 하나님께서 만들어 가시고 하나님께서 변화시키십니다.

하나님의 자녀들에게는 이 세상의 어떤 형편도 손해를 끼칠 수 없습니다. 손해가 되고 있다고 생각하는 것을 우리의 얕은 판단 때문이요, 우리의 짧은 안목 때문입니다.

심지어 사흘만에 자신에게 은혜를 끼친 사람을 잊어버리는 사람 때문에 그 감옥의 고생이 만 이 년을 더 갔어도, 하나님께서는 그 시간이 하나님께서 정하신 시간이기 때문에 그렇게 사람을 사용하셨습니다. 바로가 꿈꿀 때를 대비하기 위해서는 시간이 필요했던 것입니다.

로마서 8장 28절의 "하나님을 사랑하는 자 곧 그 뜻대로 부르심을 입은 자들에게는 모든 것이 합력하여 선을 이루느니라"는 말씀을 실증한 사건이었습니다.

하나님과 함께 사는 사람들은 살아가는 가운데 어려운 형편과 처지를 당할지라도 그 자체만을 바라보지 맙시다. 오히려 하나님의 더 크게 축복하심을 미리 바라보고 먼저 감사하면서 끝까지 기대와 신뢰를 잃지 말고 살아갑시다.

요셉의 교훈이 우리 삶에 깊이 뿌리를 내려 좋은 열매를 거두시기를 기도합니다.

제12장

내가 아니고 하나님

"…바로가 곧 깨었다가 다시 잠이 들어 꿈을 꾸니 한 줄기에 무성하고 충실한 일곱 이삭이 나오고 그 후에 또 세약하고 동풍에 마른 일곱 이삭이 나오더니 그 세약한 이삭이 충실한 일곱 이삭을 삼킨지라 바로가 깬즉 꿈이라 아침에 그 마음이 번민하여 보내어 애굽의 술객과 박사를 모두 불러 그들에게 그 꿈을 고하였으나 그것을 바로에게 해석하는 자가 없었더라 술 맡은 관원장이 바로에게 고하여 가로되 내가 오늘날 나의 허물을 추억하나이다 바로께서 종들에게 노하사 나와 떡 굽는 관원장을 시위대장의 집에 가두셨을 때에 나와 그가 하룻밤에 꿈을 꾼즉 각기 징조가 있는 꿈이라 그곳에 히브리 시위대장의 종된 히브리 소년이 우리와 함께 있기로 우리가 그에게 고하매 그가 우리의 꿈을 풀기로 그 꿈대로 각인에게 해석하더니 그 해석한 대로 되어 나는 복직되고 그는 매어 달렸나이다 이에 바로가 브내어 요셉을 부르매 그들이 급히 그를 옥에서 낸지라 요셉이 곧 수염을 깎고 그 옷을 갈아입고 바로에게 들어오니 바로가 요셉에게 이르되 내가 한 꿈을 꾸었으나 그것을 해석하는 자가 없더니 듣자니 너는 꿈을 들으면 능히 푼다더라 요셉이 바로에게 대답하여 가로되 이는 내게 있는 것이 아니라 하나님이 바로에게 편안한 대답을 하시리이다"(창 41:1-16).

내가 아니고 하나님

성공적인 신앙인의 특징

성공적인 신앙인에게는 몇 가지 특징이 있습니다.

첫째, 하나님께서 특별한 목적이나 미래의 축복을 위해서 시련도 허락하십니다.

믿는 사람으로서 시련이 없기를 기도하는 것은 소용없는 기도입니다. 성경에도 시련이 없게 해 달라는 기도를 하나님께서 들어주신다는 말은 어디에도 없습니다.

창세기 41장 1절은 요셉이 감옥에 들어간 지 2년이 지났다고 말하고 있습니다. 무고한 한 청년이 주인의 아내를 잘못 만나는 바람에 그렇게 오랫동안 억울한 옥살이를 하고 있었던 것입니다. 그리고 바로의 관리에게 은혜를 베풀고 자신을 기억해 달라고 한 지 2년이 지났는데도 아무 기별이 없는 상태로 2년이 지났습니다. 이 얼마나 답답한 노릇입니까? 요셉과 같은 사람이 아니었다면 그와 같은 억울한 일을 당하고도 자신의 신앙을 지키고 희망을 가진다는 것이 어려운 일입니다.

요셉은 형들의 계략으로 팔려온 지 13년 후에야 애굽의 총리가 되었습니다. 그 13년을 지내는 동안을 얼마나 큰 고통 속에 있었는가 하는 것을 헤아린다면 저절로 고개가 숙여질 것입니다. 하나님에 대한 믿음과 미래에 대한 소망이 없었다면 아마 대부분의 사람들은 원래 아무리 좋은 성격을 가졌었다 하더라도 삐뚤어진 성격으로 변화하게 되었을 것입니다.

성실하게 열심히 일하고 정직했는데도 감옥에 갇히고 다른 사람을 성심으로 돕고 은혜를 베풀었는데도 그 보답을 받지 못했습니다. 그런 상황이 되면 얼마나 미운 사람들이 많겠습니까? 그렇다면 이제는 다 소용없으니 그럭저럭 되는 대로 살자고 생각하기 쉬운 것입니다.

그러나 요셉은 그렇게 살지 않았습니다. 그는 하나님을 믿는 사람이었던 것입니다. 그는 하나님의 인자하심과 함께 하나님의 공의로우심을 믿고 있었습니다. 절대자 하나님을 알고 그와 함께 산다는 것은 이렇게 큰 힘을 갖는 것입니다. **인생을 변화시키고 전혀 다른 곳으로 향하게 만드는 힘이 바로 하나님을 믿는 신앙에 있습니다.** 하나님께서는 그 사랑하는 자에게 더 큰 축복을 허락하시기 위해서 시련도 함께 감당하게 하신다는 것을 알아야 합니다.

그 사람의 얼굴과 말씨는 그 사람의 일생을 나타내 주는 동시에 그 사람이 자신의 인생에 대해서 어떤 태도를 가지고 살아왔는가 하는 것을 말해 주는 확실한 측정기입니다.

심방을 하다보면 성도님들의 가정에도 수많은 어려움들이 있다는 것을 알게 됩니다. 사업이 잘 안되는 사람도 있고, 자녀들이 속을 썩이는 사람도 있고, 가족 중에 환자가 있는 집도 있습니다. 하나님의 사랑에 대해서 의심하는 사람이 있다는 것도 알게 됩니다. 그러나 그런 때에 우리가 알아야 할 것은 하나님께서 내게 갖고 계시는 특별한 목적에 대한 확신과 신뢰입니다. **하나님께서 허락하신 시련은 하나님께서 풀어 주십니다.**

시련이 있을 때에는 먼저 우리 자신을 살펴서 혹시라도 내 안에 의롭지 못한 것이 있지나 않은가를 알아보아야 합니다. 하나님의 성령께서 내 마음을 감찰해 주셔서 혹시라도 나에게 어떤 의롭지 못한 부분이 있다면 알게 해 달라고 기도해야 합니다.

물론 시련의 이유가 꼭 자신의 잘못 때문만은 아닙니다. 시련을 곧 자신의 범죄함으로 연결시키는 것은 옳지 못한 생각입니다. 시련은 그 기회를 통해서 자기 자신을 검토할 기회를 주는 것이기도 합니다. 설령 외적인 생활에는 시련이 오고 위기가 왔다 할지라도 그것을 어떻게 극복하느냐에 따라서는 더욱 풍요로운 삶을 살 수도 있는 것입니다.

그 기회를 통해서 나의 속사람은 더욱더 깨끗해지고 아름다워지고 불의한 세계가 깨져 나가는 기회도 될 수 있습니다. 회개하고 청산할 일이 있다면 이런 기회를 통해서 해야 합니다. 그리고 변화받아야 합니다. 우리 자신을 정결케 하고 내적인 발전을 도모하는 것은 하나님을 믿는 사람으로서의 의무요 특권입니다.

요셉만큼 훌륭한 신앙을 가진 사람을 찾는 일은 성경에서도 그렇고 현실에서도 어렵습니다. 그럼에도 불구하고 요셉에게도 문제가 있었습니다. 사람은 좋지만 어렸을 때에 형들의 잘못을 아버지에게 고자질한 것입니다. 그래서 형들의 미움을 사게 되는 처음 원인을 제공한 것이 아닙니까? 아마 이 부분에 대해서는 나중에 철이 좀 든 후에는 회개했을 것입니다. 그리고 하나님께 자신의 잘못을 빌고 용서를 구했을지도 모릅니다.

우리가 하나님 앞에서 무언가 생각나는 것이 있다면 그 자리에서 하나님께 회개하고 용서를 빌어야 합니다. 자신감이 있다는 것은 좋은 것이지만 그것이 지나치면 교만이 될 수 있습니다. 자신을 미처 그런 줄 모르고 있었는데 잘 살펴보니 자신에게 하나님을 믿는 겸손한 자신감이 아니라 자기 자신을 과신하는 교만한 마음이 은근히 가슴 한 구석에 자리잡고 있었을지도 모르는 일입니다.

저도 가끔은 그런 말을 들을 때가 있습니다. 그것은 저에게 자신감이 있기 때문입니다. 물론 그 자신감이 저 자신 때문에 생긴 것은 아닙니다. 아무리 어려워도 나에게는 하나님께서 함께 하시기 때문에 문제가 되지 않는다고 말하면 그것을 교만으로 보는 사람이 있습니다. 그런데 그럴 때마다 저에게 충고를 하는 사람이 있습니다. 바로 제 아내입니다. 제가 너무 자신감이 넘치게 말하거나 행동하면 그것이 혹시 내 자신을 과신하는 교만은 아닌가 하는 도전을 줍니다. 아내는 하나님께서 저에게 주신 선지자인 것입니다.

그리고 어렸을 때에는 어머니 대신 저에게 교만하지 않도록 늘 경고를 해 주신 분이 있었습니다. 그 분은 저만 보면 '지가 잘나서 그런 줄 안다'고 늘 말씀하시면서, 제가 혹시라도 하나님의 은혜를 잊어버리고 '내가 잘나서' 그런 줄로 알까봐 늘 경계하도록 충고해 주셨습니다.

요셉도 아마 그런 사람이 있었더라면 그렇게까지 형들의 미움을 사지는 않았을지도 모릅니다. 간증을 하는 일도 마찬가지입니다. 하나님께서 은혜를 주셔서 간증할 기회가 생기는 것인데, 간증을 하라고 하면 자기 자랑을 하는 것인지, 하나님의 영광을 말하고 있는 것인지 분간이 안 가게 하는 사람들이 있습니다. 그것은 하나님께서 주신 간증을 잘못 행하고 있는 것입니다.

두번째로, 시련의 시간이라 할지라도 변함없이 하나님을 신뢰해야 합니다.
　하나님께서는 자기 자녀들을 돌보시고 그와 함께 하시는 분이라는 것을 어떤 상황에 처하게 되더라도 잊어서는 안됩니다. "여호와는 나의 목자시니 내게 두려움이 없을 것이다. 나를 언제나 푸른 초장으로 인도하시며 잔잔한 물가로 인도하실 것이다"는 신앙고백을 하면서 사는 사람이 되어야 합니다. 여호와 하나님은 나의 목자이기 때문에 절대로 나를 버리지 아니하시며 나의 출입을 언제까지나 인도하시리라는 것을 믿는 것입니다.
　설령 어려움의 시간이 지금은 나를 괴롭히고 있다고 할지라도 하나님께서는 나를 축복으로 인도하실 것이라는 것을 잊어서는 안 됩니다. 하나님은 특별한 섭리와 목적이 있기 때문에 우리에게 가끔 시련을 허락하시는 것입니다.

세번째로, 인간은 자신의 미래를 알 수 없다는 인간의 한계성을 인정하고 살아야 합니다.
　우리가 이미 알고 있듯이, 바로가 꿈을 꾸었습니다. 살진 소와 파리한 소가 나오는 꿈을 꾸고난 후에 다시 마른 이삭과 충실한 이삭의 꿈을 꾸었습니다. 그러나 도저히 바로로서는 그 꿈이 뜻하는 바를 알 수가 없었습니다.
　8절을 보십시오.

　　　"바로가 깬즉 꿈이라 아침에 그 마음이 번민하여 보내어 애굽의 술객과 박사를 모두 불러 그들에게 그 꿈을 고하였으나 그것을 바로에게 해석하는 자가 없었더라."

　바로는 자신이 꾼 꿈을 해석하지 못하자 마음에 번민하게 됩니다.

그래서 그것을 알아보기 위해서 나라 안에 있는 모든 술사들과 마술사들을 불러들여서 꿈을 해석하게 하지만 아무도 그것을 풀지 못합니다. 그것은 인간이 해석할 수 있는 것이 아니었습니다. 그 비밀은 하나님께서 열쇠를 가지고 있는 것이기 때문에 사람의 힘으로는 어쩔 수가 없었던 것입니다.

미래는 하나님의 계획 안에 있는 것입니다. 그런데도 사람들은 자신의 미래를 알아보기 위해서 점술가들을 찾습니다. 지금 우리 나라 사람들도 마찬가지입니다.

제가 옛날 다니던 대학교 자리를 다시 가본 적이 있었습니다. 지금은 이전을 해서 없어지고 대학로라는 거리가 되어 있었는데, 한 곳에 사람들이 모여 있었습니다. 무슨 일인가 싶어 들여다봤더니 대학생들이 거리에서 점을 치고 있는 것이었습니다. 21세기의 지도자들이 거리에 앉아서 사주보고 미래를 점으로 알려고 하고 있는 것입니다.

이 얼마나 답답한 노릇입니까? 물론 누구나 자신의 미래가 알고 싶을 것입니다. 그러나 사주를 가지고 점쟁이한테 물어서 미래를 찾을 수는 없습니다. 그것은 헛것에 마음과 시간을 빼앗기는 짓입니다. 인간은 애굽의 술사들처럼 하나님의 손에 달린 미래를 알 수 있는 방법이 없습니다. 그런데도 예수 믿는다고 하는 사람들 중에도 점을 보러 다니는 사람이 있습니다.

제가 미국에서 만난 어느 집사님 한 분은 가방과 함께 돈을 잃어버리고나자 점쟁이를 찾아갔었다는 이야기를 했습니다. 물론 한국에 있는 성도들 가운데도 있을 것입니다. 그러나 다 소용없는 일입니다.

인간은 미래를 알 수 없습니다. 어리석은 꿈에서 깨어나십시오. 그럴 시간과 돈의 여유가 있다면 교회를 위해서 봉사하고 선교사를 위해서 헌금하십시오. 저는 개척교회하다가 너무 힘이 들어서 점을 치러 갔었다는 목회자의 말을 듣기도 했습니다. 그랬다가 2년을 쉬고 회개하고 다시 열심히 목회를 했다고 합니다. 얼마나 급했으면 그렇게 했을까 싶은 생각이 들기도 하지만, 그렇게 해서는 하나니의 은혜를 얻을 수 없다는 것을 분명히 알아야 합니다. 하나님은 자신 외에 다른 신의 이름으로 하는 모든 일들을 철저하게 반대하시고 벌하십니다. 하나님은 질투의 신이고, 다른 어떤 이름도 그 앞에 굴복하게 하시는 단 한 분이신 하나님이십니다. 점쟁이 찾아갈 그 정성으로 하나님을 찾으십시오.

모든 비밀을 아시고 모든 것을 주관하시는 분은 하나님이십니다. 모든 것을 아시는 하나님께 가서 묻고 대답을 들어야지 어떻게 똑같이 피조물인 사람에게 자기의 미래를 묻는다는 말입니까? 만약 자신이 그런 일을 행한 적이 있는 사람이었다면 지금이라도 빨리 회개하십시오. 그리고 다시는 그런 일을 하지 마십시오. 인간적인 방법으로 자신의 문제를 해결하려고 해서는 하나님의 사람이라는 호칭을 들을 자격이 없습니다.

    누구보다도, 그리고 무엇보다도 하나님을 신뢰하십시오. 설령 자신에게 시련을 주신 분이라는 생각에 서운한 마음이 들어도 하나님께서 자신에게 주신 것은 그만한 뜻이 있는 것이라고 믿고 순종하십시오. 바울과 실라가 감옥에 들어가서도 찬송을 한 것처럼 찬송하고 감사하십시오.

네번째로, 성공적인 신앙인이 믿는 것은 하나님의 때가 가장 좋은 때라는 것입니다.

    집을 떠나서 종으로 팔려온 지 13년이 되었을 때야 요셉이 어려서 꿈꾸던 것이 이루어졌습니다. 기다린다는 것은 참으로 고통스러운 것입니다. 억울한 옥살이까지 하면서 하나님의 시간을 기다린다는 것은 보통의 믿음이 아니고는 힘든 일입니다. 기다리는 사람에게 시간이라는 것은 얼마나 더디고 원망스럽고 안타까운 것인지 모릅니다.

그러나 요셉은 그 기간을 그냥 흘려보낸 것이 아니라 그 기간 동안 성실하게 일하고 주위의 사람들에게 인정을 받도록 살았습니다. 그 기간은 훈련의 기간이었지 허송한 시간들이 아니었던 것입니다.

다윗이 왕이 된 것은 30세였습니다. 요셉이 애굽의 총리가 된 것도 30세였습니다. 그리고 예수님께서 공생애를 시작한 나이도 30세였습니다. 저도 30세에 목회를 시작했습니다. 30까지는 훈련받아야 합니다.

20세와 30세는 다릅니다. 30세라는 나이는 인생을 제대로 사는 나이가 되는 것입니다. 만약 요셉이 꿈을 해석해준 대가로 얼마 후에 감옥에서 나왔더라면 2년 정도를 더 있다가 나오지 못한 것을 억울해 했을 것입니다. 그랬더라면 그는 총리가 되지도 못했을 것이고 자기의 가족들을 가뭄에서 구하지도 못했을 것이기 때문입니다.

하나님의 때는 언제나 늦지 않습니다. 요셉에게는 13년의 훈련기간이 필요했기 때문에, 그 기간 동안 낯선 땅에 팔려서 종살이하고 감옥에 있었던 것입니다. 그 사람에게 필요한 시간에 대해서는 누구보다 하나님께서 정확하게 계산하고 계십니다.

하나님의 자녀들은 믿음을 가지고 인내하며 기다리는 시간이 반드시 필요합니다. 우리에게 참고 기다릴 수 있는 은혜를 달라고 기도해야 하는 이유가 여기 있습니다. 그 날을 우리에게 베풀어 주실 분은 하나님 한 분밖에 계시지 않는다는 것을 믿고 우리는 기도해야 합니다. 마냥 기다리는 것만이 아니고 훈련받고 일합니다.

하나님께서는 우리에게 특별히 적용하시고자 하는 순리가 있습니다. 억지로 하는 일이 잘될 리가 없습니다. 억지로 한 일의 결과가 좋게 나타나는 법이 없습니다. 인간적인 방법으로 해석하여 해결하려고 하면 오히려 그 훈련 기간이 더욱 길어질 뿐입니다. 하나님께서 가라 하면 가는 것이고 서라 하면 서는 것이고 기다리라고 하면 기다리는 것입니다. 하나님의 때가 가장 좋은 때인 것입니다.

마지막으로는, 하나님께 모든 대답이 있다고 믿는 사람이 성공하는 사람이 되는 것입니다.

15, 16절 말씀을 보십시오.

> "바로가 요셉에게 이르되 내가 한 꿈을 꾸었으나 그것을 해석하는 자가 없더니 듣자니 너는 꿈을 들으면 능히 푼다더라 요셉이 바로에게 대답하여 가로되 이는 내게 있는 것이 아니라 하나님이 바로에게 편안한 대답을 하시리라."

바로는 요셉이라는 사람이 꿈을 잘 해석한다는 말을 듣고 즉시 그를 불러오게 합니다. 그러나 바로는 하나님을 모르는 사람이므로 요셉에게 어떤 능력이 있는 줄로 생각합니다. 보통 사람들이 다 그렇습니다. 어떤 사람에게 특별한 능력이 있으면 그에게 그 능력을 뿜어내는 원인이 있는 줄로 생각합니다. 그 사람의 위에서 그 사람을 사용하시는 하나님의 존재는 잘 모르는 것입니다. 늘 자신의 눈에 보이는 존재만을 인정하기 때문에 더 깊고 큰 것을 보는 눈이 없습니다.

그러나 기억하십시오. 사도 바울은 "우리가 싸우는 것이 혈과 육이 아니요 영적인 전쟁"이라고 했습니다. 우리가 보지 못하는 그 뒤에는 하나님의 위대하신 능력이 있는 것입니다. **모든 일은 그 크신 하나님의**

손이 움직여서 되는 것이지 인간의 수단과 방법으로 되는 것이 아닙니다. 보이지 아니하시는 하나님의 손길이 더 큰 것입니다. 그 큰 손이 우리를 움직이고 역사를 주관하시는 분이신 것입니다.

하나님의 섭리는 인간의 손으로 막을 수 없는 것입니다. 새 정부가 들어서는 것도 하나님의 손길에 의한 것입니다. 하나님께서 하나님의 방법으로 하나님의 때를 정하셨기 때문에 오랜 독재의 역사를 끝내고 문민이 통치하는 정부가 들어설 수 있게 된 것입니다.

요셉은 그것을 알고 있었습니다. 자신의 힘으로 꿈이 해석되는 것이 아니라 하나님의 능력이 그것을 해결한다는 것을 알고 있었습니다. 그리고 자기 자신은 단순히 하나님의 뜻을 전하는 도구에 지나지 않는다는 것을 인정하고 모든 영광을 하나님께 돌릴 줄도 아는 사람이었습니다. 마치 거울이 햇빛을 반사해서 다른 사물에 전하듯이 자신이 받은 영광을 하나님께 전하는 사람이 되었던 것입니다.

요셉은 바로왕 앞에서 자기가 단순한 인간이라는 것을 고백하고 꿈을 해석하는 능력이 자신에게 있는 것이 아님을 밝혔습니다. 하나님을 모르는 사람들에게 자신을 통해서 역사하시는 하나님을 드러낸 것입니다. 바로의 꿈만이 아니라 인생의 마지막 대답이 하나님께 있습니다. 사람이 자신의 미래를 알기 위해서 온갖 지혜를 짜내고 온갖 술수를 짜내기도 하지만 결국 마지막에 가서는 하나님이 그 열쇠를 가지고 있는 것입니다. 그것을 신뢰하고 바라보는 사람에게는 하나님의 인도하심이 나타날 것입니다.

요셉은 하나님께서 하실 해석의 확실성을 믿었습니다. 하나님께서 바로에게 평안한 대답을 하실 것이라는 사실을 믿고 바로에게 확실하게 말한 것입니다. 요셉에게는 "나는 연약한 자이고, 나는 애굽에 종으로 팔려온 사람에 불과하지만 하나님께서 나와 함께 하심으로 반드시 평안한 답을 하실 것"이라는 신뢰가 있었던 것입니다.

  이것은 곧 우리의 확신이어야 합니다. 하나님의 평안한 답이 우리에게 임할 것이라는 사실을 믿어야 합니다. 하나님의 평안은 없는 것을 있게 하는 것이고 빈 것은 채워주는 것입니다. 풍랑이 일면 잔잔하게 하시고 병자는 고쳐주시는 것이 하나님의 평안인 샬롬입니다.

  13년 동안 요셉을 괴롭혔던 고통, 외로움, 오해에서 벗어나는 감격의 시간이 이제 나타날 때입니다. 그의 인생이 샬롬으로 접어들게 된 것입니다. 요셉은 그의 어려운 시간 중에도 하나님에 대한 깊은 신뢰감이 있었기 때문에 그의 모든 고난을 헤치고 비로소 샬롬의 시간을 맞게 된 것입니다.

  하나님에 대한 신뢰는 하나님의 자녀들을 샬롬으로 이끄십니다. 다만 우리에게는 그 샬롬을 맞기 위해 준비해야 할 시간이 필요한 것 뿐입니다. 우리가 하나님에 대한 기대를 잃지 않고 인내로 기다리고 하나님의 은총을 구한다면 머지 않아 요셉에게처럼 하나님의 샬롬이 우리에게 임할 것입니다.

제13장

당신은 하나님의 사람

"…이제 바로께서는 명철하고 지혜 있는 사람을 택하여 애굽 땅을 치리하게 하시고 바로께서는 또 이같이 행하사 국중에 여러 관리를 두어 그 일곱 해 풍년에 애굽 땅의 오분의 일을 거두되 그 관리로 장차 올 풍년의 모든 곡물을 바로의 손에 돌려 양식을 위하여 각 성에 적치하게 하소서 이와 같이 그 곡물을 이 땅에 저장하여 애굽 땅에 임할 일곱 해 흉년을 예비하시면 땅이 그 흉년을 인하여 멸망치 아니하리이다 바로와 모든 신하가 이 일을 좋게 여긴지라 바로가 그 신하에게 이르되 이와 같이 하나님의 신에 감동한 사람을 우리가 어찌 얻을 수 있으리요 하고 요셉에게 이르되 하나님이 이 모든 것을 네게 보이셨으니 너와 같이 명철하고 지혜있는 자가 없도다 너는 내 백성을 치리하라 내 백성이 다 네 명령에 복종하리니 내가 너보다 높음이 보좌뿐이니라 바로가 또 요셉에게 이르되 내가 너로 애굽 온 땅을 총리하게 하노라 하고 자기의 인장 반지를 빼어 요셉의 손에 끼우고 그에게 세마포 옷을 입히고 금사슬을 목에 걸고 자기에게 있는 버금 수레에 그를 태우매 무리가 그 앞에서 소리지르기를 엎드리라 하더라 바로가 그로 애굽 전국을 총리하게 하였더라…온 지면에 기근이 있으매 요셉이 모든 창고를 열고 애굽 백성에게 팔새 애굽 땅에 기근이 심하여 각국 백성도 양식을 사려고 애굽으로 들어와 요셉에게 이르렀으니 기근이 온 세상에 심함이었더라"(창 41:17-57).

당신은 하나님의 사람

성공적인 신앙인의 태도

지금까지 계속해서 성공적인 신앙인에 대한 이야기를 했습니다만 41장 후반부 역시 성공적인 신앙인의 태도를 살펴볼 수 있습니다.

첫번째, 성공적인 신앙인은 먼저, 성령님의 지혜를 의지하는 사람입니다.
바로왕은 자신의 꿈을 술객들에게 말해 주었으나 그것을 풀어주는 사람이 없었습니다.

"바로가 요셉에게 이르되 내가 한 꿈을 꾸었으나 그것을 해석하는 자가 없더니 듣자니 너는 꿈을 들으면 능히 푼다더라" (창 41 : 15).

바로왕은 자신이 할 수 있는 해석 방법은 다 했는데 안되었으니 그 이상은 자신의 한계에서 벗어나는 일이라는 것을 고백했습니다. **인간의 한계라는 것은 곧 하나님의 기회를 의미하는 것입니다.** 대개 하나님의 은총과 그 능력을 체험하지 못하는 사람들은 하나님께 그 능력을 발휘할 기회를 주지 않는 사람입니다. 자신의 능력으로 모든 것을 해결하려 시도하면 자기의 힘으로 해결할 일조차도 못해냅니다. 비록 자신의 힘으로 할 수 있을지라도 모든 조건이 맞아야만 할 수 있기 때문입니다.

자신의 힘으로 되지 않을 때가 바로 하나님의 기회가 나타날 때입니다. 그런데 그것도 모르고 자기 힘으로 해서 안되면 하나님의 도우시지 않았다하여 하나님을 원망하면서 돌아서 버립니다. 참으로 안타까운 일입니다. 한계에 도달한 것은 포기하는 지점에 이름을 의미하는 것이 아니라 하나님의 능력이 이제 곧 나타날 시점이라는 표시입니다.

우리가 이 땅에서도 성공적으로 살 생각이라면 우리의 한계성이 인정되는 바로 그 때에 하나님의 인자하심이 일어날 것을 깨달으십시오! 그래서 예수님을 믿지 않는 사람들은 일이 안되는 시점에서 낙망하고 좌절하지만, 하나님을 아는 사람들은 바로 그 때에 기대감이 커집니다. 이제 내 능력의 한계에 왔으니 그 다음은 하나님께서 능력을 발휘하실 차례라는 것을 알고 새로운 희망을 가지게 되는 것입니다.

성공과 실패는 그 사람의 사고 방식에 달린 것입니다. 잘못 생각하면 잘못되는 것이고 잘 생각하면 잘됩니다. 성경을 가지고 우리의 마음과 생각을 철저하게 훈련하면 성공하는 사람이 되는 것입니다. 실패하는 사람들은 생각하는 자체가 이미 실패하는 쪽으로 기울어져 있습니다. 그 사람의 생각이 실패를 만들어내는 것입니다.

요셉에게 있어서도 그 기회의 막바지에 왔을 때에 성령님의 지혜에 의존했습니다. 바로가 '네게 능력이 있다는 소리를 들었다'는 말을 하자 요셉은 '그 능력은 자신에게 있는 것이 아니라 하나님으로부터 나오는 것' 임을 분명히 밝혔습니다. 요셉의 가슴 속에는 하나님이 계셨고 성령님의 지혜가 있었던 것입니다. 그리고 요셉에게 하나님의 성령이 임했다는 것을 비신자인 바로까지도 알게 되었습니다.
　38절과 39절을 보십시오.

　　　"바로가 그 신하에게 이르되 이와 같이 하나님의 신에 감동한 사람을 우리가 어찌 얻을 수 있으리요 하고 요셉에게 이르되 하나님이 이 모든 것을 네게 보이셨으니 너와 같이 명철하고 지혜있는 자가 없도다."

　여기서 "하나님의 신에 감동을 받았다"는 말은 하나님의 신을 마음 속에 모시고 있는 사람이라는 뜻입니다. 그 가슴 속에는 하나님의 성령이 계시다는 말입니다. 이것은 하나님 임재의 확신입니다.
　사도 바울은 "너희가 하나님의 성전인 것과 하나님의 성령께서 너희 안에 계신 것을 알지 못하느뇨"라고 고린도전서 3장 16절에서 말씀하고 있습니다. 예수님을 구주로 영접한 사람들은 벌써 성령님께서 자기 안에 거하신다는 사실을 인식해야 정상적인 것입니다. 자신에게 성령이 거한다는 사실을 모르고 성령님께서 오실 것을 간절히 구하는 사람들을 보면 참 안타깝습니다. 성령님께서도 답답하실 것입니다. 성경은 여러 차례 성령님께서 우리 안에 계시다는 사실을 말하고 있습니다.

　구약 시대에는 '하나님의 영이 누구누구에게 임하셨다가 떠나셨다'는 말씀이 나옵니다. 그러나 신약 시대에는 그런 기록이 없습니다. 삼손의 경우에도 '성령이 임하셨다'는 말로, 그리고 성전을 짓는 사람들에게도 임하셨다가 떠나는 것으로 되어 있습니다.
　그런데 신약시대에 오면 하나님께서 완전히 우리 안에 거하시는 것으로 표현이 바뀝니다. 여러분이 예수 그리스도를 마음으로 믿고 입으로 시인했다면 그 분께서 내 안에 계셔서 나에게 지혜를 주실 것을 믿어야 합니다. 그 때 주가 나와 함께 동행한다는 말을 할 수 있게 되는 것입니다. 그런 후 내가 하나님의 이름으로 하나님의 능력을 구하고 행할 수 있는 사람이 되는 것입니다. 그리고 성령님께서 우리와 함께 하심으로 이젠 아무런 걱정이 없이 살 수 있다는 말이 성립됩니다.

성령님과 함께 생활하는 사람은 어떤 문제에 부딪히면 그 즉시 성령님께 그 해결 방법을 묻고 그대로 행하는 것이 훈련되어 있습니다. 참으로 성공적인 신앙인은 자기 안에 계시는 성령님을 의존하고 모든 생각과 계획을 세우는 데 익숙합니다. 중요한 결정을 하는 과정에도 그렇고 마지막에 결심을 하는 순간에도 하나님께 맡기고 순종하는 방법을 택합니다. 무슨 일이든지 최선을 다해서 열심히 한다는 것은 중요합니다. 그런데 그 열심이 하나님 안에 있다면 더이상 바랄 것이 없는 상태가 된 것입니다. 같이 열심히 일해도 성령 안에 있다는 것은 남보다 한 발짝 앞서 갈 수 있는 있는 비결입니다.

> "요셉이 바로에게 고하되 바로의 꿈은 하나이라 하나님이 그 하실 일을 바로에게 보이심이니이다 일곱 좋은 암소는 일곱 해요 일곱 좋은 이삭도 일곱 해니 그 꿈은 하나이라 그 후에 올라온 파리하고 흉악한 일곱 소는 칠 년이요 동풍에 말라 속이 빈 일곱 이삭도 일곱 해 흉년이니"(창 41:25-27).

요셉은 바로가 꾼 두 가지 꿈이 사실은 한 가지 뜻을 나타낸다는 해석과 함께, 하나님께서 그 하실 일을 바로에게 꿈으로 보이시는 것이라고 합니다. 일곱 마리의 살진 암소는 칠 년 동안의 풍년을 말하는 것이고 일곱 마리의 마른 소는 칠 년 동안의 흉년을 나타내는 것이라고 합니다. 그리고 하나님께서 두 번씩이나 그 꿈을 보이신 것은 하나님께서 이 일을 정하시고 속히 행하시리라는 것을 보여주신 것이라고 경고합니다.

> "내가 바로에게 고하기를 하나님이 그 하실 일로 바로에게 보이신다 함이 이것이라 온 애굽 땅에 일곱 해 큰 풍년이 있겠고 후에 일곱 해 흉년이 들므로 애굽 땅에 있던 풍년을 다 잊어버리게 되고 이 땅이 기근으로 멸망되리니 후에 든 그 흉년이 너무 심하므로 이전 풍년을 이 땅에서 기억하지 못하게 되리이다"(창 41:28-31).

두번째, 성공적인 신앙인의 태도는 다른 사람보다 훨씬 생산적입니다. 바로가 요셉에게 요구한 것은 꿈을 해석하라는 한 가지였습니다. 그런데 요셉은 바로가 요구한 대로 그 꿈에 대한 것만을 이야기해 준 것이 아니라 그 다음의 대책까지 제시합니다.

보통사람 같으면 자신이 요구받은 것만 해결하면 자신의 일이 끝났다고 여기고 그 이상의 것을 하려하지 않습니다. 꿈을 해석하라고 요구하면 단지 해석하는 것으로 끝내는 것을 누구나 자연스럽게 생각합니다. 그런데 요셉은 자기에게 맡겨진 것만 하면 자기의 일은 모두 끝나는 것이라고 생각하지 않았습니다. 맡겨진 것 뿐만 아니라 할 수 있는 최선의 상태까지 자신의 능력을 발휘한 요셉입니다.

성공한 사람들은 누구나 다른 사람과 다른 점이 있기 마련입니다. 자기에게 맡겨진 일 한 가지만 하지 않고 자신이 할 수 있는 것이 있다면 그 이상의 능력을 발휘해서 일을 성공으로 이끄는 결정적인 계기를 만듭니다. 남들과 똑같은 방법으로, 똑같은 생각으로, 똑같이 일해서는 성공하는 사람이 결코 될 수 없습니다.

  자신에게 맡겨진 모든 일을 그렇게 처리한다면 그 사람은 얼마 가지 않아 주위 사람들에게 성공을 만드는 사람으로 인식이 될 것입니다. 기도하면서 최선의 노력을 기울이는 사람은 어디가 달라도 다를 수밖에 없습니다. 더구나 그러한 생활이 계속 쌓인다면 몇 년 후에는 아무도 그 차이를 따라갈 수 없습니다. 이것은 그냥 주어진 일만 우직하게 열심히 하지 않고, 아이스크림을 달라고 하면 그 위에 예쁜 앵두를 얹어 주는 센스있는 사람입니다.

  33절을 보십시오.

> "이제 바로께서는 명철하고 지혜있는 사람을 택하여 애굽 땅을 치리하게 하시고."

  바로가 원한 것은 오로지 꿈의 해석뿐이었습니다. 그러나 그는 자신이 요구받은 것뿐만 아니라 성령님의 도우심으로 고난을 해결할 방법까지도 제시해 주었습니다. 그리고 그것으로 인해서 하나님의 영광을 드러내는 사람이 되었던 것입니다.

  이런 사람은 직장 없이 놀지 않습니다. 그리고 같이 출발할지라도 언제나 앞서가는 사람이 됩니다. 이런 사람은 자연히 윗사람의 눈에 띄기 마련이고 진급을 해도 남보다 빠르기 마련입니다. 그와 반대되는 사람들은 아무리 눈치껏 재주를 피우고 약삭빠르게 굴어도 윗사람들이 다 알아보는 것과 같은 이치입니다. 사람의 본성은 숨길 수 없습니다. 더구나 세월이 흐르면 위장된 것의 정체는 드러나기 마련입니다.

  학교에서 학생들을 가르치다 보면 첫 학기가 지나가기도 전에 벌써 학생들의 사람됨과 장래 성공 여부를 알 수 있습니다. 과제를 제출할 때 벌써 그것을 작성한 사람의 인간됨이 나타납니다. 정해진 분량을 어떻게 해서라도 요령껏 줄여 보려는 생각을 하는 사람은 다른 일을 시켜도 마찬가지입니다. 이런 태도를 가진 사람들 때문에 나라의 발전이 더뎌지는 것입니다. 우리들도 요셉처럼만 한다면 하나님께서 우리 백성들을 축복하시는 것은 틀림없는 일입니다. 하나님의 백성들만이라도 하나님의 말씀대로 살면 이 땅에는 무한한 희망이 있으며, 그 희망이 실현될 것입니다.

성공적인 신앙인은 무슨 일을 하든지 더 생산적인 사람으로 다른 사람들에게 인식되고 인정받는 사람이 됩니다. 예수님께서는 "네가 네 형제에게만 인사한다면 이방인보다 나을 것이 무엇이냐"(마 5 : 47)고 말씀하십니다.

예수를 믿는다고 하는 것은 보통 사람이 사는 대로 사는 것을 의미하지 않습니다. 남이 하는 만큼만 하고 사는 사람이 아니라 그들보다 더 많은 일들을 하고, 남들이 귀찮아서 안하려는 일을 마다하지 않고 하는 삶을 말하는 것입니다. 그래서 보다 많은 노력을 해야 하는 삶이기도 합니다. 심지어 남이 용서할 수 없는 일도 용서하는 삶이어야 합니다.

이렇게 살고 있는 사람들이 우리 나라에 많아지고 그들이 중요한 각 부서에서 일하는 사람들이라면 우리 나라는 축복받는 나라가 될 것입니다.

요셉은 바로에게 명철한 관리를 한 사람 구해서 풍년이 들었을 때 곡식을 저장하여 흉년을 대비하라는 제안을 합니다. 해석하는 것에서 그치지 않고 거기에다 알맞은 제안까지 하니 얼마나 영특한 사람입니까?

명철한 사람이란 정확하게 판단하고 중요한 일이 생겼을 때 그것을 잘 해결하는 능력인을 말합니다. 같은 일도 해결하는 방식이 여러 가지가 있는데 그 중에 어떤 것이 가장 최선의 방법인가 하는 것을 판별할 줄 알아야 합니다. 한 가지 일에도 여러 가지의 가능성을 생각할 줄 아는 사람이 바로 명철한 사람이라는 말을 들을 자격이 있는 사람입니다.

어떤 일이 생겼을 때에 자신의 생각만이 가장 옳다고 믿고 다른 사람의 의견은 전적으로 무시하는 사람이 있습니다. 이런 사람은 누구에게도 명철하다는 말을 들을 수 없습니다. 물론 성공할 가능성도 없는 사람입니다. 이런 사람들이 가진 시야는 터널과 같아서 한 가지 길에 한 가지 통로밖에 모르는 사람들입니다.

의견이 다르면 다르다는 것을 인정하고 누구든 적절한 때에 적절한 의견을 제시하는 사람을 받아들여야 합니다. 이를 아는 사람이라야 많은 사람을 제대로 거느리는 사람이 될 수 있습니다. 여러 가지 가능성 중에서 합리적이고 이론적으로도 그 근거가 명확한 의견을 제시하는 사람이 명철한 사람입니다. 그리고 그 명철한 사람을 사용하여 일을 옳게 처리하는 사람은 지도자적인 자질을 가진 사람입니다.

또 지혜로운 사람이라는 말은 지식을 많이 가진 사람을 가리키는 것이 아닙니다. 지식은 일상에 별 효용도 없으면서 사람을 교만하게 만들지만 지혜는 지식을 적절하게 삶에 적용하게 합니다. 그래서 대학을 졸업한 손자가 국민학교도 졸업하지 못한 할머니에게 머리를 숙일 수밖에 없는 일이 생기는 것입니다.

지혜는 공부를 많이 하여 얻는 것이 아닙니다. 오히려 삶의 경험을 통해서 지혜가 터득되는 경우가 더 많습니다. 지혜를 추구하는 이들은 말과 행동이 남다릅니다. 왜냐하면 지혜를 구하는 마음은 겸손하고 간절하기 때문입니다.

　지혜 있는 사람이 되기 위해서는 하나님께 기도하는 자세가 필요합니다. 겸손한 마음으로 하나님께 지혜를 구하면 여러 가지 중에서 가장 좋은 것을 선택할 수 있는 지혜를 주실 것입니다. '좋은 것'을 선택하는 지혜는 자신에게도 있지만, '가장 좋은 것'을 선택하는 지혜는 하나님으로부터 오는 것입니다. 하나님의 지혜 주심을 성경은 곳곳에서 말하고 있습니다. 지혜를 얻는 일은 어떤 특수한 조건이 필요한 것이 아닙니다. 다만 하나님께 구하는 자가 얻도록 하실 뿐입니다.

　세번째, 많은 사람의 동의를 받아낼 수 있는 사람이 성공적인 신앙인입니다.
　37절을 보면 바로뿐만 아니라 모든 신하들이 요셉의 의견을 좋게 받아들입니다.

　　　"바로와 모든 신하가 이 일을 좋게 여긴지라."

　지혜롭고 명철한 사람은 자신의 의견에 대해서 억지를 부릴 필요가 없습니다. 하나님의 지혜를 구해서 만들어 낸 의견들은 누가 들어도 옳다고 할 수밖에 없는 의견이기 때문입니다. 벌써 하나님의 성령에 의지하여 지혜로운 판단을 하는 사람들은 다른 사람들의 마음을 꿰뚫어 봅니다. 그래서 그들이 진정으로 원하는 바가 무엇인지를 깨닫고 해결책을 제시합니다. 그렇게 나온 의견에 동의하지 않을 사람은 없을 것입니다.

　네번째, 많은 사람들로부터 동의를 얻어내는 명철한 사람은 그 사람들로부터 존경과 권위를 인정받게 됩니다.

39, 40절을 보십시오.

"요셉에게 이르되 하나님이 이 모든 것을 네게 보이셨으니 너와 같이 명철하고 지혜있는 자가 없도다 너는 내 백성을 치리하라 내 백성이 다 네 명령에 복종하리니 나는 너보다 높음이 보좌 뿐이니라."

요셉은 노예로 팔려와서 십 년이 넘게 지나면서도 그 마음이 강퍅하거나 완악하여지지 않은 것은 하나님의 영이 그 안에 살아있었던 사람이었기 때문입니다. 이런 권위를 가질 수 있었던 것은 고난을 하나님 앞에서 연단을 받는 기간으로 생각하고 성실하게 그 훈련들에 임했기 때문에 결국에는 이런 열매를 맺을 수 있었습니다.

성공된 자리에 앉는 것이 하루아침에 되는 일은 아닙니다. 어려서부터 그리고 젊어서부터 자신을 연단시키고 훈련시키는 사람만이 그 자리의 주인이 될 수 있습니다. 믿는 사람이라고 해서 그저 입으로 기도만 할 뿐, 아무런 노력도 기울이지 않으면 결코 권위 있는 자리에 오를 수 없습니다.

"바로가 또 요셉에게 이르되 내가 너로 애굽 온 땅을 총리하게 하노라 하고 자기의 인장 반지를 빼어 요셉의 손에 끼우고 그에게 세마포 옷을 입히고 금사슬을 목에 걸고 자기에게 있는 버금 수레에 그를 태우매 무리가 그 앞에서 소리지르기를 엎드리라 하더라 바로가 그로 애굽 전국을 총리하게 하였더라 바로가 요셉에게 이르되 나는 바로라 애굽 온 땅에서 네 허락 없이는 수족을 놀릴 자가 없으리라 하고 그가 요셉의 이름을 사브낫바네아라 하고 또 온 제사장 보디베라의 딸 아스낫을 그에게 주어 아내를 삼게 하니라 요셉이 나가 애굽 온 땅을 순찰하니라"(창 41:41-45).

바로는 요셉에게 반지를 끼워 주고 모든 신하들에게 무릎을 꿇게 합니다. 왕에 버금가는 자리를 보장한 것입니다. 그 권위가 얼마나 큰 것이었는지 요셉의 허락을 얻지 못하고는 수족을 놀릴 자가 없다고 말합니다. 이 말은 좀 과장된 것이지만 그만큼 요셉의 권위가 막강함을 설명하는 비유입니다.

그리고 바로는 요셉에게 '사브낫바네아'라는 새 이름을 지어 주었습니다. 그 이름은 애굽말로 '하나님께서 살아계시고 말씀하신다'는 뜻입니다. 애굽의 왕조차 이 이방인의 신인 하나님에게 항복을 하고 있다는 증거입니다. 한 사람의 성공적인 신앙생활로 말미암아 이방의 왕이 하나님 앞에 머리를 숙이는 결과를 명확하게 보여주는 증거입니다.

다섯번째, 그 신앙의 결과로 안정된 신앙 생활을 하게 됩니다.

요셉은 나이 삼십이 되어서야 아내를 얻고 가정 생활에 안정을 찾게 됩니다. 그리고 아스낫이라는 아내를 통해서 에브라임과 므낫세라는 두 아들을 낳습니다. '므낫세'라는 이름은 '나로 나의 모든 고난과 나의 아비의 온 집일을 잊게 하셨다'는 뜻이고, '에브라임'이라는 이름은 '나로 수고한 땅에서 창성하게 하셨다'는 뜻입니다.

"요셉이 애굽왕 바로 앞에 설 때에 삼십 세라 그가 바로 앞을 떠나 애굽 온 땅을 순찰하니 일곱 해 풍년에 토지 소출이 심히 많은지라 요셉이 애굽 땅에 있는 그 칠 년 곡물을 거두어 각 성에 저축하되 각 성 주위의 밭의 곡물을 저장하매 저장한 곡물이 바다 모래같이 심히 많아 세기를 그쳤으니 그 수가 한이 없음이었더라 흉년이 들기 전에 요셉에게 두 아들을 낳되 곧 온 제사장 보디베라의 딸 아스낫이 그에게 낳은지라 요셉이 그 장자 이름을 므낫세라 하였으니 하나님이 나로 나의 고난과 나의 아비의 온 집 일을 잊게 하셨다 함이요 차자의 이름을 에브라임이라 하였으니 하나님이 나로 나의 수고한 땅에서 창성케 하셨다 함이었더라"(창 41:46-52).

어렸을 때의 고생하는 것은 그리 문제가 되지 않습니다. 중요한 것은 하나님 앞에 이를 때에 내 모습이 어떤 것인가 입니다.

저는 하나님 앞에 늘 기도하기를, "제가 젊었을 때에 고생하는 것은 아무렇지도 않으나 하나님 앞에 가는 그 순간은 제 생애 최고의 때에 가게 해 주옵소서"라고 기도합니다. 어떻게 사는가도 중요하지만 어떻게 죽는가는 더욱 중요하다고 생각하기 때문입니다.

"나이가 들고 시간이 갈수록 그 해가 자신의 생애에 최고의 해가 되게 하여 주옵소서" 하는 것이 우리의 바램이어야 합니다. 시간이 갈수록 과거의 고통은 사라지고 하나님의 은혜와 축복만이 나타나길 기도합시다. 성도들은 언제나 시작보다 마지막에 더 풍성한 삶이 있기를 기도해야 합니다.

여섯번째, 성숙한 신앙인은 편안할 때에 미래를 위해서 준비합니다.

바로에게 이야기했었던 대로 요셉은 풍년이 들었을 때에 각 성에서 곡식들을 거두어들여 비축해 놓습니다.

"애굽 땅에 일곱 해 풍년이 그치고 요셉의 말과 같이 일곱해 흉년이 들기 시작하매 각국에는 기근이 있으나 애굽 온 땅에는 식물이 있더니 애굽 온 땅이 주리매 백성이 바로에게 부르짖어 양식을 구하는지라 바로가 애굽 모든 백성에게 이르되 요셉에게 가서 그가 너희에게 이르는 대로 하라 하니라"
(창 41 : 54, 55).

하나님께서 힘을 주실 때 다음날을 위해서 그 힘을 비축해 두어야 합니다. 목회자들 가운데에도 나이가 들수록 교회에 별로 덕이 되지 않는 사람이 있습니다.

젊었을 때 힘써 배우고 훈련해서 그것을 바탕으로 계속 정진하면 나중에 나이가 들수록 사람들에게 존경과 사랑을 받습니다. 그렇지 않으면 살아있는 자체가 다른 사람의 삶에 고통을 주는 사람이 될 것입니다.

저 역시 그렇게 될까봐 은근히 걱정이 되기도 합니다만 그렇게 하지 않을 것입니다. 나이가 들어 늙으면 '자식들이나 손자들이 언제 저 노인이 돌아가실까' 하고 생각하는 짐이 되는 사람이 된다면 이 얼마나 비참한 최후가 되겠습니까? 나이가 들어도 모든 가족들의 존경과 사랑을 받는 사람으로 말년을 보내도록 우리는 젊었을 때부터 기도하고 노력합시다.

일곱번째, 하나님의 사람은 나라와 민족을 위해서, 세계를 위해서 공헌하는 사람입니다.

56, 57절을 보면 온 세상에 기근이 심하게 되었을 때에도 애굽은 요셉과 같은 명철한 사람 덕분에 그 기근을 면했습니다. 뿐만 아니라, 다른 나라 사람들까지도 양식을 사려고 애굽 땅으로 밀려들었습니다.

"온 지면에 기근이 있으매 요셉이 모든 창고를 열고 애굽 백성에게 팔새 애굽 땅에 기근이 심하여 각국 백성이 양식을 사려고 애굽으로 들어와 요셉에게 이르렀으니 기근이 온 세상에 심함이었더라."

하나님의 사람은 자신만 사는 것이 아니라 자신이 속해서 살고 있는 사회에 덕을 끼치고 넓게는 세계에 공헌을 하는 사람입니다.

하나님께서 우리들도 시간이 지나감에 따라서 점점 요셉과 같은 사람으로 변화시켜 주시고 성장시켜 주시길 구합시다. 우리는 하나님의 영이 순간 순간마다 동행하심으로 말미암아 누구를 만나고 어디에 있든지 주위 사람들에게 덕을 끼치며 삽시다.

제14장

꿈은 이루어진다

"…이스라엘의 아들들이 양식 사러 간 자 중에 있으니 가나안 땅에 기근이 있음이라 때에 요셉이 나라의 총리로서 그 땅 모든 백성에게 팔더니 요셉의 형들이 와서 그 앞에서 땅에 엎드려 절하매 요셉이 보고 형들인 줄 아나 모르는 체하고 엄한 소리로 그들에게 말하여 가로되 너희가 어디서 왔느냐 그들이 가로되 곡물을 사려고 가나안에서 왔나이다 요셉은 그 형들을 아나 그 형들은 요셉을 알지 못하더라 요셉이 그들에게 대하여 꾼 꿈을 생각하고 그들에게 이르되 너희는 정탐들이라 이 나라의 틈을 엿보려고 왔느니라 그들이 그에게 이르되 내 주여 아니니이다 종들은 곡물을 사러 왔나이다 우리는 다 한 사람의 아들들로서 독실한 자니 종들은 정탐이 아니니이다 요셉이 그들에게 이르되 아니라 너희가 이 나라의 틈을 엿보러 왔느니라 그들이 가로되 주의 종 우리들은 십 이 형제로서 가나안 땅 한 사람의 아들들이라 말째 아들은 오늘 아버지와 함께 있고 또 하나는 없어졌나이다 요셉이 그들에게 이르되 내가 너희에게 이르기를 너희가 정탐들이라 한 말이 이것이니라 너희는 이같이 하여 너희의 진실함을 증명할 것이라 바로의 생명으로 맹세하노니 너희 말째 아우가 여기 오지 아니하면 너희가 여기서 나가지 못하리라…"(창 42:1-17).

꿈은 이루어진다

꿈은 이루어집니다. 창세기 42장은 어렸을 때 요셉이 꾸었던 꿈이 현실로 실현되는 모습을 우리에게 보여줍니다. 그 꿈이 이루어지기까지는 많은 고난과 역경이 있었지만 하나님이 보여주신 꿈은 마침내 이루어지고 만다는 것을 창세기 42장은 우리에게 가르쳐 줍니다.

그러면 이제 창세기 42장을 한 절 한 절 살펴보며, 요셉의 꿈이 어떤 모습으로 이루어지는가를 살펴보도록 합시다.

창세기 42장 1, 2절을 보면 요셉의 아버지 야곱이 나옵니다. 야곱은 비록 나이가 많이 들었지만 아직도 가족들 중에서 리더십을 가지고 있음을 볼 수 있습니다.

"때에 야곱이 애굽에 곡식이 있음을 보고 아들들에게 이르되 너희는 어찌하여 서로 관망만 하느냐 야곱이 또 이르되 내가 들은즉 저 애굽에 곡식이 있다 하니 너희는 그리로 가서 거기서 우리를 위하여 사 오라 그리하면 우리가 살고 죽지 아니하리라 하매."

야곱은 과거 많은 실수와 성격적 결함도 있었지만 지도자적인 소양을 갖춘 사람이었습니다. 그런 야곱에게 지금 아들이 열한 명이 있는

데 성인이 된 그 아들들은 기근에 대한 방안을 만들지 못했습니다.
 야곱이 애굽에 곡식이 있다는 것을 알았다면 그 아들들이 몰랐을 리가 없습니다. 그럼에도 불구하고 그 아들들은 아버지가 말할 때까지 서로 관망만 하고 있었습니다. 아무도 먼저 나서서 이 고난을 해결하려고 하지 않고 누군가가 나서기만을 기다리고 있는 것입니다. 그러는 사이에 75명의 가족들이 굶어 죽게 생겼습니다. 이것이 리더십이 있는 사람과 없는 사람의 차이입니다.

 문제가 생기면 거기에 대해서 집중적으로 토론을 해서 해결책을 찾든지, 직접적으로 그 문제를 해결하기 위한 행동을 함으로써 그 문제를 풀기 위한 노력이 필요합니다. 그러나 야곱의 장성한 아들들에게는 그런 노력을 않고 그저 관망만 할 뿐이었습니다.
 이런 사람들은 리더가 되어 다른 사람들을 이끌 수 없을 뿐더러 자기 자신의 문제조차도 풀 수 없는 사람입니다. 이런 사람들은 역사에 아무 도움이 되지 못하는 사람인 것입니다. 문제가 있으면 그것을 적극적을 해결하려고 하는 사람들이라야 이 세상을 움직이는 사람이 될 뿐만 아니라, 하나님의 축복을 받는 사람이 되는 것입니다.

 하나님을 믿는 사람들은 누구보다 희망이 있는 사람들입니다. 따라서 우리는 언제나 문제를 만드는 사람이 아니라 해결해야 하는 사람이 되어야 합니다. 엎드려 기도하는 것에서 시작하여 행동에 옮기는 데까지 마음을 쓰고 힘을 기울이는 사람이 되어야 합니다. 긴급한 사태나 도전들이 나타났을 때에는 언제나 뛰어들어 그 문제를 해결함으로써 가정과 교회와 나라를 살리는 사람이 되어야 합니다.
 이렇게 되려면 기본적으로 지도자적인 자질이 있어야 합니다. 특히 젊은 사람들은 자라면서부터 요셉과 같은 지도자적인 소양을 키우면서 살아야 합니다.

　불평을 하는 시간과 문제를 놓고 기도하는 시간은 같습니다. 그러나 그 결과는 너무나 다릅니다. 같은 시간을 어떤 사람은 낭비하고 어떤 사람을 해결의 열쇠를 찾는 데 쓰는 것입니다. 그저 주저앉아서 하나님의 얼굴만 바라는 사람에게는 하나님의 축복이 없습니다. 하나님의 이름을 부르면서 간절하게 매달리고 용감하게 행동하는 사람에게 하나님은 은혜와 축복을 부어 주십니다. 드러누워서 고민하는 시간에 하나님께 고하고 해결책을 찾아가는 것이 현명한 사람의 태도입니다.

　아버지 야곱이 오죽 답답했으면 다 장성한 아들들을 야단쳤겠습니까? 그렇게 아버지에게 호통을 들은 아들들은 그 때서야 양식을 구하기 위해 애굽으로 내려갈 채비를 합니다.
　그런데 야곱은 다른 아들들은 보내면서 막내인 베냐민을 빼 놓았습니다. 베냐민은 야곱이 사랑한 아내 라헬에게서 난 두 아들 중 하나였습니다. 그 중 하나인 요셉이 없어지자 야곱은 그 아들마저 잃게 될까봐 두려웠던 것입니다. 그것은 야곱이 요셉을 먼저 잃었기 때문이기도 하지만 그가 일평생 두려움 속에서 산 사람이라서 그렇기도 했습니다.

야곱의 일생

　야곱의 일생을 살펴보면, 야곱은 일생 중 다섯 번이나 죽음의 공포에 떨었던 사실이 있습니다.
　첫번째 야곱은 형 에서 때문에 공포가 있었습니다. 에서를 속이고 그가 자기를 죽일까봐 겁에 떨면서 집을 떠나야 했던 것을 기억할 것입니다. 어렸을 때에 아주 심한 자극을 받으면 그것은 일생에 영향을 끼치는 어두운 기억으로 남아서 평생을 따라다닙니다. 그래서 어린 아이 때에 입은 심리적 상처는 그것이 발견되는 즉시 누구와의 상담을 통해서든지 해결해야 합니다. 심리적인 부담이 일생토록 남아서 그 사람을 괴롭힐 것이기 때문입니다. 어려서 받은 충격일수록 일생을 지배할 만큼 오래갑니다.

기독교에 대한 생각도 그렇습니다. 어려서 좋은 인상을 가졌던 사람들은 그 인상을 끝까지 가지고 있는 반면에, 한 번 어떻게 잘못된 인상이 박힌 사람들에게는 끝까지 좋지 않은 인상으로 남아있습니다. 그래서 어른이 된 후에도 전도를 잘 받아들이지 못하고 기독교에 대해서 배타적인 사람이 되는 경우가 많이 있습니다.

야곱도 형 때문에 받았던 어릴 때의 충격 때문에 그렇게 공포심을 가지고 살았었습니다.

두번째, 야곱은 삼촌 라반 때문에 생긴 공포가 있었습니다. 자신을 먹이고 재우고 딸까지 준 삼촌을 배반하고 도망하여 가면서, 삼촌이 따라와 자기를 죽일까봐 공포에 질려 있었습니다.

세번째 공포는 야곱이 집으로 돌아오는 길에서는 형이 군사들을 거느리고 자기를 잡으려고 온다는 소리를 들었을 때입니다. 그는 겁에 질려서 얍복 강 강가에서 천사를 붙들고 씨름을 합니다. 심리적으로 이미 '형'이란 말만 들어도 마음이 얼어붙는 것 같은 상태에 있었던 것입니다.

네번째 공포는 야곱이 집으로 가지 않고 세겜에서 살 때에 그 딸을 겁간했다고 아들들이 그 성의 남자들을 다 죽였을 때입니다. 야곱은 죽을까봐 겁에 질려 벌벌 떨었습니다. 이렇게 공포심을 가지고 일생을 살았던 야곱은 이제 늙어서까지 그 심리적인 공포를 버리지 못했습니다.

야곱의 다섯번째 공포는 베냐민을 자신의 품안에서 떠나 형들을 따라 애굽으로 보낼 때 였습니다.

저에게도 강하게 심리적인 흔들림을 주는 것이 있는데, 그것은 '어머니'라는 말을 들을 때의 변화입니다. '어머니'라는 단어만 나오면 저는 눈물부터 핑 돕니다. 그리고 누가 자기의 어머니에 대한 애틋한 애정을 표현한다든가 하면 눈물이 글썽거려집니다. 어릴 때 어머니를 떠나 그 사랑을 애타게 그리던 것이 육십이 가까운 지금까지 남아서 마음 한 구석을 지배하고 있습니다.

어릴 때에 받은 심리적인 충격이나 결핍은 반드시 그 원인을 밝혀 치료해야 합니다. '그까짓 것을 가지고 뭘 그러나' 하는 식으로 덮어버리면 나중에 결정적인 인격장애로 나타나는 수가 많습니다. 정신병 요인을 살펴보면 어릴 때의 상처가 원인이 된 경우가 많이 있습니다. 야곱도 자신이 겪었던 일들로 인한 공포가 평생을 지배하는 사람이었기 때문에 베냐민을 보내는 데도 겁을 냈던 것입니다.

꿈을 이루는 요셉

드디어 야곱의 아들들은 양식을 구하기 위하여 애굽에 닿았습니다. 그리고 요셉과의 극적인 대면이 이루어집니다.

3절에서 7절 말씀을 보십시오.

"요셉의 형 십인이 애굽에서 곡식을 사려고 내려갔으나 야곱이 요셉의 아우 베냐민을 그 형들과 함께 보내지 아니하였으니 이는 그의 말이 재난이 그에게 미칠까 두렵다 함이었더라 이스라엘의 아들들이 양식 사러 간 자 중에 있으니 가나안 땅에 기근이 있음이라 때에 요셉이 나라의 총리로서 그 땅 모든 백성에게 팔더니 요셉의 형들이 와서 그 앞에서 땅에 엎드려 절하매 요셉이 보고 형들인 줄 아나 모르는 체하고 엄한 소리로 그들에게 말하여 가로되 너희가 어디서 왔느냐 그들이 가로되 곡물을 사려고 가나안에서 왔나이다."

13년 전에 요셉이 꾸었던 꿈이 비로소 이루어지는 순간입니다. 십년이 넘는 긴 시간이 지나서야 그 꿈이 이루어진 것입니다. 그러나 그에게 꿈이 없었다면 아무리 오랜 시간이 지나고도 이룰 것도 없었을 것입니다.

설령 자신이 꾸었던 꿈을 이루지 못했다 할지라도 꿈을 가지지 않은 사람보다는 꿈이 있는 사람이 더 아름답습니다. 원하는 그대로 되지는 않는다 하더라도 꿈이 있는 사람의 삶과 그렇지 않은 사람의 삶은 엄연히 다르고, 한 순간을 보내는 자세와 마음가짐도 다르기 때문입니다.

꿈이 없는 인간은 죽은 사람입니다. 사람을 늙게 하는 것은 나이 때문이 아닙니다. 꿈이 없는 사람이 늙은 사람입니다. 나이가 아무리 많아도 꿈이 있는 사람은 늙지 않지만, 아무리 나이가 어려도 꿈이 없이 세상을 살아가는 사람은 늙은 사람입니다. 앞날에 대한 희망을 가지고 사는 사람은 나이가 아무리 많이 들었어도 늙지 않습니다.

제가 중국에서 만난 서른네 살의 선생님은 자신의 직업에 대한 꿈이 없었습니다. 그래서 학교에서 가르치고 나서 남는 시간을 술 마시고 노는 것으로 보내고 있었습니다. 앞날에 대한 희망이 없이 주어진 세월을 허송하고 있었습니다. 그 사람은 삼십대였지만 결코 젊은 사람이라 할 수 없습니다. 왜냐하면 그는 이미 모든 꿈을 잃어버렸기 때문에 앞으로 남아 있는 삶의 의미가 별로 없기 때문입니다. 그것은 물론 사회 체제가 우리와 다르기 때문에 생긴 현상이기도 할 것입니다. 그 사람의 얼굴은 구십이 넘은 할아버지의 얼굴과 다를 것이 없었습니다. 겨냥할 목표물이 없이 마구 쏘아대는 화살이 과녁에 꽂힐 리가 없으므로 자연히 삶에서 얻어지는 것이 없는 삶을 살고 있는 것입니다.

노력했음에도 불구하고 얻지 못한 것은 얻으려는 노력조차 하지 않은 것보다 훨씬 귀하고 아름다운 것입니다. 꿈이 없는 사람은 가장 불행한 사람입니다. **모든 인간의 꿈이 사라진다 하더라도 믿는 사람들에게는 천국에의 꿈이 있어야 합니다.** 그것은 어떠한 상황에서도 사라지지 않을 그리스도인 최후의 꿈입니다.

요셉은 자신의 꿈을 이루기까지 13년이라는 긴 여행을 했습니다. 여러분은 자신의 꿈이 실현되는 데 이만큼의 시간이 걸린다면 어떻게 하시겠습니까? 물론 대답은 기다려야 한다는 것입니다. 13년이 아니라 삶의 끝까지라도 기다려야 합니다.

위대한 일들은 위대한 대가를 요구합니다. 요셉의 꿈도 그만한 대가를 치르고 이루어진 것입니다.

저는 사람들이 어떤 꿈을 가지고 있는지 알지 못합니다. 그것이 큰 것인지 작은 것인지도 모릅니다. 그러나 중요한 것은 작은 것이든 큰 것이든 자신이 품고 있었던 꿈이 이루어졌다면 그것에 대해서 하나님께 감사하고 다음 단계를 준비해야 한다는 것입니다. 하나님이 주신 꿈의 성취를 믿는 사람들은 그렇게 한 단계 한 단계 앞으로 나아가는 삶을 살아야 합니다.

본문 8절과 9절 말씀에서 꿈을 이룬 자의 통쾌함을 한 번 살펴봅시다.

> "요셉은 그 형들을 아나 그 형들은 요셉을 알지 못하더라 요셉이 그들에게 대하여 꾼 꿈을 생각하고 그들에게 이르되 너희는 정탐들이라 이 나라의 틈을 엿보려고 왔느니라."

요셉의 이 때의 심정이 어떠했을 것 같습니까? 우리의 눈물의 수고가 결실을 맺으며 꿈을 이루는 순간을 상상해 보십시오. 그 시간은 하나님께서 나를 사랑하시고 나를 위해 예비하신다는 것을 실제적으로 체험하는 시간이 될 것입니다. '꿈 때문에 형들에게 미움을 받아 이방 나라에 팔려가서 종살이를 하고, 그것도 모자라 오해와 모함으로 감옥살이까지 하는 고통을 겪었는데 이 모든 것이 사실은 나를 훈련시켜 주시기 위한 것이로구나' 하는 생각을 하게 되는 감격적인 시간입니다.

그런데 요셉은 그 순간에 짐짓 형들을 모르는 체하고 엉뚱하게 누명까지 씌웁니다. 형들은 애굽말을 하면서 자신들을 다그치는 애굽의 총리가 자신의 동생이라는 것을 몰랐습니다. 요셉은 그 형들과 대화를 하면서도 자신이 직접 히브리말로 하지 않고 그 중간에 통역을 세워 이야기합니다. 일부로 그렇게 한 것이기도 하지만 13년 동안의 고난이 요셉을 국제적인 인물로 만든 것입니다. 다른 나라 말과 풍습에 아주 익숙하게 되도록 훈련을 받아서 총리를 하는 데도 아무런 지장이 없었던 것입니다.
 요즘 점점 국제화 시대를 맞고 있는데 이런 때에는 외국어 하나 정도는 마스터해야 합니다. 그렇다고 꼭 영어만 필요한 것도 아닙니다. 과거에는 제3세계 언어라고 별로 중요하게 생각하지 않았던 언어들이 이제는 점점 중요한 세계 언어로 각광받고 있습니다. 세계가 달라지고 있는 것입니다. 미래 세계를 바라보는 선견지명과 선교적 삶을 위해 영어 이외의 언어 하나 정도를 능통하게 준비합시다. 이런 어학 공부는 어릴 때일수록 좋습니다. 어린 아이들의 언어 능력이 어른들보다 훨씬 뛰어나기 때문입니다.

 요셉이 고생을 하면서도 꿈이 없었다면 이렇게 국제적인 인물이 될 수 없었을 것입니다. 꿈이 있었기 때문에 어떤 고난이나 어떤 경험도 인생에 있어서 낭비라고 할 것이 없었던 것입니다.
 꿈이 있는 사람은 어떤 환경에 처하든지 그것을 자신에게 유리하게 만들 줄 압니다. 때문에 어떤 고난도 그 사람을 흔들리게 하거나 꿈을 꺾지 못합니다. 그래서 우리는 늘 하나님께 꿈을 주시고 소망을 주셔서 바라볼 곳이 있게 하시고, 그것 때문에 우리의 삶이 하나님 앞에 성실하고 아름다울 수 있게 해달라는 기도를 해야 합니다.

 그러나 꿈이라는 것이 꼭 이 세상에 하나밖에 없는 자리를 목표로 해야 귀한 것은 아닙니다. 대통령이나 총리처럼 하나밖에 없는 자리를 위해서 애쓰는 것보다는, 평범해 보이지만 자신이 할 수 있는 일 중에 하나님이 기뻐하시는 일을 뛰어나게 잘하는 것을 꿈으로 갖고 있는 것이 더 좋습니다. 원하는 것을 이루어서 하나님께 영광이 되고 자신의 삶에도 의미를 갖게 되는 것이, 어려운 것을 성취하기 위해 늘 고통스럽거나 힘겨운 삶을 사는 것보다 바람직하기 때문입니다. 하나님께서 그 사람에게 어떤 일에 대한 특별한 재능이나 그 일을 하는 데 대한 즐거움을 주셨다면 그것을 충분히 활용해서 자신의 기량을 마음껏 펴는 것이 하나님께서 그 사람에게 원하는 삶입니다.

제15장

늦어진 회개

"삼일만에 요셉이 그들에게 이르되 나는 하나님을 경외하노니 너희는 이같이 하여 생명을 보존하라 너희가 독실한 자이면 너희 형제 중 한 사람만 그 옥에 갇히게 하고 너희는 곡식을 가지고 가서 너희 집들의 주림을 구하고 너희 말째 아우를 내게로 데리고 오라 그리하면 너희 말이 진실됨이 되고 너희가 죽지 아니하리라 그들이 그대로 하니라 그들이 서로 말하되 우리가 아우의 일로 인하여 범죄하였도다 그가 우리에게 애걸할 때에 그 마음의 괴로움을 보고도 듣지 아니하였으므로 이 괴로움이 우리에게 임하도다 르우벤이 그들에게 대답하여 가로되 내가 너희더러 그 아이에게 득죄하지 말라고 하지 아니하였느냐 그래도 너희가 듣지 아니하였느니라 그러므로 그의 피값을 내게 되었도다 하니 피차간에 통변을 세웠으므로 그들은 요셉이 그 말을 알아들은 줄을 알지 못하였더라"(창 42:18-23).

늦어진 회개

요셉은 뜻밖에 다시 만난 형들에게 정탐꾼들이라는 누명을 씌웁니다. 겁에 질린 요셉의 형제들은 자신의 누명을 벗기 위해서 자신의 가족사를 다 이야기합니다. 그런데 요셉은 다 알고 있는 이야기인데도 자꾸 딴소리를 하면서 믿으려 하지 않습니다.

요셉은 자기의 친동생 베냐민이 그 자리에 없는 것이 궁금했을 것입니다. 아마 자기를 미워해서 상인들에게 팔았던 것처럼 자기의 동생도 미움을 받아서 잘못되었을지 모른다는 생각을 했지도 모릅니다. 그래서 그것을 알아보기 위해서 내세워야 할 증거를 대라고 합니다. 어렸을 때에 형들에게 가졌던 불신이 여기서 나타난 것입니다.

신뢰를 잃어버린 사람들

우리 나라 사람들은 공직에 있는 사람들의 말을 잘 믿지 않으려고 합니다. 오랫동안 그들이 국민들을 속이고 많은 잘못을 저질렀기 때문입니다. 재산공개를 하겠다고 해도 그것이 정말 전부를 내놓은 것인지, 숨겨둔 것은 없는지 하는 의심을 하곤 합니다. 아직도 서로를 믿는 풍조가 성숙되지 않았다는 증거이기도 합니다.

지도자들을 믿고 따르고 그들을 신뢰할 수 있는 사회가 만들어져야 하는데 아직은 그런 단계에까지 올라가지 못한 것입니다. 이제는 새롭게 하겠다고 하는데도 한 번 잃어버린 신뢰를 회복하는 일은 단시간에 되는 것이 아닙니다. 자신은 정직하다고 아무리 주장을 해도 그것이 실증되어 나타나지 않은 한 진실이라고 믿을 수 없는 것입니다.

 순금은 누가 설명하지 않아도 순금이라는 것이 표가 납니다. 순금이라면 굳이 떠들고 믿어달라고 하지 않아도 이미 다 압니다. 과거부터 그것이 금이었다는 걸 아는 사람들은 이미 다 알고 있기 때문에 굳이 설명이 필요없는 것입니다. 그러나 과거에 믿을 수 없는 일을 한 적이 있었기 때문에, 시간이 지난 다음에 다른 사람들의 지지를 얻어야 할 때에는 자신이 금이라는 것을 강조하고 증명하는 데 정력을 쏟아야 하는 결과가 오게 됩니다. 잃어버린 신임을 회복하기 위해서는 그 전보다 훨씬 더 많은 노력과 시간을 들이지 않으면 안 됩니다. 한 번 잃어버린 것을 되찾는 것은 이렇게 힘든 것입니다.

 공직에 있는 사람들과 마찬가지로 지금 우리 기독교인들도 안 믿는 사람들에게 신뢰를 잃고 있습니다. 전에 가졌던 기독교인들에 대한 신뢰감을 지금은 찾아볼 수가 없습니다. 이 얼마나 불행한 일입니까? 사건 사고로 신문에 나는 이름들 중에 꼭 따라붙는 것이 그 사람이 신앙을 가진 사람이라는 것입니다. 그러면 사람들은 모든 기독교인들에게 비난의 화살을 퍼붓고 그 잘못이 더욱 극대화됩니다. 그리고 그러한 사람들에 대해서 우리는 아무런 변명도 할 수가 없습니다.
 지금 우리 나라에서 일어나는 사건 가운데에 기독교인들이 들어가 있지 않은 것이 거의 없다고 해도 과언이 아닙니다. 그러니 믿는 사람들도 이것을 심각하게 고민하지 않으면 안 될 단계에 있습니다. 지금이라도 우리가 신앙으로 재무장해서 대처하지 않으면 잃어버린 신뢰를 회복하기가 어렵게 될 것입니다. 이제라도 새로운 삶의 방법으로 살아야겠다는 결단이 필요합니다. 역시 기독교인이라서 다르다는 소리를 들을 수 있는 때를 빨리 끌어당기기 위해서 어느 때보다 지금 우리의 노력이 필요한 것입니다.

요셉의 형들은 지금 진실한 말을 하고 있습니다. 그러나 과거 그들의 정직하지 못한 행적이 지금 영향을 미쳐서 정직한 이야기를 해도 믿을 수 없는 지경에 이르게 되었습니다.

과거에 한 번 잘못한 경력이 있는 사람은 나중에 그 신뢰를 회복하기 위해서 열 배 스무 배의 노력이 들어야 합니다. 우리 신앙인들은 나중에 어떤 지위에서든지 어떤 조사를 받더라도 아무런 혐의점이 발견되지 않는 사람으로 살아야 합니다.

'아무도 모르겠지'라는 것은 하나님을 믿는 사람으로서 어리석은 생각입니다. 사람도 한 번 의심이 생기면 끝까지 밝혀서 여론을 일으키는데, 하나님의 손길은 그것이 아무리 깊은 곳에 감춰져 있다 하더라도 세상에 드러나게 하시고자 하신다면 저지할 수 없습니다.

그런데 이런 깨끗한 삶에 어떤 비결이 있는 것이 아닙니다. **매일 매일 우리의 삶에 정직하고 의롭게 사는 것이 곧 자신을 지키고 바로 드러내는 방법입니다.** 평소에 이렇게 산 사람은 설령 오해를 받는 일이 생기더라도 그 사람을 아는 주위의 사람들이 자진해서 그 사람을 위해서 변호해 줄 것입니다. 우리는 하나님의 사람으로서 하나님께 신임을 받고 이웃에게 신임을 받고 스스로가 비추어 보아도 자신의 양심에 부끄러움이 없는 그런 삶을 살아야 합니다.

하나님이 쓰시는 사람

트리니티의 존 우드브리지 박사는 하나님께서 빌리 그래함 목사님을 세계적으로 쓰신 이유를 몇 가지로 이야기를 합니다.

첫번째는 그 분이 성경의 권위를 절대적으로 믿었다는 것입니다. 그 말씀 속에 생명이 있음을 믿고 그것을 언제나 확신을 가지고 증거했다는 것입니다. 두번째는 그가 겸손한 사람이었다는 것이고, 세번째는 기도하는 사람이었다는 것입니다. 그리고 마지막으로는 그가 순결한 사람이었기 때문이라고 말합니다. 자기의 마음 속에서 일어나는 생각 하나라도 더러운 것이 없도록 늘 조심하고 기도했던 사람이었던 것입니다. 이런 사람들이 이 땅에 많아진다면 지금의 부끄러운 기독교의 모습은 벗을 수 있을 것입니다.

저는 이 이야기를 듣고 많은 도전을 받았습니다. '지금 우리의 모습은 어떠한가. 정직하고 깨끗한가? 사람들이 우리를 신뢰하는가? 아니면 어떤 때는 신뢰하지만 어떤 때에는 전혀 신뢰하지 않는 사람이 되기도 하는가?' 이런 생각을 하면서 많은 반성을 했습니다.

이 땅을 변화시키는 일을 믿지 않는 사람들에게 맡겨야 한다면 어떻게 되겠습니까? **이 땅의 신뢰회복은 우리 믿는 사람들이 감당해야 합니다.** 교회가 이 문제를 심각하게 고민해야 합니다. 믿고 싶지 않은 이야기지만 한 교파의 총회장이 되겠다고 수억 원의 돈을 뿌리는 사람들에 대해 우리는 어떻게 생각해야 하겠습니까? 한국 교회 목사님 중 일부가 이러한 모습을 가진 것이 사실이라면 우리가 이 사회에 대해서 무슨 할 말이 있겠습니까?

이제는 새로워져야 합니다. 새로운 한국을 창조하겠다는 이러한 시대에 하나님의 백성들이 먼저 새로워져야 하고, 그것으로 인하여 하나님께서 우리 민족을 이끌고 나가는 사람으로 쓰실 수 있는 기반을 마련해야 합니다.

　이것을 위해서는 진정한 회개의 시간과 새로운 헌신의 시간들이 있어야 할 것입니다. 신임은 나중에 급하게 구할 수 있는 것이 아닙니다. 그것은 현재 차곡차곡 쌓아 나가야 하는 것입니다. 오늘 조금씩 노력하는 것이 나중에 그것을 회복하기 위해 드리는 시간보다 훨씬 경제적이고 쉬운 일입니다.

　결혼 생활에 있어서도 어쩌다보면 서로에게 신뢰를 잃는 일이 있습니다. 종종 남편이 아내를 배반하고 아내가 남편의 배반하는 일들이 일어나기도 합니다. 한 번 아내에게 신임을 잃으면 그것은 회개를 했다고 해서 금방 원래대로 복귀되지는 않습니다. 오래도록 그 배반감에서 벗어나지 못하고 작은 일에도 금방 남편을 의심하게 되는 것입니다. 그 때마다 변명을 하고 잘못을 빌어도 한 번 잃은 신뢰를 회복한다는 것은 그동안의 모든 신뢰를 다시 처음부터 쌓는 것보다 훨씬 어려운 일이 됩니다.

　얼마 전에 저는 남편이 결혼하기 전에 사귀던 여자를 다시 만나고 있는 것 같다는 한 여성의 상담을 받은 적이 있었습니다. 증거가 없어도 아내들은 남편의 심경변화에 대해서 금방 느낌을 받습니다. 옛날의 여자를 아내 몰래 만나는 것은 좋지 않은 일이고 위험한 만남입니다. 만일 전혀 이성으로 만나고 있는 것이 아니라면 떳떳하게 집으로 데리고 와서 만나도록 해야 옳은 태도입니다.

　그런 일은 남편에 대한 아내의 신뢰감에 먹칠을 하는 것이고 집안에 분란을 일으키는 행위입니다. 그런데도 몰래 옛여인을 만나는 이유가 무엇입니까? 불필요한 불신을 일으키는 행동을 하고난 후에 후회하지 말고 아예 그런 행동을 하지 않는 것이 최선입니다.

한번 일으켜진 분란을 회복하기 위해 드는 시간이 얼마나 아깝고 안타까운 시간인지 모릅니다. 그런 어리석고 소모적인 시간을 보내지 않도록 우리의 하루하루를 정직하고 성실하게 사는 태도가 있어야 하겠습니다.

요셉은 베냐민을 보기 전에는 동생이 안전하다는 사실을 믿을 수 없었기 때문에 그를 데려오라고 명하고 형 시므온을 결박하여 볼모로 잡아둡니다. 형들은 자신들의 진실이 받아들여지지 않자 과거에 동생에게 했던 잘못된 행동을 후회합니다.

21, 22절을 보십시오.

> "그들이 서로 말하되 우리가 아우의 일로 인하여 범죄하였도다 그가 우리에게 애걸할 때에 그 마음의 괴로움을 보고도 듣지 아니하였으므로 이 괴로움이 우리에게 임하도다 르우벤이 그들에게 대답하여 가로되 내가 너희더러 그 아이에게 득죄하지 말라고 하지 아니하였느냐 그래도 너희가 듣지 아니하였느니라 그러므로 그의 피값을 내게 되었도다 하니."

13년만에 과거의 자기 형제에게 한 범죄를 회개하고 있는 것입니다. 비록 늦기는 했지만 어쨌든 뉘우치는 것이 있었다는 사실은 중요합니다. **회개는 언제 깨닫게 되든지 깨달은 그 때에 바로 해야 합니다.** 결석보다는 지각이 훨씬 났습니다. 그 사람은 일단 배울 수 있는 기회를 얻을 수는 있기 때문입니다.

우리의 삶에도 십 년 전에 잃은 신임이 있을지 모릅니다. 그래서 아직 그 때의 그 관계를 회복하지 못하고 있는지도 모릅니다. 그러나 지금이라도 늦지 않습니다. 어서 가서 하나님과 그 사람에게 회개하십시오. 그리고 하나님만 아는 죄가 있다 할지라도 그 자리에서 회개하시고 용서와 회복을 구하십시오. 병이 깊어져서 입원하게 되는 일이 있기 전에 하나님 앞에 그 병을 내어 놓고 고쳐 주기를 구하십시오. 그럴 수 있는 기회가 있을 때에 미루지 말고 행하십시오.

그래서 우리의 가는 길을 수정하고 하나님께서 기뻐하는 그 길로 들어갈 수 있도록 우리를 돌보아 주시기를 구하십시오. 우리를 새롭게 하고 우리의 문제를 기억하게 하고 우리 자신을 평가함으로 인해서, 우리로 하여금 언제나 하나님의 뜻대로 우리의 가는 길을 수정하는 사람이 될 수 있도록 기도하십시오. 그런 기도가 이루어질 때만이 우리 사회에 만연된 불신 풍조를 몰아내는 일에 앞장서서 주도적인 역할을 하는 사람들이 될 수 있습니다. 그리고 그런 사람만이 21세기의 놀라운 역사를 이루기 위해서 하나님께서 특별히 쓰시는 사람이 될 것입니다.

제16장

노후의 탄식소리

"…내가 이같이 하여 너희가 독실한 자임을 알리니 너희 형제 중 하나를 내게 두고 양식을 가지고 가서 너희 집들의 굶주림을 구하고 너희 말째 아우를 내게 데려오라 그리하면 너희가 정탐이 아니요 독실한 자임을 내가 알고 너희 형제를 너희에게 돌리리니 너희가 이 나라에서 무역하리라 하더이다 하고 각기 자루를 쏟고 본즉 각인의 돈뭉치가 그 자루 속에 있는지라 그들과 그 아비가 돈뭉치를 보고 다 두려워하더니 그 아비 야곱이 그들에게 이르되 너희가 나로 나의 자녀를 잃게 하도다 요셉도 없어졌고 시므온도 없어졌거늘 베냐민을 또 빼앗아가고자 하니 이는 다 나를 해롭게 함이로다 르우벤이 아비에게 고하여 가로되 내가 그를 아버지께로 데리고 오지 아니하거든 나의 두 아들을 죽이소서 그를 내 손에 맡기소서 내가 그를 아버지께로 데리고 돌아오리이다 야곱이 가로되 내 아들은 너희와 함께 내려가지 못하리니 그의 형은 죽고 그만 남았음이라 만일 너희 행하는 길에서 재난이 그 몸에 미치면 너희가 나의 흰 머리로 슬피 음부로 내려가게 함이 되리라"(창 42:24-38).

노후의 탄식소리

영적 각성이 일어나는 때

요셉은 자기의 형제들이 히브리말로 자신들의 잘못을 뉘우치는 소리를 듣고는 울다가 나옵니다. 이 순간은 참으로 감격적인 순간이 아닐 수 없었을 것입니다.

대개 영적인 부흥운동이 일어나는 때는 사람들이 모여서 서로 잘못을 고백하고 서로의 잘못을 용서하고 기도해 주는 그런 회개운동이 일어날 때입니다.

지금 미국의 동부와 서부에는 목사님들 사이에 회개운동이 일어나서 또하나의 각성운동이 일어나는 것 같습니다. 미국 사회가 너무 많이 타락해 있는 것을 걱정하면서 목사님들이 모여서 회개운동을 시작했는데, 이것이 일종의 미국의 제3의 각성 운동의 출발이 아닌가 하는 생각이 들 정도로 미국 전역으로 전파되고 있기 때문입니다.

우리의 영혼이 새로워지는 영적 각성이 일어나는 것도 우리가 우리의 죄를 깨닫고 고백하고 용서하는 일이 일어날 때입니다.

24, 25절은 형들이 회개하는 모습을 본 요셉이 눈물을 흘리는 장면입니다.

"요셉이 그들을 떠나가서 울고 다시 돌아와서 그들과 말하다가 그들 중에서 시므온을 취하여 그들의 목전에서 결박하고 명하여 곡물을 그 그릇에 채우게 하고 각인의 돈은 그 자루에 도로 넣게 하고 또 길 양식을 그들에게 주게 하니 그대로 행하였더라."

점잖은 신분의 요셉이 형들의 말을 듣고 감격의 눈물을 흘립니다. 눈물은 카타르시스 작용을 하는 아주 좋은 것입니다. 기쁨과 슬픔이 마음 속의 감정으로만 있고 눈물로 표현되지 않는다면 사람의 가슴은 터져버릴 것입니다.

그것이 기쁨이든지 슬픔이든지 그것이 극에 도달할 때에는 다행스럽게도 하나님께서 눈물을 주셔서 감정을 발산할 수 있도록 해 주셨습니다. 남자이건 여자이건 눈물을 흘릴 만한 때에 눈물을 흘릴 수 있어야 합니다. 그래야 마음 속으로 병드는 것을 막을 수 있습니다.

하나님께서 주신 이 눈물 주머니를 잘 쓰지 않으면 아주 딱딱한 사람이 되어 버립니다. 눈물은 상처를 치유하고 서로의 마음을 통할 수 있기 하는 도구가 되기도 합니다.

요셉의 눈물에는 어떤 뜻이 있을 것 같습니까? 그 눈물은 13년을 참고 있었던 고통에 대한 눈물일 것입니다. 감격의 눈물일 것입니다. 고난이 다 지나가고 지난 날의 꿈이 현실이 된 감격의 눈물일 것입니다. 향수 때문에 생긴 눈물이었을 것입니다. 오랜만에 형들의 얼굴을 보니까 부모님 생각도 나고 동생 생각도 나고 고향 생각도 나서 흘리는 눈물이었을 것입니다. 그리고 또한 감사의 눈물이었을 것입니다. 그렇게 자신을 괴롭히던 형들이 회개하는 모습을 보고 그것에 감사하는 눈물이었을 것입니다. 그리고 또 승리의 눈물이었을 것입니다. 모든 고난을 이기게 하신 하나님이 주신 인내를 가지고 승리했다는 기쁨이 주는 승리의 눈물이었을 것입니다.
　요셉은 혼자서 눈물을 흘리고 난 후에 다시 돌아와서는 자기 동생이 살아있다는 것을 확인하고자 자기 형들 중 시므온을 결박했습니다. 그런데 왜 시므온이었을까요?
　시므온은 그의 형제들 중에서도 가장 악한 사람이었습니다. 창세기 34장 25절에 보면 그는 자기 동생 디나가 강간을 당하고 나서 세겜 성의 남자들로 하여금 다 할례를 받게 한 다음, 그들이 고통 중에 있을 때에 성으로 들어가서 그곳의 남자들을 다 죽입니다. 이렇게 무참한 살륙전을 감행한 잔인한 사람이 바로 시므온이었습니다.
　그래서 아버지인 야곱이 죽으면서 예언을 할 때에도 시므온에 대해서는 아주 좋지 않은 유언을 합니다. 이러한 시므온의 행적을 인하여 짐작하건데 요셉을 우물에 집어넣고 죽이자고 말한 사람이 시므온일 가능성도 있습니다.

　대개의 경우 형제들 중에 유난히 나쁜 일을 선동하는 한 사람이 있고 나머지는 그저 따르게 되어 있는데, 그 선동을 하는 사람이 바로 시므온이었을 것 같습니다. 그래서 요셉도 다른 사람에게보다 시므온에게 더 많은 원망을 가지고 있었고, 누군가 한 사람이 볼모로 필요하므로 자신을 가장 괴롭힌 시므온을 선택했을 것입니다. 그렇지 않고는 시므온에 대한 것을 다르게 설명하기가 어렵습니다.

　요셉은 나머지 형들을 보내면서 그들이 양식을 사려고 가지고 왔던 돈을 다시 돌려보냅니다. 악에게 지지 않고 선으로 악을 이기고자 한 것입니다. 요셉과 같이 그런 고난을 당하고도 그는 하나님께서 이러한 역사 속에 함께 하신다는 신앙이 있었기 때문에 양식을 거저 주어 보내는 덕을 베풀 수 있었던 것입니다. 자기 친구를 사랑하는 사람은 어디에나 있습니다. 그러나 자기를 괴롭히는 사람을 사랑하는 사람을 찾기는 어렵습니다. 그래서 그런 사람들이 성공할 수 있는 조건을 가진 사람이라고 할 수 있는 것입니다.

원수를 사랑하라

구약에서 원수를 사랑으로 다스린 대표적인 인물은 다윗이었습니다. 그는 자기를 괴롭히는 원수인 사울을 죽일 수 있는 기회가 얼마든지 있었지만 그렇게 하지 않고 그 때마다 용서를 베풀었습니다.

자기 친구에게 인사하는 정도를 가지고는 예수 믿는 사람이라고 하지 않습니다. 예수님께서도 자기 형제에게 인사하는 정도를 가지고는 하나님을 모르는 이방인들보다 더 나은 것이 없다고 말씀하셨습니다. 자기 형제를 좋아하는 정도는 이방인들이든 창녀든 세리든 모두 할 수 있는 일입니다.

교회 안에서도 일을 하다 보면 공연히 다른 사람들의 속을 상하게 하고 공연히 트집을 잡는 사람들이 있습니다. 그럴 때는 불신자들이 그렇게 하는 것보다 더 많은 갈등을 느끼게 됩니다. 그러나 그런 사람들까지도 사랑하라는 것이 주님의 말씀입니다. 상대방과 똑같은 방법으로 싸우는 사람은 결코 승리하는 사람이 될 수 없습니다.

참된 신앙은 자신을 괴롭히는 사람을 만났을 때 나타납니다. 자신을 괴롭히는 사람까지 사랑하는 마음을 갖지 못한다면 그 사람은 예수 그리스도를 믿지 않는 사람들과 다를 것이 없는 사람입니다.

우리가 즐거워할 때 나타나는 신앙보다 하나님께서 무엇인가 우리에게 힘드는 일을 하게 하실 때 나타나는 신앙이 참된 신앙입니다. 누군가 나를 비난하고 좋지 않은 이야기를 할 때, 나에게 해를 끼치고 못살게 굴고 미워할 때, 우리의 참된 신앙 모습이 나타나는 것입니다.

악에게 지지 말고 선으로 악을 이겨야 합니다. 한마디 좋지 않은 말을 들었다고 해서 얼굴빛이 변하고 마음이 얼어붙는 사람은 하나님의 사람이라고 하기 어렵습니다. 얼굴이 변하고 마음이 닫히는 그 순간 벌써 그 사람은 악에게 진 것입니다. 자신의 가슴을 아프게 하는 사람 앞에서 그 감정을 승화시키고 사랑으로 바꿀 수 있는 사람이라야 믿음의 사람이라고 할 수 있습니다. 이런 것은 물론 순종하는 마음과 훈련이 없이는 잘 되지 않는 일입니다. 그러나 원수를 사랑하라고 하는 것은 예수님의 명령입니다. 논리를 따져서 하는 것이 아니라 하나님께서 하라고 하셨으므로 해야만 하는 의무입니다.

자기 자신은 정직한 사람이라서 가식을 행할 수 없다고 하는 사람들이 있습니다. 그러나 엄밀히 말하면 그것이 다른 사람에게 상처를 주는 데 대한 변명이 되지 못합니다. 하나님께서 하라고 명하신 일이 가식이기 때문에 못한다는 변명은 있을 수 없습니다. 더구나 그 일이 사랑을 나누는 일일 때에는 더욱 그렇습니다. **성경을 통해서 명하시는 일은 예수님의 말씀에 순종하는 마음으로 하는 것이지 할 수 있는 일이기 때문에 하는 일이 아닙니다.** 그 사람이 어떠한가에 상관없이, 내 기분에 맞느냐 안 맞느냐에 상관없이 하나님의 명령이기 때문에 하는 일인 것입니다. 따라서 하나님의 말씀에 순종하는 것은 설사 마음이 완전히 움직여서 하는 일이 아니라 할지라도 위선이 아닙니다.

자기의 감정을 있는 대로 다 표현하는 것을 솔직한 사람의 미덕인 것처럼 이야기하는 사람들이 있습니다. 그러나 그것은 잘못된 생각입니다. 자신의 감정을 절제하는 것은 성령의 마지막 열매라는 것을 안다면 자기의 감정을 있는 대로 다 표현하는 것이 미덕이라고 말하지 못할 것입니다.

감정이 생긴다고 해서 있는 대로 그것을 다 표현하는 것은 누구든지 할 수 있습니다. 훈련이 된 사람이든 되지 않은 사람이든, 또는 하나님을 믿는 사람이든 믿지 않는 사람이든 누구든지 할 수 있는 일인 것입니다. 그러나 그것을 억제하고 인내의 열매를 맺는 일은 아무나 할 수 있는 일이 아닙니다. 절제는 하나님의 사람이 아니면 하기 어려운 일입니다.

감정은 누구에게나 있는 것입니다. 그러나 그것을 어떻게 다스리느냐 하는 것은 각각 그 사람의 됨됨이에 달려 있습니다. 소리지르고 싶을 때, 악한 말로 상대방을 욕하고 싶을 때, 모든 것을 버려 두고 나가 버리고 싶을 때 그것을 참아 넘기고 다른 방법으로 그런 마음을 해소하는 것이 성숙한 사람의 자세입니다.

그러니 앞으로는 자신이 솔직한 사람이라 자신의 감정을 거침없이 다 표현한다는 것을 자랑거리로 생각하지 마십시오. 죄성을 그대로 표현하는 것을 가지고 솔직하다고 하고, 남의 가슴을 아프게 하는 것을 꾸밈이 없다고 한다면 그것은 좋은 품성에 붙이는 적당한 의미를 퇴색시킨 것입니다. 다시 말하지만 감정은 누구에게나 다 있습니다. 누구에게나 다 있는 감정을 겉으로 드러냈다고 해서 그 사람이 솔직하고 정직한 사람이라는 표현을 맞지 않는 것입니다. 만약 그것이 미덕이라면 절제하는 것이 어떻게 성령의 열매가 될 수 있겠습니까? 자신에게 솔직한 것이 다른 사람을 아프게 하면 그것은 일종의 범죄가 될 수도 있습니다. 자신의 감정에 지지 말고 성령의 힘으로 감정을 절제해야 합니다. 요셉은 그것을 행한 사람이었습니다.

다른 사람이 나를 괴롭히고 나를 고통 속에 몰아 넣었다면 내가 그 사람에게 할 수 있는 것은 두 가지가 있습니다. 똑같이 악을 행할 수도 있고 그 악을 선으로 갚을 수도 있습니다. 선을 행할 수 있는 형편과 처지에 있을 때에는 특별히 그 사람에게 선을 행해야 합니다. 나에게 저지른 악을 생각하지 말고 선택이 주어지는 그 순간 선을 선택하는 것입니다. 이것이 우리 자신과 상대방을 위해서 옳은 길이며, 신앙인으로서의 마땅한 선택입니다.

이제 42장 26절에서 28절 말씀을 살펴봅시다.

"그들이 곡식을 나귀에 싣고 그곳을 떠났더니 한 사람이 객점에서 나귀에게 먹이를 주려고 자루를 풀고 본즉 그 돈이 자루 아구에 있는지라 그가 그 형제에게 고하되 내 돈을 도로 넣었도다 보라 자루 속에 있도다 이에 그들이 혼이 나서 떨며 서로 말하되 하나님이 어찌하여 우리에게 이 일을 행하셨는고 하고"

집으로 가던 중 나귀에게 물을 먹이려고 하다가 자루에서 돈 뭉치를 발견한 요셉의 형제들은 깜짝 놀라서 두려움에 떱니다. 그리고 서로가 하나님이 어떻게 우리에게 이런 일을 행하셨는지를 의아해하며 심한 공포에 빠집니다.

평소에 죄의식을 가지고 있던 사람들은 모든 것을 부정적으로 생각합니다. 만약에 그 돈이 도로 자신들의 주머니에 있다는 것을 들키는 날에는 돈도 내지 않고 양식을 가지고 온 사람들이 되기 때문에 그들은 두려워 떨 수밖에 없었습니다.

인생은 해석이다

마음 속에 문제가 있는 사람은 어떤 일이 생기면 그것을 항상 어렵고 복잡하게 생각합니다. 마음이 깨끗하고 밝으면 똑같은 사건도 전혀 다르게 해석하게 됩니다.

인생은 해석입니다. 사건 자체를 어떻게 해석하느냐에 따라서 인생이 달라집니다. 자루 속에 든 돈은 눈앞에서 일어난 하나의 사건입니다. 그런데 그 사건을 어떻게 해석하는가 하는 것은 자신의 해석에 달려 있습니다. 요셉의 형들은 늘 겁에 질린 사람들이었기 때문에 한 사건을 해석하는 데에 불안과 어두움이 지배적으로 작용합니다. 만약 그렇지 않고 마음에 거리낌이 없는 사람들이었다면 요셉의 마음을 이해했을지도 모릅니다. 그리고 큰 고마움과 감사를 느끼게 되었을 것입니다.

정신적인 문제와 심리적인 갈등은 전부 어떤 일을 어떻게 해석하느냐에 달린 것입니다. 같은 일을 잘 해석해서 자신에게 유리하게 만드는 사람이 있는가 하면, 늘 불길하게 해석해서 불안과 고민을 만드는 사람이 있습니다.

사건의 해석은 우리 자신에게 있습니다. 목사의 책임은 성경의 말씀을 잘 해석해서 성도들의 삶에 복되게 적용할 수 있도록 해 주는 것입니다. 사랑과 희망이 있는 길로, 소망이 있고 미래가 보이는 길로 인도해 주는 것이 사명인 것입니다. 하나님의 말씀을 하나님께서 원하시는 방향으로 지속적으로 해석해서 공급하는 것이 바로 목회자의 일입니다. 성경 말씀을 바르게 해석해서 성도들이 하나님의 섭리를 알고 그 뜻대로 살도록 해 주고, 절망이나 고통 중에 있을 때 함께 할 뿐만 아니라, 그들이 하나님을 의지해서 다시 일어설 수 있도록 하는 것 또한 목회자의 일입니다.

　그리고 목회자가 이렇게 해석을 해 주는 말씀을 남에게 하는 것이 아니라 성도들 자신에게 하는 말씀으로 받아들이고 그 말씀대로 살려고 하는 것이 성도의 임무입니다. 이렇게 행동을 취하기 전에 먼저 해야 할 일이 바로 해석을 하는 것이기 때문에 해석이란 그저 단순한 관념이 아니라 그 다음 행동의 길잡이가 되는 것입니다. 그래서 어떤 일이 있을 때에 그것을 하나님이 방법과 기준으로 해석하는 훈련이 되어 있는가 하는 문제가 중요합니다. 그것은 대화를 해 보면 알 수 있습니다. 원만한 해석을 하는 훈련이 되어 있지 않은 사람은 하지 않아도 될 고생을 하게 되고 먼 길을 돌아서 가게 됩니다. 그리고 그것이 지나치게 되면 자기 자신뿐만 아니라 여러 사람들을 불행하게 만드는 사람이 되어 버립니다.

　우리는 어떤 일이든지 주 안에서 살아 있는 해석을, 적극적인 해석을, 긍정적인 해석을 하는 사람들이 됩시다!
　만약 마음이 어두워지고 가슴이 답답해진다면 그 일을 붙들고 고민하는 것을 그만 두십시오. 그리고 그 일에 대한 해석을 다시 한번 평가해 보십시오. 우리의 생각이 사랑과 희망과 용기와 온유로 나타나지 않으면 제대로 해석하지 못한 것입니다. 불안과 질투와 시기와 분노로 나타나는 해석은 잘못된 것입니다. 하나님의 백성들은 늘 우리 자신을 살펴서 옳은 해석을 하고 있는지를 하나님께 묻고 구하는 사람이 되어야 합니다. 하나님은 빛이시고 그 안에는 어둠이 없으십니다. 그래서 하나님의 말씀에 따라 생각하고 행동하는 훈련이 되어 있으면 그 사람은 같은 환경 속에서도 기쁘고 즐거운 삶을 살게 됩니다.

그런데 이 형제들은 자기들의 잘못을 하나님께 돌리려고 합니다. 자신들이 잘못한 것은 생각하지도 않고 하나님께서 어찌 이러시는가 하는 것만 생각합니다. 죄는 우리를 불안하게 만들고 떨게 만듭니다. 그리고 그 죄를 다른 사람에게 전가시킵니다. 요셉의 형제들은 하나님께 그것을 전가시키려고 했던 것입니다.

집으로 돌아온 형제들은 그 일들을 다 아버지에게 보고했습니다. 애굽의 총리가 베냐민을 데리고 와야 그들의 정직을 믿고 시므온을 풀어 주고 양식도 다시 살 수 있도록 해 주겠다는 보고에 야곱이 탄식하며 자식들을 원망합니다.

36절을 보십시오.

"그 아비 야곱이 그들에게 이르되 너희가 나로 나의 자녀를 잃게 하도다 요셉도 없어졌고 시므온도 없어졌거늘 베냐민을 또 빼앗아가고자 하니 이는 다 나를 해롭게 함이로다."

저는 이 이야기를 읽으면서 야곱이 얼마나 불쌍하게 생각되었는지 모릅니다. 시간이 지날수록 자기 아들들이 하나씩 없어지니 그 마음의 괴로움이 어떠했겠습니까. 젊어서 하나님과 사람들에게 지은 죄들이 늙어서까지 그를 괴롭히고 있는 것입니다.

부흥회에 가면 지난날 잘못을 많이 한 사람들이 하나님의 은혜를 더 많이 받는 것처럼 간증합니다. 그러나 그 사람들이 상대적으로 환경이 좋지 않았기 때문에 그렇게 생각되는 것입니다. 자신에게 베푸신 하나님의 사랑은 그 사람이 죄를 많이 짓고 덜 짓고에 달린 것이 아닙니다. 오히려 우리의 간증 풍토는 앞으로 많이 달라져야 합니다. 곱고 깨끗하게 자란 것도 간증이 될 수 있어야 합니다. 그 사람도 하나님께서 좋아하셨기 때문에 그런 생활을 할 수 있었던 것 아닙니까?

이미 나이가 든 사람들을 어쩔 수 없지만 어린 사람들일수록 자신을 하나님께서 일찍 불러주신 것에 감사하며 주어진 앞으로의 인생이 아름다운 간증이 될 수 있도록 살아야 합니다. 그런 사람들이야말로 일평생 하나님을 찬양하고 하나님의 평화 속에서 살 수 있는 사람들이 될 수 있습니다.

그러자 르우벤은 자신의 장자 임무를 다하기 위해서 일어서 나옵니다. 그리고 하는 말이 37절입니다.

"르우벤이 아비에게 고하여 가로되 내가 그를 아버지께로 데리고 오지 아니하거든 나의 두 아들을 죽이소서 그를 내 손에 맡기소서 내가 그를 아버지께로 데리고 돌아오리이다."

르우벤은 장자로서의 지도력을 보이려고 했지만 아버지에게 단번에 거절을 당합니다. 르우벤의 지도력은 잘못되어 있었습니다. 이 문제를 해결하기 위해서는 온건한 해결책이 필요했습니다. 기껏 해결을 한다고 나선 사람이 하는 말이 자기 아들의 목숨을 걸어 놓고 일을 해결하겠다는 과격한 방법을 쓰니 그 일이 잘 될 수가 있겠습니까? 서로가 사는 방향으로 문제를 풀어가야지 그렇게 극단적인 방법을 취하면 그 사람을 어떻게 신뢰할 수 있겠습니까?

극단적인 지도력은 설득력을 얻을 수가 없습니다. 야곱으로서는 아들을 둘이나 잃은 것도 억울한데, 게다가 다시 가장 사랑하는 아들을 잃게 될지도 모르는 상황인 것입니다. 그런데 그것을 해결한다는 사람이 그렇게 과격하게 나오니 어떻게 그 사람을 믿을 수 있겠습니까?

르우벤의 극단적인 방법은 여러 사람들을 설득하지 못합니다. 합리성이 결여된 대안은 다른 사람을 설득할 수 없습니다. 아버지도 이해하고 동생들도 동의할 수 있는 방법을 제시했어야 했는데 그것을 못하고 도리어 자기 신뢰도만 떨어뜨린 것입니다. 르우벤을 그래서 실패했습니다. 합리성과 보편성이 있어야만이 실행될 수 있는 의견이 될 수 있는 것입니다. 극단적인 방법은 언제나 극단적인 결과를 가져올 수밖에 없는 것입니다.

르우벤의 설득력 부족과 야곱의 공포에 질린 마음은 해결할 수 있는 어떤 방법도 찾을 수 없었습니다. 그런 부정적인 생각으로 가득 찬 두 사람이 어떻게 해결책을 가질 수 있었겠습니까?

해결책은 긍정적이고 적극적인 사고를 하는 사람들에게서만 나올 수 있습니다. 그런 사람들만이 역경 속에서도 희망을 볼 수 있는 사람이기 때문이고, 하나님께서 바로 그런 사람들을 사용하시기 때문입니다.

제17장

자비를 베푸소서

"그 땅에 기근이 심하고 그들이 애굽에서 가져온 곡식을 다 먹으매 그 아비가 그들에게 이르되 다시 가서 우리를 위하여 양식을 조금 사라 유다가 아비에게 말하여 가로되 그 사람이 엄히 우리에게 경계하여 가로되 너희 아우가 너희와 함께 하지 아니하면 너희가 내 얼굴을 보지 못하리라 하였으니 아버지께서 우리 아우를 우리와 함께 보내시면 우리가 내려가서 아버지를 위하여 양식을 사려니와 아버지께서 만일 그를 보내지 않으시면 우리가 내려가지 아니하리니 그 사람이 우리에게 말하기를 너희 아우가 너희와 함께 하지 아니하던 너희가 내 얼굴을 보지 못하리라 하였음이니이다 이스라엘이 가로되 너희가 어찌하여 너희에게 오히려 아우가 있다고 그 사람에게 고하여 나를 해롭게 하였느냐 그들이 가로되 그 사람이 우리와 우리의 친족에 대하여 자세히 힐문하여 이르기를 너희 아버지가 그저 살았느냐 너희에게 아우가 있느냐 하기로 그 말을 조조이 그에게 대답한 것이라 그가 너희 아우를 데리고 내려오라 할 줄을 우리가 어찌 알았으리이까 유다가 아비 이스라엘에게 이르되 저 아이를 나와 함께 보내시면 우리가 곧 가리니 그러면 우리와 아버지와 우리 어린 것들이 다 살고 죽지 아니 하리이다 내가 그의 몸을 담보하오리니 아버지께서 내 손에 그를 물으소서 내가 만일 그를 아버지께 데려다가 아버지 앞에 두지 아니하면 아버지께 내가 영원히 죄를 지리이다…"(창 43:1-15).

자비를 베푸소서

야곱이 거한 가나안 땅에 점점 기근이 심해져서 더 이상 견딜 수가 없게 되었습니다. 베냐민 때문에라도 가능한한 견딜 수 있는 데까지 견뎌보려고 했던 야곱도 버틸 수 없는 상태에 이르렀습니다.

야곱은 할 수 없이 아들들에게 다시 애굽에 가서 양식을 더 사오라고 말합니다. 그런데 이 때 유다가 야곱의 말에 대답합니다. 1-3절을 보십시오.

> "그 땅에 기근이 심하고 그들이 애굽에서 가져온 곡식을 다 먹으매 그 아비가 그들에게 이르되 다시 가서 우리를 위하여 양식을 조금 사라 유다가 아비에게 말하여 가로되 그 사람이 엄히 우리에게 경계하여 가로되 너희 아우가 너희와 함께 하지 아니하면 너희가 내 얼굴을 보지 못하리라 하였으니."

유다는 넷째 아들이었습니다. 위의 세 형은 아무 말도 못하고 있는데 유다가 나선 것입니다. 물론 그 전에 한 번 맏아들인 르우벤이 나서서 문제를 해결해보겠다고 한 적이 있었습니다. 그 때 르우벤은 자기의 두 아들을 거는 극단적인 리더십을 발휘하려 했습니다.

그러나 그런 극단적인 리더십은 공감을 일으키지 못했습니다. 좌익이든 우익이든 어느 한 극단으로 가면 한 가지 문제는 해결할 수 있을지 모르지만 그외에 다른 수많은 문제를 새롭게 일으키게 되어 있습니다. 많은 사람을 이끌어야 할 지도자는 온건한 사람이어야 합니다.

유다의 리더십

성공의 방법 가운데는 좌로나 우로나 치우치지 않아야 한다는 법칙이 들어 있습니다. 대부분의 사회를 구성하고 있는 사람들이 온건한 사람들이기 때문에 자신만의 과격한 의견을 고집하는 사람은 많은 사람들의 공감을 사기가 어렵습니다.

교회도 마찬가지입니다. 대부분의 중요한 결정은 당회원들이 하지만 그렇다고 해서 당회원들 개인의 의견을 관철시키려고 해서는 안 됩니다. 많은 교인들이 무엇을 원하고 있는지를 알아서 그들의 요구와 소망을 들어주는 쪽으로 결정을 내리는 것이 가장 좋은 당회의 운영방식이라고 할 수 있습니다. 물론 몇몇의 예외는 있을 수 있겠지만 하나님을 의식하고 하나님의 백성들을 의식해서 모든 일에 보편성 있는 해결책을 제시해야 하는 것입니다.

르우벤은 만일 자기가 문제를 해결하지 못하면 자식을 죽이라고 하는 극단적인 방법을 썼으니 그 의견이 받아들여졌을 리 없습니다. 르우벤은 형제들의 서열로 보아서는 지도자의 위치에 있었지만 행동하는 것에 있어서 그 자리를 인정받지는 못했습니다.

그 다음 시므온은 애굽에 볼모로 잡혀 있었고 셋째인 레위는 그 형 시므온과 같이 아주 잔인하고 극단적인 사람이었습니다. 그는 시므온과 함께 세겜의 남자들을 다 살륙하는 것에 동참했던 사람이었습니다. 그래서 많은 사람을 포용하는 지도자의 자격을 상실했습니다. 그 다음이 넷째인 유다였습니다.

유다는 아버지 야곱을 논리적으로 설득하는 방법을 취합니다. 4, 5절을 보십시오.

"아버지께서 우리 아우를 우리와 함께 보내시면 우리가 내려가서 아버지를 위하여 양식을 사려니와 아버지께서 만일 그를 보내지 않으시면 우리가 내려가지 아니하리니 그 사람이 우리에게 말하기를 너희 아우가 너희와 함께 하지 아니하면 너희가 내 얼굴을 보지 못하리라 하였음이니이다."

유다는 양식을 사기 위해서는 베냐민이 있어야 한다는 사실을 납득시키면서 양식을 사는 것은 아버지를 위한 것임을 거듭 강조합니다. 그래서 모든 결정과 그 책임이 아버지에게 있다는 것을 알게 하는 방법을 쓴 것입니다. 양식을 사기 위해서는 애굽에서 내세운 조건에 맞추어 주어야 함을 거듭 확인시키는 것입니다.

유다는 누구도 그 논리에는 반박을 할 수 없을 만큼 정연한 말로 아버지를 설득합니다. 그리고 그 다음에는 최종 결정권이 아버지에게로 왔습니다.

그 말에 대한 아버지 야곱의 반응은 6절 말씀입니다.

"이스라엘이 가로되 너희가 어찌하여 너희에게 오히려 아우가 있다고 그 사람에게 고하여 나를 해롭게 하였느냐."

야곱은 아브라함의 후계자 같지 않은 반응을 보입니다. 자신의 결정 하나에 딸린 식구들이 얼마나 많은데 그런 책임감을 생각하기보다는 자기의 사랑하는 아들 하나만을 감싸기에 급급했습니다. 아들들과 며느리들과 손자들과 그에 딸린 종들과 그 식솔들까지 생각하면 자신의 개인적인 감정은 보류함이 지도자의 도리인데 야곱은 그렇게 대범한 지도자의 성품을 보여 주지 못하고 있습니다.

지도자는 언제나 자신보다는 자신이 이끌고 있는 사람들 전체를 생각하는 사람이 되어야 합니다. 자기 한 사람이 사리사욕에 얽매이지 않는 것으로 수많은 사람들이 평안해질 수 있다면 자신의 욕망을 미련없이 버릴 수 있어야 합니다. 생각하는 것이나 말하는 것이나 행동하는 것이 자기 중심적인 사람이 되면 그 사람은 지도자의 자격을 잃는 것입니다.

그런 태도를 알아채는 데에 사람들은 얼마나 민감한지 모릅니다. 그 사람이 진심으로 많은 사람들을 위해서 자신을 희생하고 자신을 버릴 준비가 되어 있는가 하는 것은 금방 드러나게 되어 있습니다. 사람들은 다른 사람들을 판단할 때에 마음과 가슴으로 하는 것이기 때문에 아무리 겉으로 드러나는 행동을 통해서 자신의 진심을 숨기려고 해도 시간이 조금만 지나면 다 알 수 있게 됩니다.

자신의 품성 중에서 이기심을 누를 수 있다는 것은 참으로 지도자다운 자세를 갖춘 것이라고 말할 수 있습니다. 자기 자신보다 먼저 가정을 생각하고 교회를 생각하고 국가를 생각해서 행동하는 사람이 지도자적 자질이 있는 사람입니다.

예수님께서도 "인자가 온 것은 섬김을 받으려 하는 것이 아니요 만민을 위해서 자기 자신을 줌으로써 섬기는 자가 되고 대속하는 자가 되려는 것"이라고 말씀하셨습니다. 가정의 문제와 사회의 문제 역시 사람들이 자기 중심적으로 일을 처리하려고 하기 때문에 생기는 것입니다.

동생이 있다는 이야기를 애굽 총리에게 한 것에 대해서 아버지가 아들들을 원망을 하자 아들들은 그 이야기를 하게 된 배경에 대해서 설명을 하면서 자기의 입장을 7절에서 변명합니다.

"그들이 가로되 그 사람이 우리와 우리의 친족에 대하여 자세히 힐문하여 이르기를 너희 아버지가 그저 살았느냐 너희에게 아우가 있느냐 하기로 그 말을 조조이 그에게 대답한 것이라 그가 너희 아우를 데리고 내려오라 할 줄을 우리가 어찌 알았으리이까."

사실 앞의 이야기를 보면 요셉이 그들에게 아버지나 동생에 대해 먼저 물어서 그들이 대답을 한 것은 아니었습니다. 그들은 자신들이 정탐꾼이 아니라는 사실을 밝히기 위해서 먼저 이야기를 꺼냈습니다. 자신들의 위기를 모면코자 형제들의 이야기를 꺼낸 사실을 말하는 것이 아니라, 자신들은 어찌 할 수 없었던 상황처럼 말을 합니다.

그것은 아주 틀린 말은 아니었지만 그렇다고 정확한 사실도 아닙니다. 사실에서 과장을 하는 것도 거짓말이 될 수 있는 것입니다. 무슨 말을 할 때에 버릇처럼 꼭 불려 말하는 사람들이 있는데 그것도 엄밀히 말하면 거짓말이라고 할 수 있습니다. 그래서 그런 사람이 무슨 말을 하면 항상 자연스럽게 반으로 깎아서 듣게 됩니다.

정직한 사람만이 윗사람이나 동료들이나 후배들에게 신임을 얻는 사람이 됩니다. 물론 사람은 연약하기 때문에 언제든지 실수할 수 있는 가능성이 있습니다.

그러나 **중요한 것은 실수하는 그 자체가 아니라 그 후의 행동입니다. 자신의 실수를 어떻게 처리하느냐 하는 데에 그 사람의 진가가 나타나는 것입**

니다. 평소에 진실하다는 평가를 받았던 사람들은 혹시 실수를 해서 잘못을 저지르게 되더라도 그것을 실수로 인정해 주고 위로하려고 하는 사람들이 생기게 되어 있습니다. 그러나 평소에 그렇지 못했던 사람의 실수는 치명적인 것으로 작용해서 아주 나쁜 영향을 미치게 되는 것입니다.

유다는 다시 나서서 아버지 야곱을 설득하기 시작합니다.

8절을 보십시오.

"유다가 아비 이스라엘에게 이르되 저 아이를 나와 함께 보내시면 우리가 곧 가리니 그러면 우리와 아버지와 우리 어린 것들이 다 살고 죽지 아니 하리이다."

그는 문제의 핵심을 분명하게 알고 있는 사람이었음을 두 가지 사실로 알 수 있습니다.

첫째, 유다는 베냐민을 함께 애굽으로 가게 해야 모든 문제가 풀릴 수 있다는 것을 계속해서 강조합니다. 둘째, 유다는 공통의 접촉점을 찾았습니다. 베냐민을 함께 보내주면 자신들과 아버지와 어린 것들이 다 살고 죽지 않을 것이라고 말합니다.

이 논리에는 아버지인 야곱도 다른 변명을 할 수 없었습니다. 아버지 한 사람의 결단에 의하여 모든 가족들의 목숨이 달려 있다는 것을 말하고 있는데 어떻게 자기 생각만 계속 할 수 있겠습니까?

이것은 바로 서로에게 절실한 문제의식을 갖게 하는 접촉점을 만드는 작업이었습니다. 이런 점을 잘 찾는 사람들은 무슨 일이 생기든 그 일에서 해결책이 될 수 있는 접촉점을 만드는 사람이 되고, 어떤 사업을 해도 성공으로 이끌 수 있는 사람이 될 수 있습니다.

다같이 사는 해결책

해결책을 찾는 방법 중에 '나는 이기고 너는 진다'는 방법을 찾는 사람이 있는가 하면, '너는 이기고 나는 진다'는 방법을 선택하는 사람도 있습니다. 이런 해결책은 한쪽으로 치우치는 것이므로 별로 좋은 방법이 아닙니다. 그리고 가장 나쁜 방법이 '나도 지고 너도 진다'는 방법입니다. 제일 좋은 방법은 '너도 이기도 나도 이긴다'입니다. 양편의 공통점을 찾아서 두 쪽 모두가 사는 방법을 택하는 사람들은 성공하게 되어 있습니다. 왜냐하면 모두에게 해결책이 되는 방법을 제시하기 때문입니다.

야곱은 아주 편협한 생각을 하는 사람이었습니다. '그가 죽으면 나도 죽는다'라는 생각으로 베냐민을 싸고 돌았던 것입니다. 그가 생각을 긍정적으로 하고 다른 해결의 가능성들을 생각해서 실행했더라면 문제는 많이 달라졌을 것입니다. 그런데 그는 여러 가지 해결의 방법을 생각도 해 보려고 하지 않고 절망적인 결론만 먼저 내리고 있었습니다.

한국 사람들의 말에 "너 죽고 나 죽자"라는 말이 있는데, 그 말은 아주 부정적이고 파괴적인 말입니다. 이런 말은 적어도 우리 믿는 사람들의 입술에서는 제거해야 합니다. 같이 사는 방법이 있는데 왜 다 죽는 방법을 택합니까? 마음에 품은 것이 말로 나오는 것입니다. 이런 말이 다시는 우리 입에서 나오지 않도록 완전히 지워버려야 합니다.

유다는 결국 아버지 야곱을 설득했습니다. 그가 제시한 해결 방법이 서로를 살릴 수 있는 원만한 해결방법이었기 때문입니다. 유다는 지도

자의 자질을 잘 갖춘 사람이었습니다.

하나님의 백성들에게도 갈등은 있고 문제가 생길 수도 있습니다. 그러나 그것을 푸는 방법을 생각해 내고 해결하는 것에 있어서는 하나님의 선하신 인도하심 대로 서로 잘 되는 방법을 선택하는 것이 다른 사람들과는 구별되어야 합니다. 유다와 같은 지도자의 자질을 가진 사람이 문제를 해결하고 나머지 사람들은 그 의견에 다 따름으로써 승리하는 삶은 보장될 수 있습니다.

접촉점을 찾는다는 것은 문제를 해결하는 데 있어서 이렇게 중요한 것입니다. 그런데 사람들은 자신과 관계가 없는 것에 대해서는 관심이 없습니다. 생각과 배경과 관심이 다 다른 우리가 하나님의 말씀에는 다같이 귀를 기울이고 좋아하는 이유는 그 말씀이 어떤 환경에 있는 어떤 사람에게든 다 진리로 통하는 말씀이기 때문입니다. 그 사람이 어떤 사람이든, 어느 인종이든, 무엇을 하는 사람이든 관계없이 하나님의 말씀은 그 모든 사람들에게 축복을 주는 말씀입니다. 모든 사람에게 그리고 언제나 어디에서나 통하는 것이 진리입니다. 그리고 그대로 행하면 반드시 성공적으로 나타나는 것이 진리입니다.

그리고 유다는 책임성과 결단성을 보여주었습니다.
9절을 보십시오.

> "내가 그의 몸을 담보하오리니 아버지께서 내 손에 그를 물으소서 내가 만일 그를 아버지께 데려다가 아버지 앞에 두지 아니하면 아버지께 내가 영원히 죄를 지리이다."

"내가 그의 몸을 담보하겠다"는 것은 무슨 말입니까? 그 말은 자신이 그 아이의 몸을 대신해서 담보가 되겠다는 말입니다. 자기가 베냐민의 몸에 대한 모든 책임을 지겠다는 의미인 것입니다.

유대의 부모들은 자신이 죽기 전에 자기의 아들들을 데려다 놓고 그 아들들을 축복해 주는 관습이 있습니다. 그런데 유다의 말은 그 때에 자신을 그 가산의 유업을 받지 못하는 자식으로 만들어도 아무 말 않겠다는 뜻입니다. 아버지의 상속은 자신의 생명과 미래를 바꾸어 하는 말입니다.

유다는 온 가족들을 살리기 위하여 자신의 생명과 미래를 걸었던 것입니다. 이것이 책임감 있는 지도자의 모습입니다. 자기 문제는 물론이고 공동체의 문제를 위해서는 언제나 어려운 결단을 감행할 수 있는 사람이 지도자의 자질입니다.

유다는 아버지의 공포심과 우유부단함 때문에 두 번이나 갔다올 수 있었던 시간을 지체하고 있었음을 다시 일깨웁니다. 이제는 기다릴 수 있는 시간이 얼마 남아있지 않음을 알리는 것입니다. 상황이 이렇게 되면 아버지 야곱도 어쩔 수 없이 결단을 하지 않을 수 없게 되는 것입니다. 자신의 공포심과 불안 때문에 가족들이 다 죽게 되었다는 것을 깨닫게 되었습니다.

공포는 사람들을 아무것도 하지 못하게 앞을 가로막는 것입니다. 베냐민을 보낸다고 해서 그가 죽는다는 생각은 혼자만의 과민 반응에 불과한 것입니다. 사실 우리가 걱정하는 것 가운데 95퍼센트는 절대로 나타나지 않는 일들입니다. 그저 염려가 지나쳐서 자신을 걱정과 고민 속으로 빠뜨리는 것이지 그것이 현실로 나타나는 것이기 때문에 염려하는 것이 아닙니다. 염려와 공포는 우리를 아무것도 못하게 하여 망하게 합니다. 또한 근심은 지금 있는 사태를 과장하는 허상입니다.

야곱은 나중에야 그것을 깨닫고 마음을 돌립니다. 그리고 그 때에야 야곱의 믿음이 나타납니다. 문제를 쳐다보고 있으면 해결책이 없으나, 하나님을 바라보고 해결책을 구할 때에는 그것을 풀 수 있는 열쇠를 갖게 되는 것입니다.

하나님을 바라보고 두려움을 없애면 먼저 정신이 맑아집니다. 그리고 얼마든지 문제를 해결할 수 있는 창의적인 생각들을 할 수 있습니다. 염려와 근심과 불안해 하는 혼탁한 마음 가운데서는 절대로 생산적이고 창의적인 생각이 나올 수 없습니다.

믿음은 평화를 주고 확신을 주고 자신을 갖게 합니다. 그래서 믿음의 마음으로 돌아갈 때 두려움이 제거되고 그 다음에는 발전하는 단계에 들어가게 됩니다. 두려움은 우리를 마비시킵니다. 우리 앞에 오는 도전들을 막아내고 이기고 승리하는 삶을 살기 위해서는 먼저 우리를 가로막는 두려움을 몰아내는 작업부터 해야 합니다. 그렇지 않으면 도무지 앞으로 나아갈 수가 없기 때문입니다.

야곱의 신앙고백

공포에서 해방된 야곱은 다섯 가지의 해결책을 제시합니다.

첫째, 가장 아름다운 예물을 가지고 가라고 합니다. 가나안에서 나는 물건들로 요셉의 환심을 사기 위한 것입니다. 야곱은 문제가 생기면 언제나 선물로 그 사람의 환심을 사는 방법을 쓰는데 여기서도 그 방법이 나타납니다. 공포심에서 해방이 되니까 금방 외교관의 처신을 드러냅니다.

두번째, 돈을 배나 가지고 가라고 합니다. 착오로 문제가 발생했을 때에 해결을 하라는 뜻입니다. 그래야 자신들이 정직하고 독실한 사람이라고 한 말을 증명할 수 있기 때문입니다.

세번째, 베냐민을 데리고 떠나는 것을 허락합니다. 오랜 동안 염려만 하고 있던 상태에서 벗어나 그 아들을 해결책으로 내 놓은 것입니다. 자기에게 공포를 가지게 했던 사랑하는 아들을 드디어 풀어주는 것입니다.
네번째, 그의 신앙의 결단이 나옵니다. 하나님의 자비하심에 모든 것을 맡기자고 생각한 것입니다.
  14절을 보십시오.

> "전능하신 하나님께서 그 사람 앞에서 은혜를 베푸사 그 사람으로 다른 형제들과 베냐민을 돌려보내게 하시기를 원하노라 내가 자식을 잃게 되면 잃으리라."

이 말씀은 일종의 기도입니다. 하나님께서 자비를 베푸셔서 우리를 구해주실 것을 바라고 믿는 신앙고백인 것입니다.

아무리 힘들고 어려운 문제 일지라도 살아계신 하나님께 엎드려 은혜를 구하면 해결됩니다. 그런데 그 문제를 자기가 붙잡고 노예가 되어 불안과 염려 속에서 사는 사람들은 평생 그 문제에 끌려가기 마련입니다.
  하나님께 엎드려, "우리에게 긍휼을 베풀어 주옵소서" 하면 금방 해결되지만 자기가 싸안고 있기 때문에 자기뿐만 아니라 주위에 있는 다른 사람들까지도 궁지에 몰아넣게 됩니다.
  인생에서 오는 아무리 큰 도전이라 할지라도 우리가 먼저 하나님께 무릎을 꿇고 자비를 구하면, 반드시 우리의 기도와 간구를 들으시고 그 문제를 해결해 주실 것입니다.

마지막 다섯번째, 야곱은 그 결과를 하나님께 맡겼습니다. "내가 자식을 잃으면 잃으리라." 이 얼마나 대단한 말입니까? 이와 같은 결단을 가지고 나가면 홍해가 갈라지고, 여리고가 무너지는 하나님의 능력과 은혜가 반드시 나타납니다.

　결국은 절대자이시며 우주를 통치하시고, 역사를 주관하시고 우리의 삶에 함께 하시는 하나님께서 해결해 주십니다. 자신이 모든 문제를 해결해야 하는 줄 생각하고 고민하고 방황하지 마십시오.

　에스더와 같이 "죽으면 죽으리로다" 하는 믿음을 가지고 나가면 마지막에 하나님께서 다 해결해 주십니다.

　우리의 삶은 이렇게 용기와 결단을 요구합니다. 그리고 그런 용기와 결단이 생기고 나면, 그 믿음이 평화를 줄 뿐만아니라, 하나님의 능력이 나타나게 합니다. 즉 믿음이 문제를 해결하고 고난을 이기는 것입니다. 나 자신의 머리나 능력 때문이 아니라 하나님 때문에 이깁니다.

　하나님을 찾는 시간이 늦어지고, 하나님에 대한 믿음이 약해진 것은 불안과 고민 속을 방황하는 시간을 늘리고 있을 뿐입니다.

　문제만 바라보지 마시고 하나님을 바라보십시오. 하나님의 앞에 무릎을 꿇고 그의 자비하심을 구하며 사는 삶이야말로 승리하는 삶입니다.

제18장

꿈은 정말 이루어진다

"…그가 이르되 안심하라 두려워 말라 너희 하나님 너희 아버지의 하나님이 재물을 너희 자루에 넣어 너희에게 주신 것이니라 너희 돈은 내가 이미 받았느니라 하고 시므온을 그들에게로 이끌어 내고 그들을 요셉의 집으로 인도하고 물을 주어 발을 씻게 하며 그 나귀에게 먹이를 주더라 그들이 여기서 먹겠다 함을 들으므로 예물을 정돈하고 요셉이 오정에 오기를 기다리더니 요셉이 집으로 오매 그들이 그 집으로 들어가서 그 예물을 그에게 드리고 땅에 엎드리어 절하니 요셉이 그들의 안부를 물어 가로되 너희 아버지 너희가 말하던 그 노인이 안녕하시냐 지금껏 생존하셨느냐 그들이 대답하되 주의 종 우리 아비가 평안하고 지금까지 생존하였나이다 하고 머리를 숙여 절하더라 요셉이 눈을 들어 자기 어머니의 아들 자기 동생 베냐민을 보고 가로되 너희가 내게 말하던 너희 작은 동생이 이냐 또 가로되 소자여 하나님이 네게 은혜 베푸시기를 원하노라 요셉이 아우를 인하여 마음이 타는 듯하므로 급히 울 곳을 찾아 안방으로 들어가서 울고 얼굴을 씻고 나와서 그 정을 억제하고 음식을 차리라 하매 그들이 요셉에게 따로하고 그 형제에게 따로하고 배식하는 애굽 사람에게도 따로하니 애굽 사람은 히브리 사람과 같이 먹으면 부정을 입음이었더라 그들이 요셉의 앞에 앉되 그 장유의 차서대로 앉히운 바 되니 그들이 서로 이상히 여겼더라 요셉이 자기 식물로 그들에게 주되 베냐민에게는 다른 사람보다 오 배나 주매 그들이 마시며 요셉과 함께 즐거워 하였더라"(창 43:16-34).

꿈은 정말 이루어진다

야곱의 아들들은 드디어 돈과 선물과 베냐민을 동반하여 애굽에 도착했습니다. 요셉은 그들이 도착하자마자 자기 집으로 보내고 점심을 준비하게 합니다.

그런데 요셉의 집으로 인도된 형제들은 두려워 떨기 시작합니다. 자기들 주머니에 그대로 들어있던 돈 때문에 그런 것이 아닌가 하는 생각을 했기 때문입니다.

18절을 보십시오.

> "그 사람들이 요셉의 집으로 인도되매 두려워하여 이르되 전일 우리의 자루에 넣여 있던 돈의 일로 우리가 끌려드도다 이는 우리를 억류하고 달려들어 우리를 잡아 노예를 삼고 우리의 나귀를 빼앗으려 함이로다 하고."

아버지를 닮아서인지, 상대편은 생각지 않는 일을 요셉의 형제들은 걱정부터 하고 있었습니다. 잘못한 것이 있었기 때문에 마음 속이 어두워져 있어서 그런 현상이 일어난 것입니다. 마음이 어두워지면 모든 것을 어둡게 해석하게 되어 있습니다. 그래서 이들은 일어나지도 않을 일을 헛되이 걱정하고 있었습니다. 왜냐하면 그들에게는 믿음이 없었던 것입니다.

걱정은 믿음이나 희망이 없는 사람에게 생기는 현상입니다. 염려는 살아있는 사람이라면 가질 수밖에 없는 것이지만 예수님께서는 그 "염려를 주께 맡기라"고 하셨습니다. 근심하고 염려하면 마음이 어두워지고, 마음이 어두워지면 기도할 수 없으므로 영혼까지 어두워집니다.

"모든 짐을 주께 맡기라"는 말씀에는 걱정과 염려도 들어 있습니다. 주님과 기도하고 대화하며 나의 삶에 새로운 희망과 앞을 볼 수 있는 눈을 달라고 간구하면, 하나님께서 마음의 어두움을 거두어 가시고 새로운 힘과 용기를 주십니다. 하나도 해결할 수 없는 사람들이 걱정과 염려를 한다는 것은 아무 소용없는 시간과 힘을 낭비하는 것입니다.

하나님께서는 우리를 언제 어디서나 지켜주시고 함께 해 주십니다. 주의 이름을 인하여 우리를 의의 길로 인도하여 주십니다. 그래서 우리의 모든 염려를 하나님께 맡기면 우리 안에는 주의 은혜와 평안으로 가득차게 해 주십니다.

마음이 불안하고 다급하여진 형제들은 누가 어떤 말도 하지 않았는데 먼저 요셉의 청지기에게 다가가서 지난번의 돈 이야기를 합니다. 즉 안해도 될 이야기를 스스로 찾아가서 먼저 털어놓았습니다.

그러자 그 집의 청지기는 아무 걱정을 하지 말라고 안심을 시키고 그 때의 돈은 이미 받았다고 말합니다. 그리고 애굽 사람이 유대 사람들을 안심하게 하는 데에 사용되는 말이 유대 사람인 그 형제들의 신앙보다 훨씬 훌륭합니다.

23절을 보십시오.

"그가 이르되 두려워 말라 안심하라 너희 하나님 너희 아버지의 하나님이 재물을 너희 자루에 넣어 너희에게 주신 것이니라 너희 돈은 내가 이미 받았으니라 하고."

지난번에 자신들이 준 돈이 그 자루에 그대로 들어 있는 것을 보았을 때에 요셉의 형제들은 그것을 하나님의 섭리라고는 생각조차 못했습니다. 그 마음에 밝음이 있고 하나님의 섭리를 믿는 사람이었다면 그것이 하나님께서 내려주신 은총인 줄 알고 감사하며 살아야 마땅합니다. 그런데 이 사람들은 그렇게 하지 못하고 쓸데없는 염려와 고민을 하며 지내왔습니다.

하나님께서는 때때로 믿음이 연약한 사람을 책망하시는 방법으로 믿음이 전혀 없는 사람들의 입을 사용하기도 합니다. 요셉 형제들의 신앙은 믿는 않는 이방인의 신앙보다도 못한 것이었습니다. 그 청지기는 요셉의 형제들을 안심시키는 것에 그치지 않고 친절을 베풀어 그들이 발을 씻게 하고 나귀에게도 물을 줍니다. 자신이 할 수 있는 대로 최선을 다해 대접을 해주었던 것입니다.

꿈은 정말로 이루어진다

다음에는 요셉의 꿈이 완전히 이루어지는 것을 볼 수 있습니다. 26절을 보십시오.

"요셉이 집으로 오매 그들이 그 집으로 들어가서 그 예물을 그에게 드리고 땅에 엎드리어 절하니."

그 전 만남에서 이미 요셉은 그 형들의 절을 받은 적이 있었습니다. 그러나 그 때는 동생 베냐민이 빠진 열 명의 형들만 절을 한 것이었습니다. 그리고 이제야 비로소 동생을 포함한 열 한 명의 형제들이 다 자신에게 절을 하고 있는 것입니다. 요셉이 어렸을 때 꿈 꾸었던 볏단과 별들의 숫자가 열 하나였습니다.

이제서야 그 꿈이 완전히 실현되었습니다. 많은 시간 동안 고생과 억울함을 참고 기다렸던 보람이 이제야 열매를 맺고 그에게 주신 꿈이 완전히 이루어졌습니다.

하나님께서 우리에게 주신 꿈도 이루어집니다. 믿고 바라고 참고 견디면 반드시 하나님께서 그 꿈이 이루어지도록 하십니다. 흔들리지 않고 두려워하지 않고 기다리면 하나님께서는 그 믿음대로 되게 하시는 분이십니다.

요셉은 그들의 인사를 받고나서는 제일 먼저 그 아버지의 안부를 묻습니다. 그러자 그 형제들은 그 질문에 '주의 종 우리 아버지'라는 말로 대답을 합니다.

> "요셉이 그들의 안부를 물어 가로되 너희 아버지 너희가 말하던 그 노인이 안녕하시냐 지금껏 생존하셨느냐 그들이 대답하되 주의 종 우리 아비가 평안하고 지금까지 생존하였나이다 하고 머리를 숙여 절하더라"(43:27, 28).

자기의 아버지가 이제는 자신의 종이 되었습니다. 해와 달이 절하는 모습을 꿈에 보았던 것처럼 자기의 아버지가 종의 자리에 서게 되었습니다. 말이 되지 않는 이야기라고 야단을 맞았던 그 일이 현실로 일어난 것입니다.

이것이 바로 하나님의 역사입니다. 요셉의 꿈은 누구나 다 상상하고 생각할 수 있는 내용이 나타났던 것이 아니었습니다. 이렇게 요셉에게 불가능하다는 일들이 현실이 된 것은 하나님의 능력이요 역사라는 것을 증명하는 사건입니다.

우리는 늘 하나님 앞에서 꿈을 꾸고 하나님 앞에서 기도하면서 하나님께 우리의 길을 보여달라고 간구해야 합니다. 자신이 앞으로 무엇을 해야 하는지를 가르쳐 달라는 기도와 함께 하나님께서 약속하신 것이 이루어지도록 참고 기다려 그 꿈의 성취를 보는 사람이 됩시다.

요셉의 기쁨

요셉은 자기 동생 베냐민이 함께 온 것을 확인하자마자 감정의 북받쳐서 그 자리에 있을 수 없을 정도였습니다. 그래서 그에게 하나님의 축복이 있기를 바란다는 기원을 하고는 자기 방으로 들어가서 한참 울고 나옵니다.

> "요셉이 눈을 들어 자기 어머니의 아들 자기 동생 베냐민을 보고 가로되 너희가 내 말하던 너희 작은 동생이 이냐 또 가로되 소자여 하나님이 네게 은혜 베푸시기를 원하노라 요셉이 아우를 인하여 마음이 타는 듯하므로 급히 울 곳을 찾아 안방으로 들어가서 울고"(창 43:29:30).

이산가족이 몇 십년만에 만났다고 생각해 보십시오. 그 얼마나 감격적이었겠습니까? 그런데 요셉은 그 마음을 겉으로 표현할 수가 없었으니 혼자 들어가서 울 수밖에 없었던 것입니다.

오늘날에는 남자가 눈물이 많은 것이 무슨 허물처럼 여겨지기도 합니다만 하나님의 사람에게는 그렇지 않습니다. 선지자 예레미야는 '눈물의 선지자'라고 불리울 정도로 눈물이 많았고, 예수님도 나사로가 죽었을 때 눈물을 흘리셨습니다(요 11:35).

요셉은 그 형제들 중 시므온을 볼모로 잡아들 때에도 눈물을 흘렸고(43:24), 나중에 베냐민과 야곱의 안전을 위해 유다가 호소할 때(창 45:2), 그리고 아버지 야곱을 만났을 때도 동생 베냐민의 목을 안고 울었습니다(창 45:14, 15).

그러나 요셉이 눈물이 많은 사람은 아닙니다. 성경의 다른 어느 구절에도 요셉이 다른 일로 울었다는 기록은 없습니다. 심지어 형들에 의해 미디안 상인들에게 팔렸을 때도, 보디발의 아내 때문에 억울한 옥살이를 했을 때도 요셉은 울지 않았습니다. 그것은 요셉의 눈물이 분노와 억울함의 눈물이 아니라, 기쁨과 사랑의 눈물이었기 때문입니다.

오늘날 우리에게서 회복되어야 할 것은 바로 눈물입니다. 예수님이 나사로를 바라보고 흘리셨던 그 사랑의 눈물, 예레미야가 하나님의 심판 앞에서 회개하지 않고 죽어가고 있는 동족 이스라엘 백성을 향해 흘렸던 안타까움의 눈물, 그리고 요셉이 형들의 모든 과거의 잘못과 원한을 덮어두고 흘리는 기쁨의 눈물을 한국교회는 회복해야 합니다. 우리에게도 한 사람에게 기울이는 그 지극한 사랑과, 하나님 없이 죽어가는 동족을 향한 안타까움과, 자기에게 죄지은 자를 사하여 주는 용서와 기쁨이 있어야겠습니다.

기쁨의 눈물, 용서의 눈물을 흘리고 난 요셉은 이제 눈물을 씻고 그 형제들을 다시 만납니다.

계속해서 31, 32절 말씀을 살펴봅시다.

"얼굴을 씻고 나와서 그 정을 억제하고 음식을 차리라 하매 그들이 요셉에게 따로하고 그 형제에게 따로하고 배식하는 애굽 사람에게도 따로하니 애굽 사람은 히브리 사람과 같이 먹으면 부정을 입음이었더라."

여기서 보면, 요셉은 그 형제들과 다른 상에서 식사를 하는 것을 볼 수 있습니다. 애굽에는 그 당시 이방인들과 한 상에서 식사를 하지 않는 관습이 있었습니다. 요셉은 애굽 제사장의 딸과 결혼함으로써 애굽 제사장의 신분에 있었고 또 애굽의 총리대신이었기 때문에 그 형제들과는 같이 식사 할 수 없었습니다.

이제 마지막으로 33, 34절 말씀을 봅시다.

"그들이 요셉의 앞에 앉되 그 장유의 차서대로 앉히운 바 되니 그들이 서로 이상히 여겼더라 요셉이 자기 식물로 그들에게 주되 베냐민에게는 다른 사람보다 오 배나 주매 그들이 마시며 요셉과 함께 즐거워하였더라."

요셉은 직접 자기 형제들을 상에 앉혔는데 나이 순서에 맞게 앉혔습니다. 그 형제들이 이것을 보고 이상히 여기지 않을 수가 없었습니다. 게다가 막상 음식이 나오니까 요셉이 자기 음식을 그들에게 덜어 주었는데 베냐민에게만 특별히 다른 형들보다 다섯 배나 많이 덜어 주었습니다.

이것은 두 가지의 의미를 가지고 있습니다. 먼저, 11명의 형제들을 순서대로 앉히는 것을 통해 그 형제들은 요셉에게 초자연적인 하나님의 간섭하심이 있다는 것을 짐작했을 것입니다. 또한, 요셉은 장자인 르우벤이 아니라 막내인 베냐민을 편애함으로써, 그 형제들이 옛날과 같은 시기와 질투를 가지고 있는지 시험해보기를 원했을 것입니다.

그런데 그 형제들은 베냐민에 대해 옛날 요셉에게 보였던 질투를 하지 않았습니다. 그러자 비로소 요셉은 그 형제들 사이에 질투와 시기와 다툼이 더 이상 존재하지 않는 다는 것을 알게 되었습니다.

그들 사이에 더이상 질투도 시기도 존재하지 않게 되자 "그들이 마시며 요셉과 함께 즐거워하였습니다."

하나님 나라의 공동체는 바로 이런 모습입니다. 시기와 질투도 없이, 잘난 사람 못난 사람 없이 모두가 사랑으로, 평등하게 나누는 공동체가 바로 하나님 나라의 모습입니다.

오늘날 우리에게도 이런 나눔이 회복되어야 하겠습니다. 이렇게 기쁨과 사랑으로 나누는 즐거움이 있을 때 우리가 사는 세상은 하나님 나라를 향해 한 걸음씩 나아가게 됩니다. 모든 그리스도인들이 이런 사랑과 기쁨을 나누길 간절히 원합니다.

제19장

대신 책임지겠습니다

"…유다가 가로되 우리가 내 주께 무슨 말을 하오리이까 어떻게 우리의 정직을 나타내리이까 하나님이 종들의 죄악을 적발하셨으니 우리와 이 잔이 발견된 자가 다 내 주의 종이 되겠나이다 요셉이 가로되 내가 결코 그리하지 아니하리라 잔이 그 손에서 발견된 자만 나의 종이 되고 너희는 평안히 너희 아버지께로 도로 올라갈 것이니라 유다가 그에게 가까이 가서 가로되 내 주여 청컨대 종으로 내 주의 귀에 한 말씀을 고하게 하소서 주의 종에게 노하지 마옵소서 주는 바로와 같으심이니이다 이전에 내 주께서 종들에게 물으시되 너희는 아비가 있느냐 아우가 있느냐 하시기에 우리가 내 주께 고하되 우리에게 아비가 있으니 노인이요 또 그 노년에 얻은 아들 소년이 있으니 그의 형은 죽고 그 어미의 끼친 것은 그 뿐이므로 그 아비가 그를 사랑하나이다 하였더니 주께서 또 종들에게 이르시되 그를 내게로 데리고 내려와서 나로 그를 목도하게 하라 하시기로 우리가 내 주께 말씀하기를 그 아이는 아비를 떠나지 못할지니 떠나면 아비가 죽겠나이다 주께서 또 주의 종들에게 말씀하시되 너희 말째 아우가 너희와 함께 내려오지 아니하면 너희가 다시 내 얼굴을 보지 못하리라 하시기로 우리가 주의 종 우리 아비에게로 도로 올라가서 내 주의 말씀을 그에게 고하였나이다 그 후에 우리 아비가 다시 가서 곡물을 조금 사오라 하시기로 우리가 이르되 우리가 내려갈 수 없나이다 우리 말째 아우가 함께 하면 내려가려니와 말째 아우가 우리와 함께함이 아니면 그 사람의 얼굴을 볼 수 없음이니이다…"(창 44:1-34).

대신 책임지겠습니다

예수님의 조상 유다

44장 전체는 유다에 대한 이야기입니다. 유다는 예수님의 조상으로 나타나는 사람이요, 이스라엘 지파 가운데 가장 중요하고 큰 지파요, 사막을 가로지를 때도 가장 먼저 앞장서서 다녔던 지파입니다. 이렇게 이스라엘의 모든 지파 가운데 가장 왕이 많이 나오고 지도자들을 많이 배출한 것은 그 조상 때부터의 전통이 있었기 때문입니다.

만약 우리 가정에서 복음을 처음 접하는 사람이라면 그 사람은 새로운 역사를 이루는 사람들이기 때문에 그 사람의 역할이 더욱 중요합니다. 또 우리 가정의 신앙연륜이 깊지 않고 그 믿음이 깊어지지 않는 상태로 있다면 가족 중에 누군가가 그 신앙의 깊이를 더하고 전통을 세우기 위해서 헌신해야 합니다.

유다도 열 두 지파 중에서 바로 그런 전통을 이룬 사람입니다. 그의 출발은 자기 며느리와의 사이에서 아이를 낳는 불륜을 저지른 사람이었지만, 점점 시간이 갈수록 변화되어서 책임감이 있는 지도자로 성장하게 되었습니다.

과거에 어떤 사람이었었나 하는 것이 중요한 것이 아닙니다. 중요한 것은 그가 지금은 어떤 사람으로 살고 있느냐 입니다. 출발지점이 그 사람을 결정해 주는 것이 아니기 때문입니다. 정말 중요한 것은 시간이 갈수록 어떤 사람이 되는가 입니다.

44장 1-10절은 요셉의 형들이 시험대에 오른 모습입니다. 요셉은 형들의 진심을 알기 위해서 계략을 한 가지 꾸며서 누명을 씌웠습니다. 한 번 잃었던 신뢰를 회복하기 위한 마지막 절차였습니다. 요셉은 일부러 양식 값으로 받은 돈과 자기의 잔을 베냐민의 자루에 넣고 나서, 사람을 시켜서 자기 형제들의 뒤를 쫓아가게 한 뒤 그들을 도둑으로 몰아붙입니다.

형들은 그럴 리 없다고 설명을 하고 나서, 만약 그런 일이 있으면 잔이 발견되는 사람은 죽을 것이고 그 나머지는 요셉의 종이 되겠다고 합니다. 그 말의 극단성으로 보면 꼭 르우벤이 한 것 같습니다. 그 전에 자기 아버지에게도 자기의 두 아들의 목숨을 볼모로 잡히려고 했던 적이 있지 않습니까? 이 사람은 절제의 은사가 없었던 사람이었습니다. 그래서 무슨 상황을 만나면 항상 극단적으로 되어버리곤 합니다.

우리는 우리의 인생에서 절제하는 능력을 갖게 해달라고 하나님께 구해야 합니다. 그래야만 신앙과 모든 생활에 온화함과 꾸준함을 갖게 되는 것입니다. 절제는 인간의 결단과 결심으로는 할 수 없습니다. 아무리 굳게 결심을 해도 성령님의 통제하심과 인도하심이 없으면 그만 물거품이 되어버리고 맙니다. 그래서 반드시 하나님께 기도함으로 구하고 성령님의 인도하심을 따라야만 할 수 있는 것이 바로 절제하는 삶입니다.

위기는 기회다

요셉의 형제들은 자신이 하지도 않은 일 때문에 위기를 맞게 됩니다. 그러나 하나님의 백성들에 있어서 위기는 곧 기회입니다. 드디어 유다가 정말로 자기의 역할을 다하여 자기의 역할을 인정받을 수 있는 사람이 될 기회가 온 것입니다. 자기 자신의 전혀 새로운 모습을 보여줄 수 있는 계기를 맞게 된 것입니다.

우리는 위기를 좋아하는 사람은 아닙니다. 자기에게 혹시 위기가 올까 싶어서 항상 조심하고 염려하면서, 될 수 있으면 우리에게는 위기가 찾아오지 않도록 하나님께 기도합니다. 그러나 하나님과 함께 사는 사람들에게는 위기야말로 정말 하나님의 능력을 체험할 수 있는 기회가 되는 것입니다. 위기가 없으면 우리에게 하나님을 나타내실 이유가 없습니다. 모든 것이 다 내 능력 안에 있고 권력이나 물질의 능력 안에 있는데 왜 하나님을 찾겠습니까?

성경을 보아도 그렇고, 역사적으로도 그렇고, 사람들이 예수님을 찾는 경우는 자신에게 위기가 올 때입니다. 그래서 위기가 하나님을 믿는 사람에게는 절대로 해가 될 수 없습니다. "환란이나 적신이나 칼이나 무엇이라도 하나님의 견고한 줄에서 우리를 끊을 수 없다"는 고백도 자신에게 닥쳤던 환란을 하나님의 은혜로 이기고 난 후에 할 수 있는 것입니다.

앞으로 우리에게 위기가 온다면 하나님께서 나에게 훌륭한 은총을 주시려고 하는 것이라고 믿고 감사하면서, 기다리는 사람이 되어야 합니다.

우리의 신앙과 인격은 보통 때에는 잘 드러나지 않습니다. 위험한 일이 닥쳤거나, 나를 괴롭히는 일이 생겼거나, 직장이나 사업에 문제가 생겼을 때에야, 비로소 우리가 하나님 앞에서 어떤 신앙 생활을 했고 어떤 인격을 길러왔는지 하는 것이 드러납니다.

신앙과 인격은 한 순간에 형성되는 것이 아닙니다. 하나님 앞에서 하루 하루 쌓아 놓았던 것이 위기와 감정의 극치점에서 나타납니다. 어려움과 위기가 우리의 신앙을 빛나게 하고 아름답게 하는 것입니다.

유다의 설복

18절부터는 유다의 감동적인 이야기가 나옵니다. 지난번 아버지 야곱을 설득시킬 때보다도 더 아름다운 이야기가 이어집니다. 유다는 현대에 태어났더라면 아주 훌륭한 변호사가 될 수 있는 인물이라는 것을 보여줍니다.

18절을 보십시오.

> "유다가 그에게 가까이 가서 가로되 내 주여 청컨대 종으로 내 주의 귀에 한 말씀을 고하게 하소서 주의 종에게 노하지 마옵소서 주는 바로와 같으심이니이다."

유다는 아주 공손하게 상대방의 인격과 가치를 높이고 그것을 인정하면서 이야기를 시작합니다. 먼저 자신과 상대방의 접촉점이 되는 것을 찾아내고 친밀감이 들도록 하는 것이 상대방을 설득시키는 첫번째 조건이 되는 것입니다. 그렇지 않으면 상대방과의 대화를 원만하고 부드럽게 이어갈 수가 없을 뿐만 아니라 자신의 말조차 전달할 수가 없는 것입니다.

어떤 일로 누구와 무슨 대화를 하든지 일단은 접촉점을 만들어 놓은 상태에서 이야기를 하는 사람이 성공합니다. 이것은 우리 삶의 지혜 가운데 하나입니다. 이렇게 해서 대화가 되면 얼마든지 좋은 관계를 이끌어낼 수 있게 됩니다. 그러나, 다른 사람을 무시하는 말을 하는 사람은 절대로 원만하고 좋은 인간관계를 가질 수 없습니다.

유다는 먼저 양식을 구하러 왔던 이후 가나안 집에 도착한 이야기를 시작해서 차분하게 자기들과 아버지의 대화를 옮겨 놓습니다. 아버지가 막내인 베냐민을 얼마나 사랑하고 있는가에 대한 이유를 들어서 논리적으로 설명을 합니다. 그리고 마지막으로 막내 동생의 운명과 아버지의 운명이 한 데 묶여있음을 강조합니다.

"이전에 내 주께서 종들에게 물으시되 너희는 아비가 있느냐 아우가 있느냐 하시기에 우리가 내 주께 고하되 우리에게 아비가 있으니 노인이요 또 그 노년에 얻은 아들 소년이 있으니 그의 형은 죽고 그 어미의 끼친 것은 그 뿐이므로 그 아비가 그를 사랑하나이다 하였더니 주께서 또 종들에게 이르시되 그를 내게로 데리고 내려와서 나로 그를 목도하게 하라 하시기로 우리가 내 주께 말씀하기를 그 아이는 아비를 떠나지 못할지니 떠나면 아비가 죽겠나이다 주께서 또 주의 종들에게 말씀하시되 너희 말째 아우가 너희와 함께 내려오지 아니하면 너희가 다시 내 얼굴을 보지 못하리라 하시기로 우리가 주의 종 우리 아비에게로 도로 올라가서 내 주의 말씀을 그에게 고하였나이다 그 후에 우리 아비가 다시 가서 곡물을 조금 사오라 하시기로 우리가 이르되 우리가 내려갈 수 없나이다 우리 말째 아우가 함께 하면 내려가려니와 말째 아우가 우리와 함께함이 아니면 그 사람의 얼굴을 볼 수 없음이니이다 주의 종 우리 아비가 우리에게 이르되 너희도 알거니와 내 아내가 내게 두 아들을 낳았으나 하나는 내게서 나간고로 내가 말하기를 정녕 찢겨 죽었다 하고 내가 지금까지 그를 보지 못하거늘 너희가 이도 내게서 취하여 가려한즉 만일 재해가 그의 몸에 미치면 나의 흰 머리로 슬피 음부로 내려가게 하리라 하니 아비의 생명과 아이의 생명이 서로 결탁되었거늘 이제 내가 주의 종 우리 아비에게 돌아갈 때에 아이가 우리와 함께 하지 아니하면 아비가 아이의 없음을 보고 죽으리니 이같이 되면 우리가 주의 종 우리 아비의 흰 머리로 슬피 음부로 내려가게 함이니이다"(창 44:19-31).

얼마나 감동적인 이야기입니까? 자신보다 가족을 사랑하는 마음을 가지고 이야기를 하는 것보다 더 감동적인 이야기는 없을 것입니다. 자식이 부모를 사랑하는 이야기, 부모가 자식을 사랑하는 이야기, 형제들이 자기 형제를 사랑하는 이야기를 할 때보다 더 감동적인 이야기가 어디 있겠습니까?

우리 나라 사람들은 자기 가족 칭찬하는 것을 팔불출이라고 하고 감추려 하지만 저는 그런 태도가 옳다고 생각하지 않습니다. 저는 자신의 가족에게 애정을 갖는 것보다 귀한 것은 없다고 생각합니다.
가족은 하나님께서 주신 자기와 가장 가까운 사람입니다. 목회의 가장 작은 단위도 가정입니다. **가정은 하나님께서 이 땅위에 세우신 최초의 교회입니다.** 그 교회의 가정들이 잘 될 때 목회가 잘 되는 것입니다.
신앙인다운 모습을 가장 먼저 보여야 할 사람들도 자신의 가족들입니다. 눈에 보이는 자기 부모에게 효도하고 부모를 위해 사는 사람들이어야만 눈에 보이지 않는 하나님도 진정으로 섬길 수 있는 사람입니다.

그런데 유다가 바로 그 모습을 보이고 있습니다. 유다는 자기 말째 아우 베냐민을 데리고 가지 못하면 자기 아버지가 죽을 것이기 때문에 베냐민 대신 자신을 남겨 종으로 삼아달라고 간청합니다.

어떻게 해서든지 아버지의 사랑하는 동생을 아버지의 품으로 돌려보내서 아버지의 목숨을 구하려는 형 유다의 모습이 얼마나 아름답습니까? 우리 가정의 부모와 자식 사이에 있어야 할 모습이 바로 이런 모습입니다.

제가 대신 책임지겠습니다

32-33절을 보십시오.

"주의 종이 내 아비에게 아이를 담보하기를 내가 이를 아버지께로 데리고 돌아오지 아니하면 영영히 아버지께 죄를 지리이다 하였사오니 청컨대 주의 종으로 아이를 대신하여 있어서 주의 종이 되게 하시고 아이는 형제와 함께 도로 올려보내소서 내가 어찌 아이와 함께 하지 아니하고 내 아비에게로 올라갈 수 있으리이까 두렵건대 재해가 내 아비에게 미침을 보리이다."

유다는 아버지 야곱에게 자신이 동생 베냐민을 책임지겠다고 한 걸 설명하면서 그 말에 대한 책임을 다하겠다고 합니다. 그는 지도자적인 자질을 가진 사람으로서 자신이 한 말, 자신이 한 일에 대해서는 자신이 책임지려는 사람이었습니다.

지도자들 가운데에는 계획을 세우고 실행되는 모습이 쉽게 눈에 띄고 공이 생기는 자리에는 서로 가서 일하려 하나, 일단 문제가 생기면 자기의 소관이 아니라고 발뺌하는 사람들이 많습니다.

그러나 진정한 지도자는 자신이 한 일에 대해서는 자신이 책임지고 해결을 합니다. 본문에서 책임감 때문에 희생하고 대속하는 사랑의 모습이 유다에게서 나타납니다. 이것이 예수님의 모습이며 바로 우리 믿는 사람들이 본받아야 할 모습입니다.

유다는 모든 말을 마치고 나서 자신이 베냐민을 대신하여 종으로 있겠으니 동생은 아버지의 품으로 돌려보내 달라고 합니다. 이것이 대속으로 나타나는 책임감입니다. 이런 정신을 가진 사람들이 많은 사회라야 희망이 있는 사회입니다. 모두가 남의 탓만 하고 다른 사람이 책임져야 할 문제라고 미루기만 하는 사회에 희망적인 미래가 있을 수 없습니다.

가정에서는 어머니들이 그런 역할을 하고 있습니다. 늘 그런 생활을 드러내지 않고 하시는 어머니의 희생이 없다면 그 가정이 원만하게 꾸려갈 수 없습니다.

저는 군대에 있을 때 동료들을 위해서 희생을 자처하는 사람을 본 일이 있습니다. 부대에 문제가 생겼는데 잘못을 저지른 사람이 나타나지를 않자 전 부대원들은 추운 겨울에 옷을 다 벗은 채로 기합을 받았습니다. 그 추운 날씨에 동태가 된 채 한 시간을 서 있을 때 어떤 친구 하나가 불쑥 자신이 한 일이라고 나섰습니다. 저도 마음 속으로는 내가 나서야 하지 않을까 하는 갈등을 하고 있었는데 그 친구가 먼저 나선 것이었습니다. 그러나 그 친구는 저와 함께 열심히 교회에 다니는 사람이었고 그런 일을 할 사람이 아니었습니다. 다른 사람들을 위한 대속적인 희생정신으로 그 잘못을 자신이 떠맡은 것입니다. 덕분에 저는 예수님의 기쁨을 맛볼 수 있는 그 좋은 기회를 놓친 꼴이 되고 말았습니다.

대속적인 사랑

우리가 손양원 목사님의 이야기를 들으면서 감동을 받는 것은 그분이 문둥병자들에게 베푼 사랑이, 바로 하나님의 대속적인 사랑을 아는 사람으로서 베푼 사랑이기 때문입니다.
기독교적인 사랑은 대속적, 희생적으로 베푸는 사랑입니다. 예수님께서도 그가 사랑하는 양들을 위해서 스스로 목숨을 버리셨기 때문에 우리가 감동을 받는 것입니다. 그래서 그 감동에 못이겨서 그 분의 사랑을 다른 사람들에게 전하려 하는 것입니다. 예수님의 사랑은 다른 것이 아니라 바로 대속적, 희생적 사랑입니다.

모세도 대속적 희생자였습니다. 이스라엘 백성들이 하나님 앞에 범죄하자 하나님께서는 모세로부터 다시 시작하시겠다고 말씀하십니다. 그 때에 모세는 자신이 그들을 대신해서 죽을 테니 자기 백성들을 용서해 달라고 탄원합니다.
예수님은 이 세상의 백성들을 위해서 그 죄를 대신하셨고, 그의 복음을 전하는 사도 바울도 자신이 유대 민족을 대신하여 하나님의 생명록에서 끊쳐질지라도 자기 민족을 구원해 주실 것을 기도했습니다. 이것이 기독교의 대속적 사랑, 대속적 희생의 모습입니다.

자신을 희생하여 내어놓는 유다의 모습 속에서, 모세의 모습 속에서, 사도 바울의 모습 속에서, 그리고 예수님의 모습 속에서 우리는 우리 기독교인들이 걸어가야 할 길을 봅니다.

그러므로 우리도 민족을 위해서, 이 사회를 위해서, 참된 그리스도인의 모습을 보여줄 수 있는 희생적인 사람이 되도록 최선을 다해야 합니다.

제20장

하나님이십니다

"…요셉이 그 형들에게 이르되 나는 요셉이라 내 아버지께서 아직 살아계시나이까 형들이 그 앞에서 놀라서 능히 대답하지 못하는지라 요셉이 형들에게 이르되 내게로 가까이 오소서 그들이 가까이 가니 가로되 나는 당신들의 아우 요셉이니 당신들이 애굽에 판 자라 당신들이 나를 이곳에 팔았으므로 근심하지 마소서 한탄하지 마소서 하나님이 생명을 구원하시려고 나를 당신들 앞서 보내셨나이다…당신들의 눈과 내 아우 베냐민의 눈이 보는 바 당신들에게 이 말을 하는 것은 내 입이라 당신들은 나의 애굽에서의 영화와 당신들의 본 모든 것을 다 아버지께 고하고 속히 모시고 내려오소서 하며 자기 아우 베냐민의 목을 안고 우니 베냐민도 요셉의 목을 안고 우니라 요셉이 또 형들과 입맞추며 안고 우니 형들이 그제야 요셉과 말하니라"(창 45:1-15).

하나님이십니다

성경에는 감격적인 장면들이 많이 있지만 창세기 45장만큼 감격적인 장면은 흔하지 않습니다. 감격의 극치라고 할 수 있는 장면이 요셉에게 나타납니다. 그것은 그만큼 요셉이 고생을 많이 했기 때문에 올 수 있는 순간이었습니다. 온갖 고생을 한 끝에 22년만에 나타난 감격의 자리입니다.

눈물의 사람 요셉

요셉은 자기 형제들에게 끌어오르는 정을 억제하지 못하고 자기 주변에서 하인들을 물러가게 한 뒤 큰소리로 통곡을 합니다. 얼마나 그 소리가 컸던지 바로의 궁에까지 들릴 정도였습니다.

"요셉이 시종하는 자들 앞에서 그 정을 억제하지 못하여 소리질러 모든 사람을 자기에게서 물러가라 하고 그 형제에게 자기를 알리니 때에 그와 함께 한 자가 없었더라 요셉이 방성대곡하니 애굽 사람에게 들리며 바로의 궁성에 들리더라"(45:1,2).

저는 그런 장면을 이산가족을 찾는 자리에서 보았습니다. 아마 그런 장면을 옆에서 보기만 하는 사람들도 눈물을 흘렸을 것입니다. 저도 이산가족의 한 사람으로서 어머니를 만난 사람입니다. 그런데 저는 울지 않고 웃었습니다. 그런 자리에서 웃은 사람은 아마 저 한 사람밖에 없을 것입니다. 저희 어머니는 통곡을 하셨습니다만 저는 너무 좋아서 울 수가 없었습니다.

그 자리에는 말할 수 없는 감격이 있었습니다. 요셉도 그런 감격을 맛보고 있었을 것입니다.

요셉의 눈물은 그동안의 고통과 잊지 못할 아버지에 대한 사랑과 믿었던 하나님의 약속들이 합해지는 순간이었을 것입니다. 17살에 집을 떠나서 이제 30살에 총리가 되었고 39살이 되어서야 형들과 대면할 수 있게 되었습니다. 요셉은 두번의 시험을 거친 후에야 그들이 팔았던 동생인 요셉이라는 것을 밝힙니다.

> "요셉이 그 형들에게 이르되 나는 요셉이라 내 아버지께서 아직 살아계시니이까 형들이 그 앞에서 놀라서 능히 대답하지 못하는지라 요셉이 형들에게 이르되 내게로 가까이 오소서 그들이 가까이 가니 가로되 나는 당신들의 아우 요셉이니 당신들이 애굽에 판 자라"(창 45:3, 4).

요셉은 그동안 있었던 이야기를 다 듣고 난 다음에야 자신의 정체를 밝힙니다. 하나님의 섭리를 믿고 사는 사람들에게는 어떤 고난이나 어떤 시련이나 어떤 고통도 결국에는 하나님의 감격적인 축복으로 끝나게 되어 있습니다.

우리는 하나님의 특별한 은총을 받은 사람들입니다. 으리로 하여금 살아계신 하나님을 만나게 해 주시고 역사의 주인이신 하나님을 알게 해 주셨습니다. 이렇게 하나님을 만난 사람들은 분명히 믿어야 할 것이 있습니다.

하나님은 우리의 인생을 주관하시는 분이십니다. 뿐만 아니라 인간 역사를 운행하시고 그 운행하심에 우리를 사용하시는 분이십니다. 그리고 그런 분을 믿고 사는 우리의 모든 고난은 결국 축복의 잔치로 끝나게 될 것이란 사실입니다. 그리고 부모를 지극히 공경하는 하나님의 사람은 하나님의 축복을 받게 되어 있습니다.

3절을 보면 요셉은 자신의 정체를 밝히고 난 바로 다음 아버지의 안부를 묻습니다. 저는 이 모습을 보면서 요셉이 언제나 생각하고 있었던 것은 자기의 아버지였다는 것을 알게 되었습니다. 아버지에 대한 애타는 사랑을 늘 품고 있었기 때문에 제일 먼저 나온 말이 아버지에 대한 안부였던 것입니다.

하나님께서는 제 부모를 공경하면 복 받는 약속 있는 첫계명을 주셨습니다. "부모를 공경하는 사람은 오래 살고 이 땅에서 복을 누리리라"

우리는 누구보다도 이 땅에서는 부모를 공경하고 잘 모셔야만 합니다. 부모를 모시고 있는 사람은 모시는 일에 전심을 다하고, 모시지 못하고 있는 분들은 처지에 맞게 전화라도 자주해서 안부를 살피고 자기의 안부도 궁금해 하지 않으시도록 해 드려야 합니다. 부모가 자식의 전화를 받은 것이 어느 때인지 까마득하게 느껴지게 하는 자식은 가까이 있는 이웃보다도 못한 사람입니다.

하나님께서는 누구보다 부모를 공경하는 사람을 축복하십니다. 만일 우리에게 무슨 문제가 생기고 걱정해야 할 일이 생긴다면 가장 먼저 부모님에게 어떻게 했나를 살피십시오. 하나님은 반드시 약속을 지키시는 분인데 그 약속하신 축복이 일어나지 않는다는 것은 분명히 잘못된 부분이 있기 때문입니다.

요셉은 아버지의 사랑을 과분하게 받은 사람입니다. 그리고 그 사랑은 서로가 주고 받으면서 마음껏 표현을 한 사랑이었습니다. 그래서 요셉에게는 아버지의 안부가 가장 중요한 관심의 대상일 수 있었을 것입니다. 표현되지 않은 사랑은 이렇게 오래도록 감동으로 갖고 있을 수 없습니다. 서로가 진실로 사랑한 것을 표현했기 때문에 어떤 고난 속에서도 식지 않고 그대로 간직할 수 있었던 것입니다. 그래서 가정에서의 사랑은 그 사람의 일생에 영향을 미치므로 중요할 수밖에 없습니다.

하나님의 축복을 받는 사람

절대적인 하나님의 섭리를 믿으면 하나님께서는 반드시 그 사람을 축복하십니다.
5-8절을 보십시오.

> "당신들이 나를 이곳에 팔았으므로 근심하지 마소서 한탄하지 마소서 하나님이 생명을 구원하시려고 나를 당신들 앞서 보내셨나이다 이 땅에 이 년 동안 흉년이 들었으나 아직 오 년은 기경도 못하고 추수도 못할지라 하나님이 큰 구원으로 당신들의 생명을 보존하고 당신들의 생명을 보존하고 당신들의 후손을 세상에 두시려고 나를 당신들 앞서 보내셨나니 그런즉 나를 이리로 보낸 자는 당신들이 아니요 하나님이시라 하나님이 나로 바로의 아비를 삼으시며 그 온 집의 주로 삼으시며 애굽 온

땅의 치리자를 삼으셨나이다."

이 부분은 세 가지로 요약될 수 있습니다.
첫째, 요셉은 하나님의 절대적인 섭리를 믿는 사람이기 때문에 형들을 용서하고 위로할 수 있었습니다. 형들이 자기를 팔았기 때문에 당한 고통이 얼마나 큰 것이었습니까? 그런데 그는 그것을 형들의 잘못으로 돌리지 않고 하나님의 섭리로 받아들입니다. 절대자 하나님의 섭리를 믿고 있기 때문에 이렇게 큰 가슴을 가질 수 있게 된 것입니다. 그리고 큰 가슴은 큰 사랑을 만들어 주는 것입니다.

이와 같은 사랑과 용서는 절대자이신 하나님께서 나의 인생을 주관하시고 함께 하심을 믿는 확실한 믿음에서 나옵니다. 실망하고 좌절하고 방황하는 것은 하나님의 섭리를 믿지 않을 때에 나타나는 현상입니다. 하나님께서 내 인생 전체를 주관하신다는 것을 믿는 사람은 방황하지 않습니다. "하나님을 사랑하는 자, 그 뜻대로 부르심을 입은 자들에게는 모든 것이 합력하여 선을 이루느니라"(롬 8:28).

또한, 요셉은 자신에게 다가오는 고난에 대하여 불평하거나 짜증내지 않았습니다. 그는 담담하게 자신의 인생을 받아들였습니다. 절대자인 하나님께서 내 인생을 주관하시며 내 인생의 마지막은 하나님의 축복이 될 것이라는 것을 믿었기 때문이었습니다. 겁에 질린 형들을 도리어 안심시키고 위로하는 것은 큰 가슴과, 큰 믿음과, 큰 사랑이 있기 때문에 할 수 있는 일입니다.

요셉은 자신들을 팔아넘긴 형들의 행동을 하나님의 섭리를 이루기 위한 것으로 이해하고 있습니다. 이것은 하나님께서는 사람들의 악한 심성을 통해서도 선한 것을 인도하시고 바꾸시는 능력이 있음을 인정하고 믿는 사람에게서만 나올 수 있는 해석입니다.

누가 나에게 손해를 끼치고 나를 억울하게 한 일이 있다고 하더라도 너무 속상해하고 절망하지 마십시오! 우리에게 아무 잘못이 없는데도 일어난 일이라면 그 속에는 반드시 하나님의 뜻이 있을 것입니다. 하나님의 섭리를 믿고 하나님의 뜻이 나타날 때까지 기다리십시오. 하나님의 섭리를 강하게 믿을수록 더욱 큰 축복이 나타나는 것이 신앙의 모습입니다. 역사를 축복으로 해석할 줄 아는 믿음을 가집시다.

둘째로, 하나님의 축복은 요셉에게 최선의 것으로 나타납니다. 이방 사람인 요셉으로 하여금 애굽의 총리를 삼고 전국을 치리하는 사람으로 삼으신 하나님의 은혜는 그 당시로서는 최선의 것이었습니다.

시련이 크면 클수록 축복도 크게 나타납니다. 사도 바울은 심지어 "죄가 많은 곳에 은혜가 더욱 풍성하다"고 했습니다. 이것은 많은 죄를 지은 사람이 죄사함의 은혜가 더욱 크게 느껴짐을 표현한 말입니다. 자신의 잘못과 실수가 오히려 그 사람을 더 넓은 사람으로 성장하게 하는 예는 얼마든지 찾아볼 수 있습니다.

끝으로, 하나님의 섭리를 강하게 믿는 사람들은 그 주위의 많은 사람들에게 축복이 됩니다. 요셉의 경우는 자신이 총리가 되었을 뿐만 아니라 그 부모와 친지들에게 축복이 되었습니다.

10, 11절을 보십시오.

> "아버지의 아들들과 아버지의 손자들과 아버지의 양과 소와 모든 소유가 고센 땅에 있어서 나와 가깝게 하소서 흉년이 아직 다섯 해가 있으니 내가 거기서 아버지를 봉양하리이다 아버지와 아버지의 가속과 아버지의 모든 소속이 결핍할까 하나이다

하더라 하소서."

가뭄 때문에 고생하던 가족들이 이제는 요셉의 도움으로 양식이 있는 곳에서 걱정없이 살 수 있게 되었습니다. 가족 중에 한 사람이 하나님의 축복 받음으로 말미암아 다른 모든 가족들에게도 그 축복이 풍성하게 돌아가게 된 것입니다. 한 사람의 믿음과 인내의 결과가 미치는 영향은 이토록 큰 것입니다.

요셉은 원수마저도 용서하는 사람이 되었습니다. 사람은 연약하고 상처를 많이 받는 존재입니다. 그래서 작은 일로 받은 상처에도 민감하게 반응하고 그 상처의 고통이 오래갑니다. 그러나 하나님께서 주시는 큰 마음은 이런 허다한 허물을 덮을 뿐만 아니라, 보다 너그럽고 사랑이 넘치는 마음으로 만드십니다. 그리고 선으로 악을 이기고 승리하게 해 주시며 원수마저도 포용하는 큰 사람이 되게 하십니다.

15절을 보십시오.

"요셉이 또 형들과 입맞추며 안고 우니 형들이 그제야 요셉과 말하니라."

드디어 형제들이 서로를 끌어안고 우는 장면이 펼쳐집니다. 그동안 요셉의 이야기를 멍하게 듣기만 했던 형들도 정신을 차리고 감격을 맛보는 순간입니다. 요셉은 형들을 한 사람씩 끌어안고 감격을 나눕니다. 더이상 말이 필요없는 상황인 것입니다. 그리고 형들은 그제서야 요셉과 말을 할 수 있게 되었습니다. 그 때서야 완전한 화해가 이루어지게 된 것입니다.

하나님의 섭리를 믿으며 사는 사람들에게는 하나님께서 베푸시는 최선의 축복과 감격의 순간이 반드시 오게 되어 있습니다. 하나님의 섭리를 믿고 인내하고 사는 삶은 자신은 물론이고 주변의 다른 사람들에게도 사랑과 축복을 가져다 주는 참된 길의 역할을 합니다.

하나님은 요셉의 삶을 통해 오늘날의 우리들에게 이 진리를 웅변적으로 가르쳐 주고 계십니다.

제21장

만족합니다

"요셉의 형들이 왔다는 소문에 바로의 귀에 들리매 바로와 그 신복이 기뻐하고 바로는 요셉에게 이르되 네 형들에게 명하기를 너희는 이렇게 하여 너희 양식을 싣고 가서 가나안 땅에 이르거든 너희 아비와 너희 가속들을 이끌고 내게로 오라 내가 너희에게 애굽 땅 아름다운 것을 주리니 너희가 나라의 기름진 것을 먹으리라 이제 명을 받았으니 이렇게 하라 너희는 애굽 땅에서 수레를 가져다가 너희 자녀와 아내를 태우고 너희 아비를 데려오라 또 너희는 기구를 아끼지 말라 온 애굽 땅의 좋은 것이 너희 것임이니라 하라 이스라엘의 아들들이 그대로 할새 요셉이 바로의 명대로 그들에게 수레를 주고 길양식을 주며 또 그들에게 다 각기 옷 한 벌씩 주되 베냐민에게는 은 삼 백과 옷 다섯 벌을 주고 그가 또 이와 같이 그 아비에게 보내되 수나귀 열 필에 애굽의 아름다운 물품을 실리고 암나귀 열 필에는 아비에게 길에서 공궤할 곡식과 떡과 양식을 실리고 이에 형들을 돌려 보내며 그들에게 이르되 당신들은 노중에서 다투지 말라 하였더라 그들이 애굽에서 올라와 가나안 땅에 들어가서 아비 야곱에게 이르러 고하여 가로되 요셉이 지금까지 살아 있어 애굽 땅 총리가 되었더이다 야곱이 그들을 믿지 아니하므로 기색하더니 그들이 또 요셉이 자기들에게 부탁한 모든 말로 그 아비에게 고하매 그 아비 야곱이 요셉의 자기를 태우려고 보낸 수레를 보고야 기운이 소생한지라 이스라엘이 가로되 족하도다 내 아들 요셉이 지금까지 살았으니 내가 죽기 전에 가서 그를 보리라"(창 45:16-28).

만족합니다

요셉이 그동안 애굽에서 어떻게 살았는가 하는 것은 요셉이 그의 형제들을 만났다는 소리를 들은 애굽인들의 반응을 보면 알 수 있습니다. 평소에 그들에게 좋은 일만을 했고 온 국민이 가뭄 가운데 서도 잘 살 수 있도록 해 준 공이 있었던 요셉이 형제들을 만났다는 소리를 듣자 바로는 물론이고 그의 신하들까지도 좋아합니다. 큰 사랑을 품은 사람이 받는 대접은 이런 일에서도 나타나기 마련이라는 것을 보여주는 대목입니다.

하나님의 섭리

모든 일에 하나님의 섭리를 생각하는 대범한 태도를 보인 다윗을 생각해봅시다. 다윗이 자기 아들 압살롬의 반역으로 인하여 도망하게 되었을 때에 시므이라는 사람이 그 모습을 보고 왕에게 욕을 했습니다. 자기 자식에게 쫓겨서 신발도 신지 못하고 도망하는 상황에서 자기를 욕하는 소리를 들었으니 그 기분이 어떠했겠습니까?

그 때 왕의 옆에서 호위를 하고 있던 사령관이 너무도 화가 나서 저렇게 욕을 하는 사람을 한 칼에 베자고 하지만 다윗은 그렇게 하지 않았습니다. 오히려 다윗은 자신이 지금 처하고 있는 상황과 듣는 말에 숨어 있는 하나님의 섭리를 헤아리려고 노력합니다.

하나님의 섭리를 믿는 사람은 인간적인 감정에 의해서 행동하지 않습니다. 다윗은 시므이가 자신에게 하는 욕도 하나님의 뜻이라고 생각하고 그 사람을 벌하지 않고 그냥 두기로 합니다. 이렇게 작은 것이라도 자신의 감정대로 처리하지 않고 하나님의 특별하신 뜻에 맡기는 것이 하나님의 섭리를 아는 사람의 태도입니다.

우리는 하나님의 뜻을 다 이해하지 못합니다. 왜 지금 내가 이런 일을 당해야 하는 것인지 도무지 알 수가 없습니다. 그러나 하나님의 섭리는 시간이 지나고 난 다음에야 그 뜻을 정확하게 알 수 있습니다. 자신에게 일어난 일이라고 해서 그 일이 자신에게만 영향을 끼치는 것이 아니라 다른 사람들과의 관계에도 영향을 주게 되어 있는 것이기 때문에 더더욱 당장은 잘 모르게 되어 있습니다.

제가 처음 미국의 인디애나 폴리스에 공부를 하러 갔을 때에 거기서 만난 예수 믿는 사람 하나와 아주 친하게 지냈는데, 그 사람의 동생이 예수를 믿지 않아서 걱정이라는 말을 듣고는 그 동생과 면담을 해서 예수님을 영접시켰습니다.

그런데 한 번은 그 사람이 저에게 전화를 해서 말하기를, "어떤 사람이 그러는데 하나님께서 어떤 사람은 구원을 예정해 두셨고 어떤 사람은 예정하지 않으셨다고 하는데 저는 도무지 그것을 이해할 수 없다"고 물어왔습니다. "왜 어떤 사람은 구원의 예정에서 제외가 되느냐?"는 것이었습니다.

그래서 저는 그 사람에게 말하기를, "누구를 제외했다는 것이 문제가 아니라 하나님께서 당신을 만세 전부터 택하여 세웠다는 것이 중요한 것이다"라고 하면서, "그래서 하나님께서 한국전쟁을 통해서 나를 이남으로 보내시고 또 미국으로 보내어 당신까지 만나게 하셔서 당신의 구원을 받을 수 있게 하신 것"이라고 설명했습니다. 그랬더니 이 사람이 "하나님께서 자신을 그렇게 사랑하시는 줄을 몰랐다"고 하면서 그 자리에서 하나님께 감사를 드렸습니다.

그리고 그 후로 그는 아주 신실하고 훌륭한 신앙인이 되었고 그 사람의 딸은 신학교를 졸업하고 지금은 일본에 선교사로 들어가 있습니다.

하나님의 섭리의 손길을 이해하고 보면 불행한 일들도 그것이 단순히 불행하게 끝나는 것이 아니라 그 속에도 하나님의 뜻이 숨겨져 있었다는 것을 알 수 있습니다. 그리고 그것을 이해하는 사람이 되면 자기 인생에 여유가 생기고 사랑이 생기고 용서가 생기게 됩니다. 하나님의 더 큰 뜻을 바라보기 때문에 작은 일에 매달려서 피곤하게 살지 않는 사람이 되는 것입니다.

하나님은 사람의 마음을 움직이시는 분이십니다. 보이지 않는 하나님의 역사는 하나님이 축복하시기 원하는 사람들을 위하여 다른 사람들의 마음을 움직이게 하셔서 일을 진행시키십니다. 하나님께서는 요셉을 위하여 바로의 마음을 움직이셨습니다.

17, 18절을 보십시오.

"바로는 요셉에게 이르되 네 형들에게 명하기를 너희는 이렇게 하여 너희 양식을 싣고 가서 가나안 땅에 이르거든 너희 아비와 너희 가속들을 이끌고 내게로 오라 내가 너희에게 애굽 땅 아름다운 것을 주리니 너희가 나라의 기름진 것을 먹으리라."

바로는 요셉의 소식을 듣고 나서 자신이 먼저 앞장을 서서 요셉의 가족들을 데리고 올 수 있도록 조치를 취합니다. 앞으로 전개될 일들을 위해서 하나님께서는 바로를 사용하신 것입니다. 하나님께서는 벌써 아브라함의 시대에 그에게 말씀하시기를, "그 후손들이 이 가나안 땅을 떠났다가 큰 재산을 모아서 다시 돌아올 것이라"예언하셨습니다.

그 말씀이 이제 요셉의 때에 와서 바로를 통하여 이루어지게 된 것입니다. 하나님의 계획은 하루하루의 사건을 통해서도 나타나는 것이지만 몇 십년 몇 백년을 뛰어넘는 것이기도 합니다.

우리 나라에도 역시 하나님께서 정하신 섭리가 있을 것입니다. 작고 약한 나라가 강대국의 사이에 끼어서 많은 고생을 했지만, 하나님께서는 우리 백성을 반드시 축복하실 것입니다. 주님 오시기 전에 반드시 우리 민족을 일으켜 세워 주셔서 전세계에 복음을 전하는 민족으로 삼아 주실 것입니다.

과거의 역사에서는 경험하지 못한 새로운 세계가 틀림없이 오고 있습니다. 세계를 움직이는 하나님의 손길을 보면 그것을 분명히 알 수 있습니다. 그래서 우리 정부에 기독교인이 대통령이 된 것도 아주 중요한 사건이라고 생각할 수 있습니다. 저는 대통령께 건의하는 글을 쓸 때에도 "지금 대통령이 하는 일에 따라서 기독교 복음의 문이 크게 열려지든가 아니면 아주 닫히게 되는 아주 중요한 때"라고 했습니다.

우리의 인생을 한 달이나 일 년 단위로 생각하지 마십시오. 요셉이 그 꿈을 이루기까지는 이십여 년의 시간이 필요했습니다. 특히 젊은 사람들에게는 하나님의 섭리와 뜻이 있고, 그것을 이룰 시간도 있습니다. 조금이라도 일찍 자신에게 정하신 하나님의 섭리를 깨달으면 얼마든지 그것을 이루어서 자신과 하나님께 기쁨과 영광이 되는 삶을 살수 있습니다. 모든 생각이 그날 하루에 매달려 있는 사람은 그저 그

날을 소비하는 데 시간을 보낼 수밖에 없는 없지만 자신의 일생을 멀리 보고 계획하고 꿈을 키우는 사람은 시간을 자신에게 유용하게 사용할 줄 아는 사람입니다.

저는 학교에서 가르칠 때에도 젊은이들이 하나님을 보고 미래를 보게 해 달라고 기도했습니다. 제가 젊은이들을 볼 때마다 항상 가슴이 벅차오르고 희망을 느끼는 것도 그들을 통해서 이루어질 하나님의 섭리와 꿈이 있다는 것을 알기 때문입니다.

옛날 느헤미아 때에도 이방 나라 왕의 도움을 얻어서 예루살렘 성을 재건하는 역사가 일어났습니다. 에스더 때에도 아닥사스 왕의 마음을 움직여서 온 이스라엘 백성을 살려내는 역사를 이룬 적이 있습니다. 다니엘 때에도 이방 왕인 느부갓네살 왕의 마음을 움직이는 역사가 일어났습니다.

하나님의 역사는 꼭 믿는 백성들을 통해서만 일어나는 것은 아닙니다. 자신의 주변에 있는 사람들과 전혀 관계가 없는 것 같은 사람을 통해서도 하나님은 섭리를 만드시고 이끌어내십니다. 하나님의 크신 섭리를 믿는 사람을 위해서 하나님께서는 곳곳에서 여러 사람들과 상황들을 활용하시는 것입니다. 이와같은 은혜들은 바로 우리에게 베푸시는 하나님의 은혜입니다.

바로는 17절에서 먼저 필요한 양식을 충분히 가져가라고 합니다.

"바로는 요셉에게 이르되 네 형들에게 명하기를 너희는 이렇게 하여 너희 양식을 싣고 가서."

사람이 하려면 수십 년이 걸리고 수십 배의 노력이 필요한 것이지만 하나님께서 함께 하시면 이렇게 순조롭게 일이 진행된다는 것을 알아야 합니다.

우리의 인생은 하나님의 손길을 달렸음을 믿어야 합니다. 그리고 그 손길에 순종해야 합니다. 그러면 하나님께서는 때에 따라 필요한 바람을 불게 하셔서 우리의 인생이 순풍에 돛을 달고 나가게 만들어 주십니다. 모든 것이 주께로부터 오는 하나님의 은혜라는 것을 알고 감사하는 것이 하나님의 축복을 입고 사는 방법입니다.

또, 바로는 18절에서 부모와 가족들을 데리고 오라고 합니다.

"가나안 땅에 이르거든 너희 아비와 너희 가속들을 이끌고 내게로 오라 내가 너희에게 애굽 땅 아름다운 것을 주리니 너희가 나라의 기름진 것을 먹으리라."

요셉이 부모에게 효도하면서 살 수 있는 기회를 주는 것입니다. 그리고 기름진 땅을 주어서 앞으로는 양식에 대한 걱정을 하지 않고 살 수 있도록 미래에 대한 보장도 해 줍니다.

우리가 애쓰고 노력한다고 이런 일이 이루어지는 것은 아닙니다. 하나님의 은혜와 성령이 함께 하실 때에만 되는 것입니다. 바로의 이 명령은 말로만 이루어진 것이 아니라 수레를 준비해서 구체적으로 실행할 수 있도록 만들어 줍니다.

"이제 명을 받았으니 이렇게 하라 너희는 애굽 땅에서 수레를 가져다가 너희 자녀와 아내를 태우고 너희 아비를 데려오라 또 너희는 기구를 아끼지 말라 온 애굽 땅의 좋은 것이 너희 것임이니라 하라"(창 45:19, 20).

20절에 나오는 "너희의 기구를 아끼지 말라"는 말은, 그 때까지 가지고 있던 세간을 아깝게 생각해서 다 가지고 오려고 생각하지 말라는 것입니다. 애굽에 오면 얼마든지 좋은 것들을 쓸 수 있게 해 줄테니까 염려하지 말고 몸만 오라는 것입니다.

이사를 하다보면 버리기는 아깝고 두면 짐만 되는 물건들을 여기 저기 쌓아 둔 것이 한 두 가지가 아닙니다. 그래서 짐을 싸면서 많이 버리기도 하고 다시 챙기게도 됩니다. 바로는 그것을 알고 "세간들을 가져오느라고 고생하지 말고 그저 그것들을 그곳에 놓고 몸만 와도 필요한 모든 것은 다 주겠다"고 보장해 주었습니다. 하나님께서 바로의 마음을 움직이시되 철저하게 움직이신 것입니다.

하나님의 섭리를 이루는 사람들은 화평을 만드는 사람입니다. 21-23절에는 바로의 명령을 실행하는 요셉의 모습을 볼 수 있습니다. 물론 요셉은 자기의 친동생인 베냐민에게는 더 많은 선물을 주어서 돌려보냅니다.

"이스라엘의 아들들이 그대로 할새 요셉이 바로의 명대로 그들에게 수레를 주고 길양식을 주며 또 그들에게 다 각기 옷 한 벌씩 주되 베냐민에게는 은 삼 백과 옷 다섯 벌을 주고 그가 또 이와 같이 그 아비에게 보내되 수나귀 열 필에 애굽의 아름다운 물품을 실리고 암나귀 열 필에는 아비에게 길에서 공궤할 곡식과 떡과 양식을 실리고."(창 45:21-23).

그 때나 지금이나 옷을 선물한다는 것은 대단한 선물이었을 것입니다. 그런데 베냐민에게는 은 삼백과 옷도 다섯 벌이나 주었습니다. 요셉이 형제들을 편애하는 것처럼 보이지만 형제간의 정이라는 것은 이런 것입니다. 다른 사람들도 귀하지만 자신의 피붙이에게는 더욱 정이 가는 것이 사람의 마음입니다. 옳고 그른 것을 따져야 하지만, 그 대상이 자신의 가족일 때는 판단이 흐려지고, 소신대로 실행하기가 어려워집니다. 그것은 어느 사회에서나 흔히 있을 수 있습니다.

그런데 가정 생활을 하면서 한 가지 주의해야 할 것이 있습니다. 사위가 장인이나 장모를 비난하는 것과 며느리가 시부모를 흉보는 것입니다. 아무리 자기 친정 부모를 좋아하지 않는 사람도 자기 남편이 친정 아버지 욕을 하면 듣기 싫은 법입니다. 마찬가지로 자신은 가족들과 사이가 좋지 않고 마음에 들지 않는 것이 많아도 아내가 자기 집안 사람들을 욕하는 소리를 들으면 기분이 상하고 불쾌한 것이 당연합니다. 따라서 서로의 부모에 대해서 나쁜 말을 하는 것은 본인에게 나쁜 말을 하는 것보다 훨씬 마음에 상처를 주게 된다는 것을 알고 절대로 그런 실수를 하지 않도록 주의해야 합니다.

이것은 부부 생활의 철칙입니다. 절대로 상대방의 부모나 가족을 비판하지 마십시오. 사실 여부를 떠나서 그것은 사람들의 사이를 나쁘게 만드는 심각한 원인을 제공하는 것입니다. 왜냐하면 하나님께서 주신 가장 원초적인 관계인 핏줄은 뗄래야 뗄 수 없는 관계이기 때문입니다.

드디어 애굽산의 귀한 물건들을 나귀 열 마리에 가득 싣고 요셉의 형제들은 길을 떠납니다. 그런데 그들이 떠나기 전에 요셉은 아주 중요한 당부를 한 가지 합니다.

24절을 보십시오.

"이에 형들을 돌려 보내며 그들에게 이르되 당신들은 노중에서 다투지 말라 하였더라."

왜 이런 말을 했을까요? 요셉은 그 형제들이 가나안으로 가는 도중에 오래 전에 자신에게 한 일 때문에 형제들끼리 다툴 것을 염려했던 것입니다. 요셉이 르우벤과 그 형제들이 그 때의 일을 가지고 서로의 잘잘못을 가리고 마음을 상하게 할까봐 걱정하고 있었다는 것을 알 수 있습니다.

요셉은 이렇게 생각이 깊고 넓은 사람이었습니다. 하나님께서 세워 주신 권위는 동생이 형에게 하는 말이라도 그대로 지켜지게 되어 있습니다. 하나님의 권위를 세워서 하는 말은 형제들뿐 아니라 아버지라도 받아들이게 되어 있습니다. 권위는 사람이 부여한 것이 아니라 하나님께서 주신 것이기 때문입니다.

주여, 족하나이다

요셉은 부모의 소원을 풀어주는 축복을 받게 되었습니다. 하나님과 함께 거닐면서 하나님의 섭리를 믿는 사람들은 마음에 맺힌 한을 풀 수 있게 하는 사람이 되는 것입니다. 그 형제들은 가나안에 도착하자마자 요셉이 애굽의 총리가 되어 있다는 말을 야곱에게 합니다.

"그들이 애굽에서 올라와 가나안 땅에 들어가서 아비 야곱에게 이르러 고하여 가로되 요셉이 지금까지 살아 있어 애굽 땅 총리가 되었더이다 야곱이 그들을 믿지 아니하므로 기색하더니" (창 45:25, 26).

그러나 야곱은 그 말을 믿지 않으려고 합니다. 믿을 수가 없었을 것입니다. 하나님께서 인간으로서는 믿을 수 없는 것을 이루셨기 때문에 그런 반응을 하는 것은 당연한 것으로 보아야 합니다.

제가 어머니를 만났을 때도 그랬습니다. 열한 살 때에 마당에서 노는 아들을 불러서 형들과 함께 남하하게 한 후로는 한 번도 보지 못했던 아들이 중년이 되어서 나타났을 때 어머니의 심정이 어떠했겠습니까? 80세가 되어서야 평생의 한이 풀리자 어머니는 그 기적적인 현장에서 정신을 잃으셨습니다.

하나님의 놀라운 역사가 아니었으면 불가능한 일입니다. 제가 만일 한국 있었더라면 불가능한 일이었습니다. 한국에 있으면서 어떻게 북에 계신 어머니를 만날 수 있었겠습니까? 하나님께서 저의 길을 처음부터 끝까지 인도하셨기 때문에 불가능한 일이 이루어졌던 것입니다. 저희 어머니는 하나님을 잘 믿는 분이신데도 저를 보자마자 기절을 하시고 말았습니다. 그 사건은 그렇게 놀라운 일이었습니다.

하나님께서는 우리를 사랑하시고 돌보시는 분이십니다. 우리가 이해하지 못하고 알 수 없는 일이 일어난다 해도 그 속에서도 하나님의 역사하심을 깨달으십시오. 그리고 그 사실을 믿으십시오! 믿음으로 사는 자에게는 하늘의 위로가 함께 해서 어려운 시기에도 곧 나타날 하나님의 섭리를 기다릴 수 있는 힘을 주실 것입니다.

아들들의 말을 믿을 수 없었던 야곱은 요셉이 보낸 수레를 보고서야 믿을 수가 있게 됩니다. 왕궁에서 보낸 수레이니 얼마나 좋은 것이었겠습니까? 야곱은 그 수레를 보고서야 요셉이 애굽의 왕궁에 총리로 있다는 사실을 믿게 되었습니다. 그동안 마음을 묶어 놓았던 것이 한순간에 풀리는 체험을 하였습니다. 야곱은 그 일의 전후를 알고 난 다음에 하나님의 크신 은혜를 알게 되었습니다. 그리고 자기의 인생이 이제는 족하다는 고백을 하게 됩니다.
27, 28절 말씀을 보십시오.

"그들이 또 요셉이 자기들에게 부탁한 모든 말로 그 아비에게 고하매 그 아비 야곱이 요셉의 자기를 태우려고 보낸 수레를 보고야 기운이 소생한지라 이스라엘이 가로되 족하도다 내 아들 요셉이 지금까지 살았으니 내가 죽기 전에 가서 그를 보리라."

야곱은 하나님께서 함께 하셔서 예비하신 자신의 인생에 대해서 족함을 표시합니다. 요셉이 살아있음을 인하여 이제는 아무것도 더 바랄 것이 없어졌습니다. 자신이 어렸을 때에는 많은 잘못을 하고 다른 세상을 떠돌며 살기도 하였지만 이제는 모든 것이 다 만족한 상태로 인생의 마지막을 맞게 된 것입니다.

젊었을 때 좀 고생하고 어렵게 사는 것은 아무 문제가 되지 않습니다. 그것은 우리 인생의 마지막을 영광스럽고 만족하게 보낼 수 있다면 아무것도 아닌 일입니다. 우리의 인생에 있어서 가장 중요한 열매는 마지막에 나타나는 열매입니다. 그 때에 하나님께 감사하는 삶을 산 사람은 인생을 성공적으로 산 사람이라고 할 수 있을 것입니다.
하나님께 하는 우리의 마지막 고백이, "주여 족하나이다. 그리고 감사드립니다" 하는 것이라면 더이상의 말이 필요없습니다.
우리들에게 이런 은혜가 있기를 기도합니다.

제22장

미래가 보인다

"이스라엘이 모든 소유를 이끌고 발행하여 브엘세바에 이르러 그 아비 이삭의 하나님께 희생을 드리니 밤에 하나님이 이상중에 이스라엘에게 나타나시고 불러 가라사대 야곱아 야곱아 하시는지라 야곱이 가로되 내가 여기 있나이다 하매 하나님이 가라사대 나는 하나님이라 네 아비의 하나님이니 애굽으로 내려가는 것을 두려워하지 말라 내가 거기서 너로 큰 민족을 이루게 하리라 내가 너와 함께 애굽으로 내려가겠고 정녕 너를 인도하여 다시 올라올 것이며 요셉이 그 손으로 네 눈을 감기리라 하셨더라 야곱이 브엘세바에서 발행할새 이스라엘의 아들들이 바로의 태우려고 보낸 수레에 자기들의 아비 야곱과 처자들을 태웠고 그 생축과 가나안 땅에서 얻은 재물을 이끌었으며 야곱과 그 자손들이 다 함께 애굽으로 갔더라 이와같이 야곱이 그 아들들과 손자들과 딸들과 손녀들 곧 그 모든 자손을 데리고 애굽으로 갔더라" (창 46:1-7).

미래가 보인다

우리는 창세기 46장의 앞부분에서 인생의 중요한 교훈을 몇 가지 얻게 됩니다. 가장 먼저 나오는 것은 인생의 중요한 길목에서 우리는 늘 하나님께 예배를 드려야 한다는 교훈입니다.

1절에 보면 야곱이 그 가족들과 함께 가나안을 떠나 브엘세바에 이르러서 하나님께 희생 재물을 드리는 예식을 행합니다. 야곱은 자신이 가장 사랑했던 아들 요셉이 살아있어서 애굽의 총리가 되었고 온 나라 백성을 살리는 자로 존경을 받고 있다는 것을 알았습니다. 야곱은 바로가 보내 준 수레를 타고 애굽으로 떠나는 중에 예배를 드렸습니다.

1절을 보십시오.

"이스라엘이 모든 소유를 이끌고 발행하여 브엘세바에 이르러 그 아비 이삭의 하나님께 희생을 드리니."

브엘세바라는 자리는 아브라함이 블레셋 사람들과 평화조약을 맺은 자리이고, 이삭이 자기를 괴롭히던 아비멜렉과 평화조약을 맺은 의미 있는 자리입니다. 그렇게 중요한 자리인 브엘세바에서 야곱도 감사의 예배를 드리게 되었습니다.

우리도 우리 인생의 중요한 자리에 있을 때마다 그렇게 예배를 드려야 합니다. 우리 나라의 기독교인들은 참으로 많은 예배를 드리는 것이 사실입니다. 아이가 태어나서 그리고 백일이나 돌 때, 시험을 볼 때, 합격을 했을 때, 사업을 시작했을 때 등등 무슨 일이 있을 때마다 하나님 앞에 예배를 먼저 드리는 습관을 가지고 있습니다. 참 좋은 일입니다.

하나님께서는 예배를 드리는 자에게 나타나 주십니다.

2절 말씀을 보십시오.

"밤에 하나님이 이상 중에 이스라엘에게 나타나시고 불러 가라사대 야곱아 야곱아 하시는지라 야곱이 가로되 내가 여기 있나이다 하매."

하나님께서는 이상 중에 예배를 드리고 난 이삭에게 나타나십니다. 지금은 물론 이렇게 이상 중에 나타나는 일이 드뭅니다. 그러나 하나님께서는 지금도 변함없이 예배를 드리고 찬송을 하고 기도를 하는 중에 우리의 마음 가운데에 나타나십니다. 하나님을 만나고 하나님이 보이고 하나님의 음성을 들으면 반드시 축복이 나타납니다.

야곱에게 나타나신 하나님

야곱은 여러 차례 하나님을 만난 사람입니다. **첫번째 만남은 그가 하나님을 벧엘에서 만난 것입니다.** 그리고 그 때에 그가 있던 땅을 그에게 주겠다고 약속을 하셨습니다. 그 백성이 그에게서 나며 그로 인하여 축복을 받게 될 것이라고 말씀하시면서 이 모든 일이 이루어질 때까지 같이 있어 주겠다고 하셨습니다. 그리고 그 약속을 이루셨습니다.

우리의 영혼이 깨끗하지 못해서 하나님을 만날 수가 없으나 하나님을 만나기만 한다면 하나님께서는 반드시 우리에게 축복의 음성을 들려 주실 것입니다. 하나님의 백성이라면 주님이 우리의 마음 속에 나타나셔서 들려주시는 축복의 음성을 들을 수 있는 사람이어야 합니다. 그렇지 못하다면 믿는 우리들의 행동이 안 믿는 사람들의 행동과 다를 수가 없게 됩니다. 하나님이 원하시는 것이 무엇인지 모르고 행동하면 자신이 원하는 쪽으로만 행동할 수 밖에 없게 되기 때문입니다.

두번째 만남은 밧단아람 삼촌의 집에 있을 때였습니다. 그 때 나타나신 하나님은 이제까지의 모든 것을 다 지켜보았다는 말씀과 함께 고향으로 돌아갈 것을 명하셨습니다. 야곱은 삼촌의 집에서 많은 고생을 했습니다. 그러나 그런 속에서도 하나님께서는 모든 과정을 다 보시고 그에게 축복을 내리셨습니다.

우리에게도 하나님의 눈길이 닿지 않을 때는 없습니다. 우리를 지키시는 하나님의 눈은 졸지 아니하십니다. 지금 우리가 처한 상황을 다 보고 계시며 우리와 함께 하고 계십니다. 만약 우리 중에 부당한 고통과 핍박을 받고 있는 사람이 있다면 하나님께서는 반드시 그 고통을 풀어주시고 축복하여 주실 준비를 하고 계십니다. 하나님께서는 적절한 때에 우리 마음 문을 여시고 그 축복의 음성을 들려 주시는 분입니다.

세번째 만남은 고향으로 돌아오는 길의 얍복 강가에서 였습니다. 그 때 하나님은 강가에서 하나님과 벌인 싸움에서 이긴 야곱의 이름을 '이스라엘'이라고 바꿔 주셨습니다. 그리고 지금까지의 인생이 아니고 새롭게 펼쳐질 위대한 인생이 있다는 사실을 가르쳐 주십니다. 하나님을 만나는 사람에게 반드시 미래의 축복의 세계를 보여주십니다.

사람들이 낙심하고 방황하는 이유는 하나님을 보지 못하기 때문입니다. 우리는 하나님을 만날 수 있는 시간인 예배를 게을리하지 않아야 합니다. 하루하루 필요한 식사를 만들어서 먹듯이 하나님의 말씀도 그렇게 읽고 듣는 사람이 되어야 합니다. **주님의 음성인 말씀 속에는 반드시 미래가 있고 그 미래 속에는 주님의 축복이 들어 있습니다. 그 속에는 용기와 힘이 들어 있습니다.**

네번째 만남은 다시 벧엘에서의 만남이었습니다. 그 곳에서 하나님은 "나는 전능한 하나님이다" 라고 하시면서 그에게서 "큰 민족과 수많은 왕들이 나올 것이요 그 땅을 그 민족에게 주시겠다"는 약속의 말씀을 하십니다. 아주 먼 미래의 이야기지만 그 말은 지금 자신의 삶에 희망을 주고 활력을 주는 이야기였습니다. 그런 사람의 삶은 하루를 살아도 생동감이 있습니다. 자신에 대한 그리고 미래에 대한 희망이 없는 사람의 삶은 불안과 방황으로 이어지는 시간일 뿐입니다.

우리의 현재의 삶과 미래를 위해서 하나님과 더욱 친해지시기 바랍니다. 매일의 묵상과 기도를 통해서 하나님을 만나시기 바랍니다. 하나님의 입에서 나오는 말씀은 현재와 미래에 대한 축복의 음성입니다.

특히 젊은이들은 더욱 하나님과 함께 하는 삶을 사십시오. 그것이 자신을 위한 시간을 버는 것입니다. 젊어서는 혼자 돌아다니면서 살다가 나중에 나이가 들면 하나님과 친하게 지내겠다고 생각하는 사람은 시간을 낭비하고 있는 것입니다. 미래를 향한 하나님의 뜻을 알아내는 것이야말로 자신을 위한 시간을 최대로 옳바르게 사용하는 방법이라는 것을 깨달아야 합니다.

이제 야곱에게 들려 주시는 하나님의 음성을 들어봅시다. 3-4절입니다.

"하나님이 가라사대 나는 하나님이라 네 아비의 하나님이니 애굽으로 내려가는 것을 두려워하지 말라 내가 거기서 너로 큰 민족을 이루게 하리라 내가 너와 함께 애굽으로 내려가겠고 정녕 너를 인도하여 다시 올라올 것이며 요셉이 그 손으로 네 눈을 감기리라 하셨더라."

하나님은 야곱에게 지금 애굽을 향하여 출발하고 있는 그 시간부터 인생이 끝나는 날까지의 일을 말씀하십니다. 만약 우리에게도 하나님께서 우리의 죽는 날까지의 미래를 보여 주시고 함께 하시겠다고 약속해 주신다면 얼마나 용기를 가지고 앞으로의 삶을 살 수 있겠습니까?

하나님은 야곱에게 자신이 전능하신 하나님이시며, 너를 사랑하고 너를 인도하고 돌보아주겠다고 밝히셨습니다.

하나님과 만나서 그 음성을 들을 때에 우리의 인생이 변화하게 됩니다. 야곱에게 나타나신 하나님은 아버지 이삭을 돌본 하나님이고 할아버지 아브라함을 돌보신 하나님이십니다. 그리고 야곱을 처음부터 지금까지 돌보아 주신 하나님이며 앞으로 죽는 날까지 함께 하실 하나님이십니다. 그 하나님이 그를 통해서 위대한 민족을 이루시고 그들에게 땅을 주시는 축복을 허락하시겠다고 약속하셨습니다.

제가 미국의 신학교에서 가르치고 있을 때에 한국 학생이 입학을 했습니다. 그 학생은 어느 부흥집회를 갔다가 마지막 시간에 목사님께서 안수 기도를 받을 사람은 앞으로 나오라는 말을 듣고 나갔다가, 그 목사님께 말씀 듣기를, "너는 목사가 되어야 할 사람이지만 하나님께서 너를 크게 쓰시지는 않을 것이다"라는 말을 들었다고 했습니다.

제 생각에는 하나님께서 그런 말씀을 하는 분은 아니라고 생각합니다. 하나님은 은혜와 사랑을 베푸시고 마음껏 축복하시기를 좋아하시는 분이십니다. 그런데 그렇게 말씀하실 리가 없습니다. 그렇게 처음부터 사람의 미래를 꺾는 이야기를 하시는 분이 아닙니다.

인생의 중요한 일이 있을 때마다 공포와 두려움을 느끼는 야곱을 안심시키기 위해서 하나님은 애굽으로 가는 것을 두려워하지 말라고 합니다. 하나님께서 끝까지 돌보아 주시겠다는 약속을 하시고 용기를 주셨습니다.

하나님은 새로운 용기와 위로를 주시고 앞으로 나아가게 하시는 분입니다. 그리고 그뿐이 아니라 야곱이 죽을 때에는 요셉이 그를 그 조상의 묘에다 안장해 줄 것이라고 약속해 주셨습니다. 이 얼마나 자상하신 배려입니까? 자신의 마지막이 이제 곧 올 것이라고 생각하고 있는 사람에게 그의 임종 때의 모습을 알려 주는 것만큼 안심이 되고 위로가 되는 일은 없을 것입니다.

우리가 하나님을 만나기만 한다면 하나님께서는 우리의 발걸음을 한 걸음 한 걸음 인도해 주실 뿐만 아니라 우리의 마지막 호흡이 있는 그 순간까지도 우리를 돌보아 주십니다.

야곱은 이렇게 자기 인생의 중요한 순간이 있을 때마다 가장 먼저 하나님을 만났고 하나님의 말씀에 따라 행동했습니다. 그래서 확실한 발걸음으로 미지의 땅으로 떠날 수 있었습니다. 하나님을 만나 하나님의 약속을 듣고 하나님이 약속해 주시는 미래를 보고 희망을 가진 채 출발했던 것입니다.

우리는 이런 야곱의 모습을 본받아 하나님의 말씀을 듣는 것을 즐거워하고 기뻐하는 사람이 되어야 합니다. 하나님이 인도하시는 길을 가는 자는 반드시 하나님의 인도하심이 있습니다. 주님께서 우리와 함께 하신다는 약속을 듣고 믿은 사람은 이 세상의 어떤 환경 속에서도 담대한 믿음을 가지고 살 수 있는 사람이 됩니다.

특히 인생의 기로에 서 있을 때 반드시 하나님의 음성을 듣고 하나님의 말씀을 듣고 사는 사람이 되어야 합니다. 그래야만 자신뿐 아니라 후대에 이르기까지 하나님의 계획하심과 보호하심 속에서 있는 사람으로 살게 됩니다. 우리의 신앙은 스스로 어려운 결정을 해야 할 위급한 순간에 잘 나타납니다. 그 때 취하는 행동이 더욱 하나님과 가까운 사람이 되느냐, 아니면 하나님과 멀어지는 삶을 살아가느냐 하는 중요한 시금석이 됩니다.

제23장

죽어도 한이 없다

"…요셉이 바로에게 가서 고하여 가로되 나의 아비와 형들과 그들의 양과 소와 모든 소유가 가나안 땅에서 와서 고센 땅에 있나이다 하고 형들 중 오인을 택하여 바로에게 보이니 바로가 요셉의 형들에게 묻되 너희의 생업이 무엇이냐 그들이 바로에게 대답하되 종들은 목자이온데 우리와 선조가 다 그러하니이다 하고 그들이 또 바로에게 고하되 가나안 땅에 기근이 심하여 종들의 떼를 칠 곳이 없기로 종들이 이곳에 우거하러 왔사오니 청컨대 종들로 고센 땅에 거하게 하소서 바로가 요셉에게 일러 가로되 네 아비와 형들이 네게 왔은즉 애굽 땅이 네 앞에 있으니 땅의 좋은 곳에 네 아비와 형들로 거하게 하되 고센 땅에 그들로 거하게 하고 그들 중에 능한 자가 있는 줄을 알거든 그들로 나의 짐승을 주관하게 하라 요셉이 자기 아비 야곱을 인도하여 바로 앞에 서게 하니 야곱이 바로에게 축복하매 바로가 야곱에게 묻되 네 연세가 얼마뇨 야곱이 바로에게 고하되 내 나그네 길의 세월이 일백 삼십 년이니이다 나의 연세가 얼마 못되니 우리 조상의 나그네 길의 세월에 미치지 못하나 험악한 세월을 보내었나이다 하고 야곱이 바로에게 축복하고 그 앞에서 나오니라 요셉이 바로의 명대로 그 아비와 형들에게 거할 곳을 주되 애굽의 좋은 땅 라암세스를 그들에게 주어 기업을 삼게 하고 또 그 아비와 형들과 아비의 온 집에 그 식구를 따라 식물을 주어 공궤하였더라"(창 46:8-47:12).

죽어도 한이 없다

이제 야곱 인생의 마지막이 다가오고 있습니다. 야곱이 살아온 인생은 단순하지 않은 삶이었습니다. 46장 8-27절을 보면 그의 후손들의 족보가 나옵니다. 그 족보를 살펴보는 것도 그의 삶을 알 수 있는 한 단서가 됩니다.

10절을 보십시오.

> "시므온의 아들 곧 여무엘과 야민과 오핫과 야긴과 스할과 가나안 여인의 소생 사울이요."

시므온에게는 여러 아들이 있었는데 그 중에는 가나안 여인의 소생도 있었습니다. 또한 야곱의 아들들 가운데는 그들이 유대 여인들에게서 낳은 아들만 있었던 것은 아니고 그들이 정욕적으로 맞이한 가나안 여인들에게서 낳은 아들도 있었습니다. 야곱은 원하지 않는 바였지만 어쩔 수 없이 생긴 일이었습니다.

지금 우리들의 가정도 마찬가지입니다. 부모님들은 전혀 원하지 않는 바지만 자식들의 생각은 너무 다를 수도 있습니다. 그럴 때마다 가정에는 소란이 있고 가슴 아픈 시간들을 거쳐야 하지만 그런 일들이 없을 수 없는 것이 우리의 인생입니다.

자식을 둔 부모라면 누구나 자식으로 인한 고통을 겪게 되어 있습니다. 야곱의 하나밖에 없는 딸은 강간을 당했고 그것 때문에 두 아들은 아주 잔인한 살인 행위를 했습니다. 야곱 자신도 자라면서 자기의 아버지 이삭의 가슴에 분노와 고통을 주면서 자랐습니다. 어떤 사람에게든 자기 자식으로 인한 괴로움과 고통은 있기 마련입니다.

유다도 그의 세 아들 가운데 두 아들이 하나님께 악하게 보였으므로 일찍 죽어서 유다의 가슴에 못을 박았습니다. 성경 속에서 하나님께서 사랑하셨던 인물들도 그런데, 지금 자식 때문에 고통을 당하고 있다고 해서 혹시라도 자신만이 고통을 당하고 있다고 생각해서는 안 됩니다.

심지어 사무엘 같은 훌륭한 선지자의 자식들 역시 문제를 일으켜 마음에 고통을 주었던 적이 있었습니다. 그러나 그런 고통받았던 사람들이 모여서 함께 하나님의 인도를 받아 하나님의 역사를 이루는 사람이 된다는 것을 알아야 합니다.

우리의 인생은 그리 평탄하지만은 않지만 하나님과 함께 하는 인생은 반드시 축복으로 끝나게 되어 있습니다. 이것이 야곱의 삶을 통해서 배우는 교훈입니다. 아무리 고생을 해도 끝이 아름다우면 그 인생은 성공한 인생입니다. 자녀가 가슴을 아프게 하고 여러 고비를 만나서 어려움을 겪었다 하더라도 하나님과 함께 거니는 사람의 끝은 좋습니다. 그러기에 하나님을 믿는 우리의 삶은 의미가 있고 희망이 있습니다.

야곱은 뒤에 바로를 만났을 때 자신이 130년 동안 험악한 인생을 살아왔노라고 말합니다. 야곱은 하나님의 사람이었지만 그 역시 죄로 인한 험난한 인생을 살았다고 했습니다.

47장 9절을 보십시오.

"야곱이 바로에게 고하되 내 나그네 길의 세월이 일백 삼십 년이니이다 나의 연세가 얼마 못 되니 우리 조상의 나그네 길의 세월에 미치니 못하나 험악한 세월을 보내었나이다 하고."

그의 인생길은 나그네길이었습니다. 그렇게 백 년이 넘게 살았으니 그의 고통이라는 것이 얼마나 긴 것이었나 하는 것은 말하지 않아도 능히 짐작할 수 있습니다.

우리의 인생이 험악한 나그네길이기 때문에 우리는 하루 하루를 하나님과 이웃을 사랑하면서 살아야 합니다. 왜냐하면 우리에게 험악한 일이 언제 닥칠지 모르고 나그네 길이 언제 끝날지 모릅니다. 그렇게 나그네길인 만큼 그 고통은 끝이 있기 마련입니다. 그리고 그 끝에는 주님과 함께 즐거운 인생을 계속하는 세계가 펼쳐질 것입니다. 우리의 소망을 여기에 두어야만 우리의 삶은 승리하는 삶으로 끝날 수 있습니다.

지금 죽어도 한이 없다

46장 30절을 보십시오.

"이스라엘이 요셉에게 이르되 네가 지금까지 살아있고 내가 네 얼굴을 보았으니 지금 죽어도 가하도다."

야곱은 요셉을 얼굴을 보고나자 지금 죽어도 괜찮다는 말을 합니다. 그의 삶에 더이상의 욕심이 없어진 것입니다. 이것을 통해 요셉과의 만남이 더 이상의 남은 한이 없을 만큼 기쁘고 흡족한 재회였음을 알 수 있습니다.

우리가 하나님의 부르심으로 임종을 맞이할 때에도 이런 고백을 할 수 있어야 합니다. "주님의 은혜 가운데 하나님의 평화를 가지고 살았사오니 더 이상 한이 없습니다"라는 고백을 하고 자신의 일생을 마감해야 한다면 그 이상 무슨 바램이 있을 수 있겠습니까?

예수님은 십자가의 고통 속에서 돌아가셨지만 그것이 끝이 아니었습니다. 예수님의 육적인 삶은 십자가 상에서 끝난 것처럼 보였지만 그것은 하나님의 뜻을 이루기 위한 것이었습니다. 예수님은 진정한 삶은 부활과 재림으로 이어져 아직도 그 끝을 보이시지 않고 있습니다. 예수님께서 십자가에 달리는 자리에서 "다 이루었노라"고 말씀하신 것을 옳바로 이해하지 않으면 안됩니다.

저희 어머니도 "이제는 죽어도 한이 없다"고 하신 순간이 있었습니다. 그동안 헤어져 있던 자식을 만나고 나서는 "더이상 바랄 것이 없다"고 하셨습니다. 저는 그래서 저희 어머니가 많은 고생을 하셨지만 끝까지 하나님에 대한 믿음을 잃지 않으셨으므로 그의 마지막은 축복을 받은 것이라고 생각합니다. 평생 하나님을 의지하고 산 사람에게는 생의 마지막 순간에는 그 영혼에 만족을 느끼도록 하실 것입니다.

우리는 어느 순간에 죽을지라도 후회 없는 삶을 살아야 합니다. 이십 년 후를 바라보면서도 오늘 하루를 사는 사람처럼 그렇게 성실하고 정직하게 살아야 합니다. 매번 오늘이 자기 자신에게 가장 아름다운 날이 될 수 있도록 최선을 다해서 사는 삶이 되어야 합니다. 그러면 언제 우리 삶의 마지막 순간이 온다 해도 후회가 없고 아름다울 것입니다.

야곱은 자기 아들 때문에 고통하던 것이 요셉이 살아있음을 보면서 모두 풀리는 것을 느꼈습니다. 그래서 이제는 살아서 더이상 바랄 것이 없겠다고 느끼게 되었습니다. 하나님께서는 야곱에게 마지막으로 남겨 놓으신 축복으로 그가 편안히 죽음을 맞을 수 있도록 하셨습니다.

우리는 하나님 앞에 늘 충성하는 삶으로 말미암아 주님께서 언제 부르셔도 후회나 안타까움이 없는 사람들이 되어야 하겠습니다. 그러기 위해서는 항상 하나님 앞에 기도하는 사람이 되어야 합니다. 기도하는 사람만이 하나님의 뜻을 알 수 있고 하나님의 뜻을 아는 사람만이 하나님의 뜻에 늘 충성하면서 살 수 있는 것입니다.

축복을 불러오는 축복

47장 10절을 보십시오.

"야곱이 바로에게 축복하고 그 앞에서 나오니라."

축복은 축복을 불러들입니다. 유대인들은 전통적으로 목축을 하면서 사는 민족이지만 애굽 사람들은 목축을 가증히 여겼습니다. 그래서 애굽 사람들과 어울려 함께 사는 것이 아니라 고센 땅을 얻어서 거기서 그들끼리만 살게 해 달라고 바로에게 말했습니다. 그리고 야곱은 바로를 만나는 자리에서 그를 축복했습니다. 그는 누구를 만나도, 왕이라 할지라도 그는 축복하는 사람의 자격이 있었던 것입니다. 하나님의 자녀는 아무리 약하고 낮은 자의 자리에 있다 하더라도 상대방을 축복할 수 있는 사람입니다.

언제 어디서 누구를 만나도 언제나 우리의 입술에서는 축복이 나타나는 사람이 되어야 합니다. 하나님께선 아브라함에게 약속하셨던 것처럼 우리가 축복하는 사람을 축복하고 저주하는 사람을 저주할 것입니다. 하나님의 자녀의 입술에서 나오는 말은 언제나 축복이 되어야 합니다.

축복을 전하는 자에게는 반드시 축복이 돌아오고 저주를 전하는 자에게는 반드시 저주가 돌아옵니다. 비난하는 자는 반드시 그 비난이 자기에게 되돌아옵니다. 이것은 칭찬을 하는 사람에게는 다시 그 칭찬이 자신에게 돌아오는 것과 같습니다. 하나님께서 주신 우리의 입술은 다른 사람을 저주하라고 주신 것이 아니라 축복하기 위해서 주신 것입니다.

야곱은 바로 들어가면서도 축복했지만 나가면서도 역시 축복을 해 주고 나옵니다. 그는 처음과 나중이 동일하게 축복하는 사람이 되었다는 것을 보여줍니다.

우리는 어떤 사람으로 알려져 있습니까? 우리가 하나님의 자녀라면 그 입술은 언제나 축복의 말을 담고 있는 사람이어야 합니다. 다른 사람들이 보기에 나는, '저 사람의 입에는 언제나 축복이 가득해서 저 사람과 말하는 것은 늘 즐겁다'라는 생각을 갖게 하는 사람입니까? 모두 함께 반성하는 시간을 가져 봅시다.

그리고 나서 47장 11, 12절 말씀을 살펴봅시다.

"요셉이 바로의 명대로 그 아비와 형들에게 거할 곳을 주되 애굽의 좋은 땅 라암세스를 그들에게 주어 기업을 삼게 하고 또 그 아비와 형들과 아비의 온 집에 그 식구를 따라 식물을 주어 공궤하였더라."

야곱과 그 아들들은 바로에게 크고 좋은 고센 땅을 받았습니다. 그리고 그곳에서 바로의 짐승들을 키우는 목축 담당자들이 되었습니다. 또 일평생 먹을 수 있는 식물도 공급받게 되었습니다. 하늘 나라의 영원한 생명을 보장받았을 뿐만 아니라 땅에서도 누릴 수 있는 축복을 겸하여 받게 된 것입니다. **하늘의 축복과 땅의 축복을 겸하여 받는 것, 이것이 바람직한 축복의 모습입니다.**

평탄치 못한 인생을 사는 것은 누구나 마찬가지이지만 늘 입술에서 축복이 끊이지 않고 하나님의 말씀을 따라 살아간다면 우리에게도 야곱에게 주셨던 것만큼 아름다운 축복이 있을 것입니다.

제24장

이렇게 도와주라

"…그러므로 요셉이 애굽의 전지를 다 사서 바로에게 드리니 애굽 사람이 기근에 몰려서 각기 전지를 팖이라 땅이 바로의 소유가 되니라 요셉이 애굽 이 끝에서 저 끝까지의 백성을 성읍들에 옮겼으나 제사장의 전지는 사지 아니하였으니 제사장은 바로에게서 녹을 받음이라 바로의 주는 녹을 먹으므로 그 전지를 팔지 않음이었더라 요셉이 백성에게 이르되 오늘날 내가 바로를 위하여 너희 몸과 너희 전지를 샀노라 여기 종자가 있으니 너희는 그 땅에 뿌리라 추수의 오분 일을 바로에게 상납하고 사분은 너희가 취하여 전지의 종자도 삼고 너희의 양식도 삼고 너희 집 사람과 어린 아이의 양식도 삼으라 그들이 가로되 주께서 우리를 살리셨사오니 우리가 주께 은혜를 입고 바로의 종이 되겠나이다 요셉이 애굽 토지법을 세우매 그 오분 일이 바로에게 상납되나 제사장의 토지는 바로의 소유가 되지 아니하여 오늘까지 이르니라"(창 47:13-26).

이렇게 도와주라

어떻게 도울 것인가?

이 본문 말씀은 사람들을 도울 때에 어떻게 해야 하는지를 배울 수 있습니다. 너무 어렵게 살 때에는 다른 사람을 도울 겨를이 없습니다. 그러나 사는 것이 과거보다 나아지므로 과거를 돌아볼 만큼 되면 자기보다 어려운 사람들을 도우며 살아가야 합니다.

그것은 개인 뿐만 아니라 나라도 마찬가지입니다. 나라의 재정이 넉넉하면 그것으로 사회보장 제도를 실시하고, 점점 그 규모가 커지면 다른 나라의 어려움을 구하고자 원조를 해 줍니다.

선을 베푸는 것은 대단히 즐거운 일입니다. **받는 것보다 주는 것이 더 큰 기쁨이고, 더 큰 축복입니다.**

그런데 중요한 것은 사람을 돕는 방법은 여러 가지가 있고 그 방법에 따른 효과 역시 천차만별입니다. 레위기에는 가난한 사람들을 돕는 한 방법으로 추수 때에 들판의 이삭을 다 줍지 말고 조금 남겨 놓으라고 합니다. 가난한 사람들이 와서 그 이삭을 주워 가게 하기 위한 조치입니다. 이것은 자신이 이삭을 다 가져다가 가난한 사람에게 나누어 주는 방법을 택한 것이 아니라, 가난한 사람들이 직접 와서 수고하고 거두어 가게 하는 방법을 택했다는 데에도 큰 의미가 있습니다. 결과적으로는 똑같이 남을 돕는 것이지만 그 속에 숨어 있는 뜻은 조금 다릅니다. 그저 가만히 앉아서 남이 가져다 주는 것을 받는 것이 아니라 자신의 손발을 이용해서 자신의 필요를 채우게 하는 것입니다. 그러면 가난해서 이삭을 줍는 사람이라 할지라도 부끄러움을 덜 느끼게 되고 일해서 먹는다는 생각을 가질 수 있게 됩니다. 이것은 작은 배려 같지만 아주 중요한 의식을 심어주는 것이라고 할 수 있습니다.

성경에 나타난 이러한 원리를 생각해 보면 하나님께서는 사람의 인격과 위신을 존중해 주는 방법을 택하셨습니다. 사실 도와 준다는 것은 어려운 일입니다. 간단히 생각해서 내 주머니에 있는 것을 꺼내서 주는 것이라고 생각할 수도 있지만 그렇지가 않습니다. 대단히 조심스럽고 지혜롭게 도와주지 않으면 도와 주지 않음만 못하게 될 수도 있습니다. 도움을 주는 사람은 그것을 자랑하거나 과시하고 싶은 생각을 하게 되지만, 도움을 받는 사람은 부끄러움과 수치가 될 수도 있습니다.

사람들은 자신이 남의 도움을 받아야 되는 사람이라는 것을 인정하고 싶지 않습니다. 그래서 도움을 베풀려는 이들은 상당한 민감성이 필요합니다. 이런 것들을 생각하지 않고 다른 사람들을 도와주는 것은 도리어 마음에 상처 줄 수 있고 자칫 사이가 어색해질 수도 있습니다. 좋은 마음으로 도와주고 도리어 사람을 잃어서야 되겠습니까?

그래서 요셉도 사람들을 도와줄 때에 무조건 돕는 방식을 택하지 않았습니다. 수혜자는 그에 대한 대가를 반드시 지불하고 도움을 받도록 만든 것입니다.

"기근이 심하여 사방에 식물이 없고 애굽 땅과 가나안 땅에 있는 돈을 몰수이 거두고 그 돈을 바로의 궁으로 가져오니 애굽 땅에 돈이 진한지라 애굽 백성이 다 요셉에게 와서 가로되 돈이 진하였사오니 우리에게 식물을 주소서 어찌 주 앞에서 죽으리이까 요셉이 가로되 너희의 짐승을 내라 돈이 진하였은즉 내가 너희의 짐승과 바꾸어 주리라 그들이 그 짐승을 요셉에게 끌어오는지라 요셉이 그 말과 양떼와 소떼와 나귀를 받고 그들에게 식물을 주되 곧 그 모든 짐승들과 바꾸어서 그 해 동안에 식물로 그들을 기르니라"(창 47:13-17).

떳떳하게 받는 도움

기근 상태가 더욱 심하여져서 애굽을 비롯한 여러 곳에 식물이 없게 되었습니다. 이런 때에 요셉에게는 비축해 놓은 양식이 있었으므로 그것을 돈을 받고 팔았습니다. 그래서 애굽과 가나안에 있는 돈과 짐승과 땅을 거두어들였습니다. 어려워도 자신의 것으로 대가를 치르고 받은 것은 떳떳하게 얻은 것이 됩니다.

요셉은 또 바로를 위해서 일하는 사람으로서 자신의 주인에게 유익하게 되도록 최선을 다해 일을 처리했습니다. 즉 자기가 어떤 일을 맡든 '주께 하듯' 하는 사람이었습니다. 보디발의 집에서도 그랬듯이 어디에서 무슨 일을 하든 자신을 믿고 일을 맡긴 사람에게 꼭 필요하고 유익한 사람이었습니다.

그렇게 양식을 살 돈도 떨어지고 양식도 떨어지게 되자 그 다음에는 자신이 가지고 있는 짐승을 팔았습니다. 요셉은 상대방이 돈이 없을지라도 떳떳한 거래를 할 수 있도록 했습니다. 그 사람들이 부끄러움을 당하지 않도록 배려한 것입니다.

옛날에 미국 유학을 한 사람들 중에는 학비를 마련하기 위해서 남의 집 잔디를 깎고 낙엽의 치우는 허드렛일을 한 사람들이 많았습니다. 그러나 그들은 남의 허드렛일을 하더라도 아주 떳떳하게 일을 하고 돈을 벌었습니다. 그런 사람들은 위신이나 체면을 생각하지 않고 무슨 일이든지 해서 성공할 수 있는 사람입니다. 스스로 일할 수 있을 때까지는 자신의 힘으로 살아야 합니다. 최선의 노력으로 대가를 지불하는 사람이라야 참된 성공을 얻는 것입니다.

자기가 해군 제독이었든지 대사였든지 과거의 신분에 매달리지 않고 일을 찾아서 하는 사람은 반드시 어느 나라에서건 성공하고 사는 사람이 됩니다. 저는 한국의 교포 중에 그런 사람들을 많이 보았습니다.

그런데 얼마 후에는 애굽과 그 주변에 짐승도 다 없어졌습니다. 18, 19절을 보십시오.

"그 해가 다하고 새 해가 되매 무리가 요셉에게 와서 그에게 고하되 우리가 주께 숨기지 아니하나이다 우리의 돈이 다하였고 우리의 짐승 떼가 주께로 돌아갔사오니 주께 낼 것이 아무 것도 남지 아니하고 우리의 몸과 전지뿐이라 우리가 어서 우리의 전지와 함께 주의 목전에 죽으리이까 우리 몸과 우리 토지를 식물로 사소서 우리가 토지와 함께 바로의 종이 되리니 우리에게 종자를 주시면 우리가 살고 죽지 아니하고 전지도 황폐치 아니하리이다."

요셉은 그들의 땅에 다시 식물을 심을 수 있도록 종자를 줍니다. 음식을 주는 것도 중요하지만 다시 자기 힘으로 밭에 파종토록 해주는 것은 더 중요합니다. 소비재를 제공하는 것이 아니라 생산재와 생산할 수 있는 능력을 주었다는 말입니다.

요셉의 방법은 하나님께서 지혜를 주셔서 나온 것입니다. 그것은 도움받는 사람들의 위신과 인격을 존중해 주는 방법이었습니다. 그들의 밭은 바로의 밭이 되었지만 그것을 소작하는 데 있어서는 오분의 일은 바로에게 주고 나머지는 자기가 갖도록 해서 그 사람이 먹고 사는데 지장이 없도록 해 주었습니다.

"그러므로 요셉이 애굽의 전지를 다 사서 바로에게 드리니 애굽 사람이 기근에 몰려서 각기 전지를 팖이라 땅이 바로의 소유가 되니라 요셉이 애굽 이 끝에서 저 끝까지의 백성을 성읍들에 옮겼으나 제사장의 전지는 사지 아니하였으니 제사장은 바로에게서 녹을 받음이라 바로의 주는 녹을 먹으므로 그 전지를 팔지 않음이었더라 요셉이 백성에게 이르되 오늘날 내가 바로를 위하여 너희 몸과 너희 전지를 샀노라 여기 종자가 있으니 너희는 그 땅에 뿌리라 추수의 오분 일을 바로에게 상납하고 사분은 너희가 취하여 전지의 종자도 삼고 너희의 양식도 삼고 너희 집 사람과 어린 아이의 양식도 삼으라 그들이 가로되 주께서 우리를 살리셨사오니 우리가 주께 은혜를 입고 바로의 종이 되겠나이다 요셉이 애굽 토지법을 세우매 그 오분 일이 바로에게 상납되나 제사장의 토지는 바로의 소유가 되지 아니하여 오늘까지 이르니라"(창 47:20-26).

요셉이 도움을 주는 방법은 그저 무작정 도와주는 것이 아니라, 도움을 받는 사람들이 떳떳하게 도움을 받고 살 수 있도록 해 주는 방법이었습니다. 여기에 나타난 원리는 아주 중요합니다.

  우리는 일생을 살면서 도움을 받는 사람보다는 주는 사람으로 살아야 합니다. 그리고 그 도움을 주는 방법을 신중하게 해서, 도와주는 사람이나 도움을 받는 사람들 중에 어느 한 쪽도 불편하지 않도록 주의해서 행해야 합니다. 도움을 받는 사람들이 모멸감이나 수치감이 들지 않도록 해야 하기 때문입니다. 따라서 그렇게 도움을 받은 사람이 언젠가는 자신이 도움을 받은 것처럼 남도 도울 수 있는 사람이 되어야 합니다. 그리고 필요해서 도움을 받은 사람이 그 필요가 충족되고 나면 다시 다른 사람들을 도울 수 있는 사람이 되어야 합니다.

  제가 대학 때의 일입니다. 길에서 구걸을 하는 맹인 할아버지를 도와드리고 싶어서 마음을 먹고 찾아갔는데 그 분이 도움을 받지 않겠다고 거절했습니다. 그분 말씀이 거저 얻는 것은 싫다는 것이었습니다. 다른 이들도 그 분을 돕겠다고 많이 찾아왔지만 그 분은 모두 거절했습니다. 그리고 자기 힘으로 구걸을 하면서 먹고 살겠다고 강력하게 말씀하셨습니다. 다른 사람들은 어떻게 생각할지 모르지만 그분에게는 구걸이 자신이 할 수 있는 자신의 일이었던 것입니다.
  저는 그 분에 대해서 존경하는 마음이 있습니다. 비록 구걸일망정 그것은 자신의 시간과 노력을 해서 얻는 동냥이었던 것입니다. 저는 남들에게 도움을 청한 적은 없었지만 많은 도움을 받고 산 사람입니다. 하나님께 도움을 구하면 하나님의 인도하심을 받은 사람이 그 필요한 것을 들고 저를 찾아왔습니다. 그래서 저는 도움을 받는 것이 어떤 것인지 알고 있습니다. 그리고 어떻게 해야 지혜롭게 돕는 것이 되는가 하는 것도 누구보다 잘 알고 있습니다.

집에서 아이들에게 용돈을 줄 때에도 그에 상응하는 일을 한 후에 주는 것이 필요합니다. 그냥 돈을 받는 것이 아니라 무엇인가 일을 하고 돈을 버는 것이 되면 그 돈을 쓰는 자세도 달라지게 되어 있습니다. 아이들도 어렸을 때부터 자신의 것을 떳떳하게 스스로 해결할 줄 아는 사람이 되어야 하기 때문입니다.

자신의 손발을 쓸 수 있는 사람이라면 무위도식을 해서는 안됩니다. 무위도식하는 인간은 자신의 가치를 스스로 떨어뜨리는 것입니다. 자기 자신에게 떳떳하지 못하고 존중하는 마음을 가지지 못하는 사람은 다른 사람들 앞에서도 자신을 자신있게 나타낼 수 없습니다.

자기 일에 자부심을 갖자

새벽에 길을 청소하는 사람들을 보면 저는 아주 깊은 감동을 받게 됩니다. 요즘에 누가 궂은 일을 해서 작은 돈을 벌려고 하는 사람들이 있습니까? 그런데도 자신의 가족들을 돌보기 위해서 싸늘한 새벽길을 쓸고 다니는 사람들을 보면 저도 모르게 존경하는 마음이 생기지 않을 수 없습니다.

그리고 자신의 노동력을 팔아서 사는 것에 대한 떳떳한 마음을 가지는 것이 중요합니다. 자신이 하고 있는 일을 하지 않아야 할 일로 생각하고 부끄럽게 여긴다면 모르지만 그렇지 않다면 이렇게 사는 것이 바로 보람된 생활입니다. 자신의 일에 대해서 자부심을 가지는 사람은 같은 일을 해도 능률적이고 성실하게 일합니다. 그와 반대로 자신의 일에 자부심을 가지지 못하면 아무리 좋은 자리에 있다 하더라도 시간만 낭비하고 있는 사람입니다. 어짜피 하나님께서 주신 똑같은 시간을 살면서 그렇게 어렵고 힘들게 살 필요가 뭐 있겠습니까? 행복과 불행은 자신의 선택과 해석에 달려 있는 것입니다.

이 말을 실증해 주는 아주 좋은 예가 있습니다. 이탈리아에서 온 유학생이 워싱톤에 있는 어느 건물의 화장실 청소부로 들어가게 되었는데 그 일을 맡고 얼마 후에 아주 유명한 사람이 되었습니다. 그 사람이 청소를 시작한 후에 그 건물의 화장실이 어느 곳보다도 깨끗하게 되어서 사람들이 모두 놀랄 정도였습니다. 그래서 그 사람에게 그렇게 열심히 일하는 이유를 물었더니 '자신이 맡은 일이 무엇이든지 최고가 되어야 한다'는 생각으로 일했다는 대답을 듣게 되었습니다.

그 후로 그 사람은 윗사람의 눈에 띄게 되었고 승전을 계속해서 나중에는 그 회사의 사장이 되었습니다. 이 얼마나 멋있는 인생입니까?

우리 믿는 사람들도 이런 삶을 살아야 합니다. 자신이 어떤 일에 종사하게 되든지 그 자리가 하나님이 주신 자리라고 생각하고 열심히 최선을 다해야 합니다. 작은 물건을 조립하게 되더라도 그 일이 자신이 만드는 물건에서 가장 중요한 부분이라는 생각을 가지고 만들어야 합니다. 그것이 자신의 삶을 행복하게 사는 방법입니다.

그리고 이렇게 일하는 사람이라야 자신에 대해서 자부심을 가지는 사람이 될 수 있습니다. 자신이 만든 것에 대해서는 자기 스스로 보장을 할 수 있는 사람이 되어야 합니다. 그래야만 하나님의 백성이 서는 곳은 언제나 번성하는 자리가 되고 앞으로 나아가는 곳이 될 수 있습니다.

여러분들도 자기 자신의 일에 자부심을 갖은 것에서부터 다른 사람을 돕는 일에 이르기까지, 하나님의 사람으로서의 성실함과 지혜를 가진 사람들이 되기를 간절히 바랍니다.

제25장

인간의 마지막 소원

"이스라엘 족속이 애굽 고센 땅에 거하며 거기서 산업을 얻고 생육하며 번성하였더라 야곱이 애굽 땅에 십 칠 년을 거하였으니 그의 수가 일백 사십 칠 세라 이스라엘의 죽을 기한이 가까우매 그가 그 아들 요셉을 불러 그에게 이르되 이제 내가 네게 은혜를 입었거든 청하노니 네 손을 내 환도뼈에 아래 넣어서 나를 인애와 성심으로 대접하여 애굽에 장사하지 않기를 맹세하고 내가 조상들과 함께 눕거든 너는 나를 애굽에서 매어다가 선영에 장사하라 요셉이 가로되 내가 아버지의 말씀대로 행하리이다 야곱이 또 가로되 내게 맹세하라 맹세하니 이스라엘이 침상 머리에서 경배하니라"(창 47:27-31).

인간의 마지막 소원

우리는 언제나 이 생의 마지막을 맞게 되어 있습니다. 만약에 우리 인생의 마지막 날이 오늘이라고 생각한다면 그 때 남기고 싶은 마지막 소원은 무엇입니까? 사람에 따라 처지에 따라 여러 가지가 있을 것이고, 그 내용도 다 다를 것입니다. 자기 문제로 유언을 하는 사람도 있고 자식들의 문제로 유언을 하는 사람도 있을 것입니다.

저는 그런 순간이 온다 해도 별로 절실하게 이야기할 것이 없을 것 같습니다. 제가 바울에게서 배운 것은 "먹을 것과 입을 것과 잘 곳이 있으면 다른 욕심을 가지지 말라"는 교훈입니다. 이런 기본적인 만족을 누리고 보니 그 외는 별로 원할 것이 없게 되었습니다.

두 딸이 아직 결혼하지 않고 있지만 그것도 하나님께서 저의 인생을 보살펴 주신 것처럼 저보다 더 잘 보살펴 주실 것을 알고 있기 때문에 전혀 걱정하지 않습니다.

그런데 다시 한 번 생각을 해 보니까 제게는 꼭 한 가지 원하는 것이 있었습니다. 그것은 꼭 한 번만이라도 평양에 계신 저희 어머니와 네 명의 동생들을 데려다가 좋은 식당에서 음식을 실컷 드시게 했으면 하는 것입니다. 일생 동안 잘 먹지도 못하고 사셨는데 늙어서라도 한번 맛난 음식을 대접하고 싶은 것이 저의 소원입니다. 그리고 다른 한 가지를 더 말하라고 한다면 한 달만이라도 여기서 함께 예배를 드릴 수 있다면 얼마나 좋겠습니까. 이것이 저의 마지막 소원입니다.

야곱의 마지막 소원

야곱역시 마지막 소원이 있었습니다. 인생의 말년을 하나님의 축복 속에 살기를 원하는 것입니다. 27절에 보면, 이스라엘 자손들이 고센 땅에서 생육하고 번성했다고 말하고 있습니다.

> "이스라엘 족속이 애굽 고센 땅에 거하며 거기서 산업을 얻고 생육하며 번성하였더라."

저는 믿는 사람들을 위한 기도가 한 가지 있습니다. 그것은, 지금 어떻게 사는지 몰라도 사는 동안 시간이 지날수록 더욱 번성하는 사람이 되기를 원하는 것입니다. 시간이 갈수록 손을 대는 것마다 다 번성하고 형통하는 사람이 되기를 저는 항상 기도하고 있습니다.

젊어서 고생하는 것은 아무 문제가 되지 않습니다. 그러나 시간이 가고 나이가 들면 들수록 우리의 인생에 기반이 서고 열매가 열리는 삶을 살아야 합니다.

야곱의 인생이 그런 인생의 표본입니다. 처음에는 어렵고 비참하게 출발했지만 점점 나이가 들수록 풍성하고 축복 넘치는 삶을 살게 되었습니다. 특히 130세부터 147세까지의 17년은 아주 풍족한 삶을 누릴 수 있는 시간들이었습니다. 우리들의 삶이 초기에 어렵고 힘든 고비를 겪을 수 있겠지만 나중 특히 말년에 큰 축복을 받는 사람이 되도록 늘 기도해야 합니다.

사람은 아무리 오래 살아도 죽음을 거치지 않을 수 없습니다. 한국 사람들은 죽음에 대해서 이야기하는 것을 싫어하고 가능하면 피하려고 합니다. 더구나 유언장을 작성하라고 하면 좋아할 사람이 거의 없을 것입니다. 그러나 유언을 미리 마련 해 놓는 것은 만일에 일어날지도 모르는 사태에 준비하는 아주 중요한 대비책입니다. 생각의 차이가 있을 뿐이지 아무도 모르는 앞으로의 일을 미리 준비해 놓는다는 것이 나쁜 것이 아닙니다.

죽음이라는 것은 언제 다가올지 모릅니다. 그리고 그 죽음에 대비해서 만일을 준비해 놓는 것은 자기 삶에 끝까지 철저하게 사는 것이지 명을 재촉하는 일이 아닙니다. 오히려 가능하면 머리가 명료하고 맑을 때 할 수 있는 이야기를 다 하는 것이 현명한 생각입니다.

야곱은 자기에게 죽음이 다가오고 있다는 것을 알고 자신의 죽음을 미리 준비한 사람입니다. 그는 죽음의 순간에도 축복을 받은 사람이었습니다. 자신이 수고한 결과들이 어떤 사람에게 돌아가는지를 다 보고 죽을 수 있다면 그것이 얼마나 큰 축복이겠습니까? 평소에 자신이 좋아하는 사람들에게 자신이 아끼는 물건들과 재산들을 주고 갈 수 있다면 얼마나 기쁘고 편안한 마음으로 눈을 감을 수 있겠습니까? 죽음을 잘 준비하는 사람만이 만족한 죽음을 맞이할 수 있는 사람이 될 것입니다.

사람에게 죽음이 가까워오면 자신의 고향이 그리워집니다. 29, 30절을 보십시오.

"이스라엘의 죽을 기한이 가까우매 그가 그 아들 요셉을 불러 그에게 이르되 이제 내가 네게 은혜를 입었거든 청하노니 네 손을 내 환도뼈에 아래 넣어서 나를 인애와 성심으로 대접하여 애굽에 장사하지 않기를 맹세하고 내가 조상들과 함께 눕거든 너는 나를 애굽에서 매어다가 선영에 장사하라 요셉이 가로되 내가 아버지의 말씀대로 행하리이다."

우리가 배운 노래 가운데에 "내 고향으로 날 보내주 오곡백과가 만발하게 익었고 종달새가 우는 곳 그리운 그곳…"이라는 노래가 있습니다. 제가 미국의 벧엘교회에 있을 때 한번은 교회 행사 도중에, 이민 온 우리 교회 성도들과 이 노래를 함께 부른 적이 있었습니다. 그러자 그 자리에 있던 사람들이 모두 눈물을 흘리고 울음바다가 되었습니다. 그 날은 그래서 다른 행사는 하나도 하지 못하고 울기만 하다가 돌아갔습니다.

이역 만리 타국 땅에서 외롭고 지친 사람들이 그 노래를 들으니 얼마나 고향 생각이 간절하고 돌아가고 싶었겠습니까? 그러니 인생의 마지막을 타국 땅에서 맞는 사람들은 그 마음에 오직 고향산천에 대한 그리움밖에는 없는 것이 당연합니다.

우리들의 본향

우리들의 마지막 고향은 하나님입니다. 독일의 철학자 하이데커는 인간을 관찰하고 나서 "인간은 고향을 잃은 존재"라고 표현했습니다. 본래 우리의 고향은 하늘나라 곧 하나님입니다. 그래서 하나님께로 돌아가야 비로소 인간은 고향으로 간 것이라고 할 수 있습니다. 이 땅에서 아무리 유명해지고 돈을 많이 벌어도 늙고 병들면 아무 소용없습니다. 그리고 죽음이 찾아오는 마지막 순간에는 하나님을 찾을 수밖에 없게 됩니다.

자신이 돌아갈 영원한 고향을 모르고 살아가는 사람은 불행합니다.

우리의 삶은 고향을 바라보고 사는 삶이어야 합니다. 예수 그리스도를 믿는 우리는 하나님께서 영원한 본향으로 인도하실 것이라는 희망이 있습니다. 그런 희망을 가지고 사는 삶은 절망하지 않고 사는 삶입니다. 현재의 고난을 인내할 수 있는 힘이 여기서 나옵니다.

믿는 사람들은 하늘에 있는 본향집을 보는 눈이 있어야 합니다. 예수 그리스도를 모르는 사람에게는 절대로 보이지 않는 평화롭고 아름다운 집이 믿는 사람의 눈에는 확연하게 보이게 되어 있습니다. 마음 문을 열고 하늘나라를 바라보는 우리의 가슴에는 희망이 있고 평화가 있습니다.

우리의 고향은 하늘나라이고 하나님이십니다. 우리의 인생 여정이 아무리 길고 험해도 하나님을 믿는 사람들의 마지막 호흡은 축복의 호흡이 되는 것입니다. 우리는 우리의 숨이 다하는 순간까지 하나님께 예배를 드리며 살아야 합니다.

31절을 보십시오.

"야곱이 또 가로되 내게 맹세하라 맹세하니 이스라엘이 침상 머리에서 경배하니라."

야곱은 자신의 죽음이 다가오는 것을 알자 자신의 가장 사랑하는 자식인 요셉을 불러서 맹세를 시켰습니다. 자신을 애굽 땅에 묻지 말고 고향 땅에 묻어달라는 요구였습니다. 요셉이 그것을 약속하자 야곱은 그 소리를 듣고 곧 침상머리에서 경배를 했습니다. 야곱은 마지막 죽는 그 순간까지 하나님께 예배 드리는 자세를 보여준 것입니다.

우리는 어쩌다 한번 하나님께 예배드리고 싶은 마음이 생기는 것이 아니라 늘 어느 순간이나 주 앞에 예배 드리는 자세를 가지고 있어야 합니다. 예배는 특별한 행사가 아니라 생활의 일부가 되어서 우리의 삶에 자리잡아야 하는 것입니다. 이것이 하나님을 주님으로 모시고 사는 사람의 구별된 자세입니다. 그렇지 않다면 하나님을 알지 못하는 사람이나 어쩌다 한 번 행사처럼 교회에 나오는 사람들과 다를 것이 없습니다. 자신은 평소에 예배에 대해서 어떤 생각을 가지고 있는지 성찰해 보십시오.

야곱처럼 언제나 예배 드리는 삶을 살아나갈 때에는 늘 하나님께서 주시는 축복 속에서 사는 삶이 될 것입니다.

제26장

자손을 축복하라

"…혹이 야곱에게 고하되 네 아들 요셉이 네게 왔다 하매 이스라엘이 힘을 내어 침상에 앉아 요셉에게 이르되 이전에 가나안 땅 루스에서 전능한 하나님이 나타나 복을 허락하여 내게 이르시되 내가 너로 생육하게 하며 번성하게 하여 네게서 많은 백성이 나게 하고 내가 이 땅을 네 후손에게 주어 영원한 기업이 되게 하리라 하셨느니라 내가 애굽으로 와서 네게 이르기 전에 애굽에서 네게 낳은 두 아들 에브라임과 므낫세는 내 것이라 르우벤과 시므온처럼 내 것이 될 것이요 이들 후의 네 소생이 네 것이 될 것이며 그 산업은 그 형의 명의 하에서 함께 하리라 내게 관하여는 내가 이전에 밧단에서 올 때에 라헬이 나를 따르는 노중 가나안 땅에서 죽었는데 그곳은 에브랏까지 길이 오히려 격한 곳이라 내가 거기서 그를 에브랏 길에 장사하였느니라 (에브랏은 곧 베들레헴이라) 이스라엘이 요셉의 아들들을 보고 가로되 이들은 누구냐 요셉이 그 아비에게 고하되 이는 하나님이 여기서 내게 주신 아들들이니이다 아비가 가로되 그들을 이끌어 내 앞으로 나아오라 내가 그들에게 축복하리라 이스라엘의 눈이 나이로 인하여 어두워서 보지 못하더라 요셉이 두 아들을 이끌어 아비 앞으로 나아가니 이스라엘이 그들에게 입맞추고 그들을 안고 요셉에게 이르되 내가 네 얼굴을 보리라고는 뜻하지 못하였더니 하나님이 내게 네 소생까지 보이셨도다"(창 48:1-11).

자손을 축복하라

부모에게 있어서 세상의 어느 기쁨보다 자식으로 인한 기쁨이 큰 것입니다. 이것은 자식을 낳아보지 않은 사람은 이해할 수 없는 것으로써 부모된 사람들이어야만 이 기쁨을 경험할 수 있습니다.

야곱은 자신이 아프다는 이야기를 듣고 찾아온 요셉을 보자 힘을 내어 일어나 앉았습니다. 그 때의 나이는 147세로 병들고 노쇠해서 기력이 거의 없을 때입니다. 그런 상태에 있는데도 자식 요셉이 왔다는 말을 듣고 기운을 내서 벌떡 일어나 앉은 것입니다. 자녀보다 귀한 존재가 어버이에게는 없기 때문입니다.

> "이 일 후에 혹이 요셉에게 고하기를 네 부친이 병들었다 하므로 그가 곧 두 아들 므낫세와 에브라임과 함께 이르니 혹이 야곱에게 고하되 네 아들 요셉이 네게 왔다 하매 이스라엘이 힘을 내어 침상에 앉아"(창 48:1,2).

효도란 무엇인가?

아무리 좋은 음식을 드릴지라도 그것은 자식 얼굴을 한 번 보는 것보다 못합니다. 아무리 좋은 집에서 호의호식한들 자식과 함께 사는 기쁨보다는 못합니다. 오죽하면 아주 강하게 세상을 살아오신 저의 어머니께서 저를 보자마자 기절을 하셨겠습니까?
　부모에게 자식이란 그런 것입니다. 자식의 얼굴과 음성이 최고의 기쁨인 것이 부모입니다. 그래서 부모님이 살아계실 때에 잘해드리는 것만이 중요할 뿐, 돌아가신 다음에 제사를 잘 지내고 성묘를 자주 하는 것들이 무슨 소용이 있겠습니까?

　그리고 부모는 하나님의 축복을 믿고 살아가야 합니다. 자녀들이 부모를 볼 때에 "하나님께서 우리 부모님을 축복하신다는 것"을 보도록 해야 합니다. 그리고 그런 모습은 부모 대에서 머무르지 않고 자식들에게 그대로 전해져야 합니다.
　3, 4절을 보십시오.

"요셉에게 이르되 이전에 가나안 땅 루스에서 전능한 하나님이 나타나 복을 허락하여 내게 이르시되 내가 너로 생육하게 하며 번성하게 하여 네게서 많은 백성이 나게 하고 내가 이 땅을 네 후손에게 주어 영원한 기업이 되게 하리라 하셨느니라."

　우리는 자식들에게 이렇게 자신이 만난 하나님에 대해서 말할 수 있는 것이 있습니까? 내가 살아오면서 이러이러한 때에 하나님께 은혜를 받았다고 할 수 있는 간증이 있습니까? 내 하나님이 내가 이런 순간에 이런 어려움에 빠져있을 때에 나를 이렇게 도우셨다고 말해줄 수 있습니까? 혹시 하나님께서 열 개를 주시면 왜 옅한 개를 주시지 않느냐고 불평만 하느라고 많은 은혜를 받았으면서도 자식들에게 간증할 것은 아무것도 없는 사람이지는 않습니까?
　물론 과거에 우리가 하나님을 몰랐을 때에는 그렇게 사는 것이 아무런 의미가 없는 일일 수도 있습니다. 그러나 하나님을 알고 난 다음

현재의 삶은 달라져야 합니다. 변화받은 이후 자식들과의 대화에서도 하나님께서 나를 얼마나 사랑하셨는가 하는 것이 주된 내용이 되어야 합니다. 그래서 하나님께서 나와 함께 하셨고 나를 축복하셨다는 것을 믿고 그것을 유산으로 전하는 사람이 되어야 합니다.

그러면 그 자식들이 그런 부모의 신앙을 물려받아서 아버지가 그랬고 어머니가 그랬던 것처럼 하나님에 대한 구체적이고 실천적인 신앙의 모습으로 살 수 있게 되는 것입니다.

자식에게 무엇을 물려줄 것인가?

제가 아주 귀하게 생각하는 것 중에 하나가 믿는 분들 중에서 자신이 잘 되었을 때에 그것을 자기 할머니의 신앙, 자기 어머니의 신앙, 자기 어머니의 신앙 덕분인 것으로 돌리는 사람들입니다. 지난번에도 제가 심방을 한 가정의 가장이 '오늘 이런 축복이 있는 것은 우리 할아버지의 신앙과 기도의 결과'라고 하는 소리를 듣고는 아주 흐뭇한 마음으로 돌아왔습니다.

이렇게 자신의 부모대의 신앙을 고백하는 것은 그 사람에게도 중요한 것이지만 그 자손들의 대에서도 아주 중요한 유산이 될 것입니다. 우리의 자손들뿐만 아니라 이웃들에게도 하나님께서 나와 함께 하시고 나를 축복하셨다는 간증은 아주 귀한 씨앗이 될 것입니다. 그런 신앙의 간증이 우리의 입술에서 떠나지 않는다면 훗날 우리 자손의 입술에서도 떠나지 않을 것입니다.

야곱은 '자신의 인생이 후손의 축복의 출발점이 되며 그들은 갈수록 쇠퇴하는 삶이 아니라 점점 더 번성하는 삶을 살게 해 주겠다'는 약속을 하나님으로부터 받았습니다. 그래서 자신에게 무슨 어려움이 닥친다 해도 그것을 극복할 수 있는 힘을 얻을 수 있었습니다.

야곱에게 하신 이런 약속을 해주셨던 하나님께서는 오늘도 그를 진실하게 믿는 사람들에게 약속하십니다. 여호와를 믿고 사는 자들에게는 하나님께서 수천대에 이르기까지 축복하신다는 그 말씀이 우리들에게 하시는 말씀인 줄을 믿읍시다. 설령 우리들의 부모가 예수님을 모르거나 잘 믿는 분이 아니셨더라도 나로부터 출발된 신앙으로 인하여 자손만대에까지 번성하는 신앙이 되도록 할 수 있습니다. 그러면 그 사람은 곧 그 집안의 아브라함이 되는 것입니다.

우리의 자손들은 부모가 하나님의 축복을 믿고 산다는 것을 알 필요가 있습니다. 시작은 미약하지만 날이 갈수록 번성해지는 삶을 체험하기 위해서 자손들도 부모의 신앙을 알아야 하기 때문입니다.
자식들에게 물려줄 가장 큰 유산은 신앙유산입니다. 은행에 남아있는 잔고도 중요하고 땅도 중요하고 집도 중요하지만 그런 것들과 비교될 수 없는 것이 대를 이어 물려줄 신앙입니다.

신앙이 있으면 생명보다 더 귀한 영원한 기업을 물려받게 되어 있습니다. 예수 믿는 사람들은 부모를 공경하는 것으로 이 땅에서도 잘 되고 장수하리라고 하나님께서 계명으로 약속하셨습니다. 설령 이 땅에서 우리의 삶이 풍요로운 것은 아니라 하더라도 평화로운 삶을 살 수는 있게 됩니다.

야곱이 하나님께 받은 약속은 사백 년 후에 이백만의 인구가 되어서 애굽을 탈출하고 홍해를 건너 가나안 땅으로 들어가는 것으로 증명이 되었습니다. 야곱은 비록 그것을 보지 못하고 죽었고, 그가 했었던 말을 들은 요셉 역시 그것을 보지 못하고 죽었습니다. 그러나 그 조상들이 믿은 대로 그 후손들은 하나님의 축복을 받아서 가장 강하고 힘이 있는 민족을 이루고 살게 되었습니다.

야곱의 유언

야곱은 요셉이 낳은 두 아들, 에브라임과 므낫세를 양자로 달라고 말합니다.

> "내가 애굽으로 와서 네게 이르기 전에 애굽에게 네게 낳은 두 아들 에브라임과 므낫세는 내 것이라 르우벤과 시므온처럼 내 것이 될 것이요"(창 48:5).

이것은 할아버지가 손자를 양자로 삼겠다는 의미로써, 자신의 유산을 두 손자에게 주겠다는 뜻입니다. 야곱의 재산은 처음 삼촌 라반의 집에 있을 때부터 하나님께서 축복하셔서 얻게 된 것입니다. 그래서 그의 재산을 준다는 것은 하나님의 축복하신 것을 주겠다는 뜻이 됩니다.

야곱은 자신이 살아있는 동안에 원하는 손자에게 유산을 다 분배해 주는 준비성을 보여줍니다. 그래야 아버지의 재산 때문에 형제들끼리 원수가 되는 일이 없어집니다. 실제로 재산 때문에 의절하고 사는 사람들이 많이 있습니다. 이런 재산은 없는 것보다 못한 것이고, 이렇게 된 데에는 아버지에게도 책임이 있습니다.

야곱은 22년 동안 잃어버린 줄 알고 있었던 아들을 찾았으니 그 기쁨이 큰 것도 있었고 그 사랑하는 아들이 두 아들까지 낳았으니 기왕이면 그들에게 자신의 재산을 주고 싶었을 것입니다.

평상시 인정받은 사람은 별 문제가 없이 부모님의 유산에 동참할 수 있습니다. 그러나 평소 부모님과의 사이가 좋지 않았던 사람은 이런 일이 생길 때 문제가 됩니다. 법이 동원되거나 강제성이 동원되는 등, 급기야 인륜 관계가 깨어지는 지경에까지 이르곤 합니다.

다른 모든 문제도 역시 그렇습니다. 평소의 관계성이 중요한 때에 결정적 요인으로 작용하게 되어 있습니다. 그러므로 누군가가 나를 만날 때마다 기쁨이 되고 즐거움이 되고 축복이 되는 사람이 되어야 합니다.

그런데 이것은 도저히 사람의 힘으로 되는 일은 아니고 성령님의 도우심이 있어야만 할 수 있는 일입니다. 그러므로 항상 하나님께 성령의 도우심이 나에게 있기를 늘 기도해야 합니다. 더 나아가 하나님께서 나를 도우심으로 인하여 내가 다른 사람들에게 기쁨이 되고 사랑과 희망을 전하는 사람이 되고, 하나님의 축복을 얻게 하는 사람이 될 수 있도록 해 달라고 기도해야 합니다.

우리의 신앙은 나 하나만 하나님께 복을 얻는 것으로 만족하면 안 됩니다. 정말 축복된 사람들은 나이가 들고 인생에 연륜이 생길수록 하나님과 사람 앞에서 사랑을 받는 사람입니다. **하나님과 사람, 어느 한 쪽만이 아니라 그 양쪽 모두에게 총애를 입는 사람이 진정으로 복된 사람인 것입니다. 하나님의 사랑을 받고 사람의 사랑을 받으려면 하나님을 사랑하고 사람을 사랑해야 합니다. 그리고 자기를 희생하면서 하나님과 이웃을 위해서 살아야 합니다.**

자녀를 축복하라

부모는 또 자손들을 축복하는 습관을 일찍부터 길러야 합니다. 8, 9절을 보십시오.

"이스라엘이 요셉의 아들들을 보고 가로되 이들은 누구냐 요셉이 그 아비에게 고하되 이는 하나님이 여기서 내게 주신 아들들이니이다 아비가 가로되 그들을 이끌어 내 앞으로 나아오라 내가 그들에게 축복하리라."

이스라엘은 이미 눈이 잘 보이지 않은 상태였습니다. 그래서 손자들이 들어왔지만 잘 알아보지를 못했습니다. 요셉에게 그들이 손자라는 말을 들은 야곱은 그 아이들을 축복할 생각으로 앞으로 데리고 나아오게 합니다. 자신이 하나님과 아버지 이삭의 축복을 받아본 적이 있었기 때문에 손자들을 축복해 주는 것을 자연스럽게 여겼습니다.

저희 외할머님도 눈이 점점 어두워지는 병에 걸려 있었습니다. 지금 생각을 해 보면 아마 백내장이셨던 것같습니다. 어느 날 아주 눈이 보이지 않게 되었고 손자들을 알아보실 때에는 이마에 손을 얹어보고 구별을 하셨습니다. 그렇게 제 이마에 손을 대어 보시고 "너는 상복이구나" 하시는 할머니의 말씀과 그 부드럽고 따뜻한 촉감은 지금도 제 기억 속에 생생하게 남아 있습니다. 아주 정겨운 모습으로 저의 의식 깊은 곳에 새겨진 것입니다. 그래서 지금 생각을 해도 가슴이 뭉클해 집니다.

어른들은 연세가 많아지고 몸의 기능이 떨어지기 시작하면 작은 일에도 자신이 무시당한다고 생각합니다. 그리고 아주 사소한 일에도 섭섭하게 여깁니다. 이미 다 해드린 것을 잊어버리고 안해준다고 호통을 치시기도 합니다. 당하는 사람의 입장에서 보면 아주 억울한 일이 아닐 수 없습니다.

그런데 이런 일로 인해서 서로 불평하지 않으려면 젊었을 때부터 서로가 서로에게 잘해야 합니다. 그저 서로에게 감사하면서 부모된 사람들은 일찍부터 자손들에게 축복하는 연습을 해야 합니다. 그래서 서로가 신뢰를 쌓고 서로를 사랑하고 불쌍히 여기고 이해하는 마음을 가져야 합니다. 그래야만 서로에게 정이 생겨서 귀한 사람으로 여기게 되고 나중에 큰 축복을 할 때에도 온 마음을 다해서 하게 되는 것입니다.

"긴 병에는 효자가 없다"는 말이 있습니다. 부모가 병이 들면 처음에는 마음을 다해서 모시지만 나중에는 점점 귀찮은 생각도 들고 짜증도 나게 됩니다. 그리고 간호하는 데에 자연히 소홀하게 되는 것입니다.
 우리는 이런 모습을 대할 때에 자신의 부모의 일이라 생각하는 것보다 자신의 미래의 모습이라고 생각하는 것이 좋습니다. 별로 즐거운 가정은 아니지만 그러나 그것이 전혀 가능성이 없는 이야기도 아닙니다. 지금 젊다고 항상 젊은 것은 아닙니다. 사람은 반드시 늙게 되어 있고, 늙는다는 것은 자신을 몸을 자신의 마음대로 할 수 없음을 뜻합니다. 따라서 우리가 부모에게 하는 모습은 곧 자녀들에게 그대로 물려지게 되어 있습니다. 아이들은 본대로 행동하게 되어 있으므로 우리가 부모에게 한 대로 자식들이 우리에게 도로 갚을 것입니다.

부모는 아이를 낳는 처음부터 그 아이를 어루만지면서 하나님의 축복을 빌어주어야 합니다. 날 때부터 하나님과 부모님으로부터 자신이 사랑받고 있다는 것을 느끼면서 자라는 사람은, 그런 경험 없이 자라는 사람들과 어딘가 다르게 삽니다.
 부모의 입술은 축복으로 가득 차야 합니다. 축복받은 자식이 결국 하나님의 은총 속에서 살게 되어 있습니다. 그러므로 자손들을 언제나 축복하는 마음으로 대하고 정성을 다해서 기르도록 합시다.

저는 딸들과 함께 지내는 시간이 별로 없습니다. 미국에서 공부를 하고 있기 때문에 그렇습니다. 그래서 한국에 나오게 되면 저는 그 딸에게 고맙다고 말합니다. 제가 여비를 주어 오게 한 것이지만 아주 고마워합니다. 다른 사람들이 보면 이해하지 못할 것입니다. 그러나 자식을 보면서 느끼는 기쁨을 어디에 비교할 수 있겠습니까? 자식은 어쨌든 축복할 수밖에 없는 존재입니다.

축복은 아무리 일찍 시작해도 이르지 않습니다. 더욱이 부모의 축복보다도 할아버지 할머니의 축복은 권위가 있습니다. 인생의 경험이 누구보다 풍부하고 세상의 이치에 대하여 잘 알며 하나님과 오랫동안 동행한 사람의 축복이니 더 값진 것일 수밖에 없습니다. 권위 있는 사람의 축복은 그렇지 않은 사람의 축복보다 힘이 있습니다. 더구나 자식이 정말 존경하는 부모와 조부모의 축복일 때에는 더할 나위없이 큰 힘이 생길 것은 틀림없는 일입니다.

야곱의 마지막 간증

야곱은 보이지도 않는 눈이지만 두 손자를 끌어안고 축복했습니다. 그리고 하나님은 우리가 생각하는 것보다 더 큰 은혜로 축복하십니다. 우리가 상상하고 생각하고 있는 것보다 더욱 더 축복하십니다.

11절을 보십시오.

"요셉에게 이르되 내가 네 얼굴을 보리라고는 뜻하지 못하였더니 하나님이 내게 네 소생까지 보이셨도다."

야곱은 요셉을 잃어버리고 나자 그의 얼굴을 다시는 보지 못할 것으로 생각했었습니다. 그런데 하나님께서는 애굽의 총리가 된 아들의 얼굴을 보게 해 주었을 뿐만 아니라 그의 두 손자들까지도 볼 수 있도록 축복하셨습니다. 야곱은 도저히 상상할 수 없었던 축복을 하나님께서 내리셨습니다.

우리는 지금까지의 인생을 돌이켜보면서 그런 간증을 할 수 있는 일이 있습니까? 내가 상상한 것보다 더 나를 축복하신 하나님의 삶이 나에게 있었노라고 할 수 있는 사람입니까? 한 번 마음을 정하여 천천히 살펴보십시오. 하나님은 축복하시기 좋아하시는 하나님입니다. 영적인 눈이 있기만 하다면 우리의 인생이 우리가 생각하는 것보다 훨씬 복되었다는 것을 알게 될 것입니다.

우리의 마지막 신앙고백이, "하나님께서는 나를 내가 생각한 것보다 훨씬 많이 축복하여 주셨다"로 정리되는 삶을 살아야 하겠습니다. 하나님의 축복의 음성을 듣는 사람들은 그분의 음성을 듣고 그분을 신뢰하면서 살게 됩니다.

영의 눈이 밝게 뜨여져서 하나님의 사랑하심과 축복하심을 보게 되는 사람들이 되시기를 바랍니다. 그래서 자녀들이 으리 자신들의 생각보다 훨씬 큰 축복을 받고 사는 사람들이 되도록 합시다.

제27장

이렇게 축복하라

"…이스라엘이 우수를 펴서 차자 에브라임의 머리에 얹고 좌수를 펴서 므낫세의 머리에 얹으니 므낫세는 장자라도 팔을 어긋맞겨 얹었더라 그가 요셉을 위하여 축복하여 가로되 내 조부 아브라함과 아버지 이삭의 섬기던 하나님 나의 남으로부터 지금까지 나를 기르신 하나님 나를 모든 환난에서 건지신 사자께서 이 아이에게 복을 주시오며 이들로 내 이름과 내 조부 아브라함과 아버지 이삭의 이름으로 칭하게 하시오며 이들로 세상에서 번식되게 하시기를 원하나이다 요셉이 그 아비가 우수를 에브라임의 머리에 얹은 것을 보고 기뻐 아니하여 아비의 손을 들어 에브라임의 머리에서 므낫세의 머리로 옮기고자 하여 그 아비에게 이르되 아버지여 그리 마옵소서 이는 장자니 우수를 그 머리에 얹으소서 아비가 허락지 아니하여 가로되 나도 안다 내 아들아 그도 한 족속이 되며 그도 크게 되려니와 그 아우가 그보다 큰 자가 되고 그 자손이 여러 민족을 이루리라 하고 그 날에 그들에게 축복하여 가로되 이스라엘 족속이 너로 축복하기를 하나님이 너로 에브라임 같고 므낫세 같게 하시리라 하리라 하여 에브라임을 므낫세보다 앞세웠더라 이스라엘이 요셉에게 또 이르되 나는 죽으나 하나님이 너희와 함께 계시사 너희를 인도하여 너희 조상의 땅으로 돌아가게 하시려니와 내가 네게 네 형제보다 일부분을 더 주었나니 이는 내가 내 칼과 활로 아모리 족속의 손에서 빼앗은 것이니라"(창 48:12-22).

이렇게 축복하라

권위있고 존경받는 사람의 말은 그렇지 못한 사람의 말보다 더 위력을 가지고 있습니다. 존경받는 부모의 말은 그 자식들에게 결정적인 영향을 끼치게 되어 있습니다. 선생님의 말씀도 그렇습니다. 한참 자라나는 학생들에게는 선생님이 끼치는 영향은 지대합니다.

저는 고등학교 때에 영어를 가르쳐주던 외국인이 저를 향하여 '김 교수'라는 별명을 붙여 주었습니다. 그것은 고등학교 일 학년 때 들은 말이었지만 그 후 20년만에 그 말대로 그것도 미국 땅에서 교수가 되었습니다. 저는 그 말을 잊을 수가 없었던 것입니다. 선생님의 한 마디, 아버지의 한 마디, 삼촌의 한 마디가 그 사람의 인생의 방향을 결정하는 중요한 역할을 한다는 것을 저는 확실하게 경험했습니다.

축복의 권한은 하나님께 있다

야곱이 자기의 아들들을 모아놓고 축복하는 것도 마찬가지입니다. 자식들이 아버지의 말을 생각할 때에 그 아버지가 권위 있고 존경받는 분이었다면 그 말씀은 자식들의 가슴 속에서 영원히 잊혀지지 않는 말씀이 될 것입니다.

그런데 축복에도 양식이 있어서 요셉은 장자에게는 오른손을 차자에게는 왼손을 얹어서 축복받고 싶어 했습니다. 누구나 첫째 아이를 가장 중하게 생각하는 마음이 있습니다. 그래서 장자권이 그토록 중요하게 생각되는 것 아니겠습니까? 모든 아이들 중에서도 특별히 첫아이가 잘 되기를 바라는 것이 부모의 마음입니다.

요셉은 야곱이 눈이 어두운 것을 염려하여 장자를 야곱의 오른쪽에 차자를 왼쪽에 서도록 배려를 했습니다. 그런데 눈이 잘 보이지 않는 야곱이 손을 그대로 앞으로 내밀어 축복하지 않고 엇갈려서 축복을 했습니다.

"요셉이 아비 무릎 사이에서 두 아들을 물리고 땅에 엎드려 절하고 우수로는 에브라임을 이스라엘의 좌수를 향하게 하고 좌수로는 므낫세를 이스라엘의 우수를 향하게 하고 이끌어 그에게 가까이 나아가매 이스라엘이 우수를 펴서 차자 에브라임의 머리에 얹고 좌수를 펴서 므낫세의 머리에 얹으니 므낫세는 장자라도 팔을 엇맞겨 얹었더라"(창 48:12-14).

그래서 기분이 상한 요셉이 야곱에게 그것을 시정해 달라고 말했습니다. 그랬는데 야곱은 자신이 두 손자를 엇맞겨서 축복한 사실을 알고 있다고 합니다. 그리고 두 사람을 엇맞겨 축복한 것은 하나님의 뜻이라는 것을 알립니다. 하나님은 둘째가 첫째보다 더 번성한 자가 될 것이라는 뜻을 가지고 계셨던 것입니다. 야곱을 그저 그런 하나님의 뜻을 시행했을 뿐입니다.

"요셉이 그 아비가 우수를 에브라임의 머리에 얹은 것을 보고 기뻐 아니하여 아비의 손을 들어 에브라임의 머리에서 므낫세의 머리로 옮기고자 하여 그 아비에게 이르되 아버지여 그리 마옵소서 이는 장자니 우수를 그 머리에 얹으소서 아비가 허락지 아니하여 가로되 나도 안다 내 아들아 그도 한 족속이 되며 그도 크게 되려니와 그 아우가 그보다 큰 자가 되고 그 자손이 여러 민족을 이루리라 하고"(창 48:17-19).

축복의 권한은 하나님께 있는 것입니다. 사람의 생각에는 장자에게 더 큰 은혜가 있기를 바랄지라도 하나님의 생각은 다를 수 있습니다. 우리가 어느 집의 몇째로 태어났다는 것은 사실 별로 상관이 없으며 중요한 것은 하나님의 생각과 뜻입니다. 몇째로 태어나든 하나님께서 그 사람에게 장자의 축복을 내리시기를 원하시면 누구든지, 어떤 가정에서 태어났든지 그것이 큰 문제가 되지 않습니다.

야곱도 자신이 장자가 아니라 둘째였습니다. 유다는 네번째, 다윗은 여덟번째 아들, 그리고 요셉은 열한번째였습니다. 사람의 태어난 순서는 하나님의 축복에 있어서는 아무런 상관이 없습니다. 하나님의 축복은 단지 그 사람이 어떤 사람인가 하는 것과 하나님께서 어떤 사람을 축복하시느냐에 달려 있습니다.

하나님의 축복이 진짜 축복

야곱은 자기 손자들을 축복하면서 자기 이름으로 하지 않고 하나님의 이름을 부르면서 축복했습니다. 자신이 말을 해서 축복을 하는 것이지만 그 축복은 자신보다 훨씬 위에 계신 하나님께서 주시는 것임을 기억하게 하고자 했습니다. 그럼으로써 하나님의 축복만이 진짜 축복이라는 것을 보여주고 있습니다.

15, 16절에 야곱이 요셉을 축복하는 말을 보십시오.

"그가 요셉을 위하여 축복하여 가로되 내 조부 아브라함과 아버지 이삭의 섬기던 하나님 나의 남으로부터 지금까지 나를 기르신 하나님 나를 모든 환난에서 건지신 사자께서 이 아이에게 복을 주시오며 이들로 내 이름과 내 조부 아브라함과 아버지 이삭의 이름으로 칭하게 하시오며 이들로 세상에서 번식되게 하시기를 원하나이다."

야곱은 자신을 지켜주신 하나님의 이름은 물론이려니와 자신의 조상들을 지켜주신 하나님의 이름으로 자신의 자손들을 축복합니다. 존경과 권위가 더 위에 있을수록 더욱 큰 권위와 멋이 있습니다. 자신에게 영광과 찬사가 쏟아질 때 자신의 것으로 생각하지 않고 위에 계시는 하나님께 그 영광을 돌리는 모습은 다른 이로 하여금 하나님을 기억하게 하는 것입니다.

아이들의 삶에 결정적인 영향을 끼치고자 한다면, 먼저 자신이 하나님 앞에 신실하고 순종하는 사람이어야 합니다. 자신이 존경받는 사람이 되어야 말 한 마디를 하더라도 좋은 영향을 주는 사람이 될 수 있습니다. 그리고 그런 영향력이 있는 말을 듣고 자라야 늘 부모님께 순종하고 그 축복의 말씀을 기억하면서 사는 사람이 되는 것입니다.

이렇게 축복하라

그럼, 야곱의 축복의 내용은 무엇이었습니까?

"나를 모든 환난에서 건지신 사자께서 이 아이에게 복을 주시오며 이들로 내 이름과 내 조부 아브라함과 아버지 이삭의 이름으로 칭하게 하시오며 이들로 세상에서 번식되게 하시기를 원하나이다"(창 48:16).

야곱은 하나님께서 자신과 그 위의 조상에게 함께 하셨던 것처럼 요셉과 그의 자손 대대에 이르기까지 축복하여 주실 것을 기원합니다. 그저 눈앞에 닥친 것에 급급해서 하는 축복이 아니라 세상의 끝날까지 이르는 축복을 원한 것입니다.

"지금 대학을 가야 하니 그렇게 해 주십시오", "좋은 회사를 들어가서 돈 많이 벌게 해 주십시오" 하는 짧은 시각의 기도가 아닙니다. 야곱은 자기 자손들을 위한 기도에도 자기 가족들뿐만 아니라 가문과 민족과 나라를 위해서 기도하는 깊고 넓은 시각을 가지고 있습니다.

야곱은 아이를 생각하는 데에도 역사의식이 있다는 것을 보여주고 있습니다. 자신의 아이가 가문을 일으키는 데서 그치는 것이 아니라 나라와 민족을 위해 일하는 사람이 되도록 기도하고 있는 것입니다. 그리고 자신이 가지고 있는 역사의식을 자식들도 그대로 물려받을 수 있도록 하고 있습니다.

자기 자손들을 보면서 그냥 자신의 대를 이을 아들로만 보는 시각에서 벗어나십시오! 내 아들로만이 아니라 나라의 아들이 되고 민족의 아들이 되고 하나님의 아들이 되도록 기도하고 축복해야 합니다. 그래서 자식들에게 어렸을 때부터 그런 사명감을 불어넣어 하나님과 나라와 민족을 위한 사람이 되도록 해야 합니다.

물론 아이들이 자라면서 부모들에게 항상 기쁨을 주는 것은 아닙니다. 그러나 그런 때에도 그 아이들에게 꿈과 희망을 거두어서는 안됩니다. 그 속에서도 하나님의 소망이 자라고 있는 것임을 늘 기억해야 합니다. 우리의 아이들과 후손들을 역사의식을 가지고 축복하는 말이 항상 입술에 있기를 빕니다.

야곱이 다음으로 하는 말은 모범적인 인물이 되게 하여 달라는 것이었습니다. 20절을 보십시오.

"그 날에 그들에게 축복하여 가로되 이스라엘 족속이 너로 축복하기를 하나님이 너로 에브라임 같고 므낫세 같게 하시리라 하리라 하여 에브라임을 므낫세보다 앞세웠더라."

야곱의 축복으로 인하여 에브라임과 므낫세는 '축복의 예'가 되는 사람이 되었습니다. 누군가를 축복할 때에 흔히 "너는 누구처럼 되어라"는 말을 하게 되는데 그 예가 에브라임과 므낫세가 되었습니다. 그처럼 그 두 사람이 축복의 대명사가 된 것은 그 두 사람이 많은 민족을 이루는 조상이 되었기 때문입니다.

우리도 누군가에게 잘되라는 말을 할 때에 "너는 삼촌처럼 학자가 되어 학문을 잘하는 사람이 되라"든가, "이모처럼 좋은 직장인이 되라"고 하는 말을 하게 되는데, 므낫세와 에브라임도 그런 예가 되었다는 말입니다.

누구나 자기가 원하는 목표가 있으면 그 사람처럼 되기 위해서 더 열심히 노력해야 합니다. 타인의 미래에 희망을 주는 사람이 되는 것은 얼마나 중요한 일입니까. 에브라임과 므낫세가 그런 사람이 되리라는 것입니다. 우리들도 마땅히 자손들을 축복할 때에 그렇게 모범이 되는 인물이 될 수 있도록 해달라는 말을 잊지 않아야 하겠습니다. 그것이 어떻게 어떻게 해 달라는 말보다 훨씬 포괄적이고 넓은 의미의 축복이기 때문입니다.

그리고 야곱은 하나님의 임재하심을 확인하는 축복을 했습니다. 21, 22절을 보십시오.

"이스라엘이 요셉에게 또 이르되 나는 죽으나 하나님이 너희와 함께 계시사 너희를 인도하여 너희 조상의 땅으로 돌아가게 하시려니와 내가 네게 네 형제보다 일부분을 더 주었나니 이는 내가 내 칼과 활로 아모리 족속의 손에서 빼앗은 것이니라."

야곱은 자신은 곧 죽을 것이지만 하나님께서는 그 후손들과 영원히 함께 하시리라고 말합니다. 함께 오래 산 사람들일수록 한 사람이 그 곁을 떠나가면 얼마나 허전하고 의욕을 잃게 되는지 모릅니다. 특히 부부는 오랫동안 동고 동락을 하면서 살았는데 한 쪽이 먼저 세상을 떠나가면 남은 사람의 외로움과 그로 인한 고통은 말할 수 없는 것입니다. 사람이 받는 스트레스 중에 가장 큰 스트레스가 배우자의 사망이라는 것이 그것을 증명해 주고 있습니다.

그럴 때에 먼저 가는 사람이 신앙의 사람이라면 "나는 죽지만 하나님께서는 언제나 함께 하시면서 지켜주실 것이오. 그리고 우리는 곧 다시 만나게 될 것이오"라고 위로해야 합니다. 그러면 남는 사람도 그 위로와 희망을 가지고 앞으로의 삶을 힘을 다해 의미있게 살 것입니다.

사람의 생명의 기간은 알 수가 없는 것이라서 아주 어린 자식들을 남겨 놓고 먼저 하나님의 부름을 받을 수도 있습니다. 그러나 설령 그럴지라도 "나는 떠나지만 하나님께서 언제나 너와 함께 하실 것이며 언젠가 반드시 만날 날이 있으니 걱정하지 말고 믿음을 가지고 살아가도록 해라" 이렇게 말해야 합니다. 이것이 신앙을 가진 사람의 자세입니다.

  자신의 자녀에게 이런 축복의 말을 남기고 또한 그것을 믿게 한다면, 오래 살아서 어떤 다른 유산을 남겨준 것보다 더 훌륭한 것 입니다. 자녀들에게 하나님의 임재를 확인시켜 주는 축복이야말로 가장 큰 축복입니다.

  그 다음으로 야곱이 하는 말은 "하나님께서 너희를 고향으로 돌려보내 주신다"는 예언입니다. 인간은 기본적으로 자신의 고향으로 돌아가고자 하는 욕망이 있습니다.
  제 막내가 여섯 살 때에 "혹시 내가 일찍 하늘 나라에 갈 수 있을지도 모르는데 그렇게 되면 먼저 가서 너를 기다릴 테니 천천히 오너라" 했더니 그 아이가 흔쾌히 "좋다"고 했습니다. 바로 이런 것입니다.
  우리 믿는 사람에게는 육신이 돌아갈 고향과 영혼이 돌아갈 고향이 따로 있습니다. 그래서 육신이 조상의 땅으로 돌아가는 것은 축복입니다. 자녀들에게도 우리에게는 돌아갈 고향이 있다는 것을 알게 해 주어야 합니다. 결국 우리는 고향으로 갈 것이라는 미래에 대한 확신은 삶을 옳게 만드는 중요한 것입니다. 또한 남과 다른 소망을 갖게 되기 때문입니다.

  그리고 마지막으로, 요셉이 다른 형제들보다 뛰어난 사람이 될 것을 축복합니다. 야곱은 요셉에게 다른 형제들보다 더 많은 부분을 축복으로 주었습니다.
  인간은 일평생을 살면서 최선을 다하지 못하고 삽니다. 우리는 생각하고 상상하고 느끼는 것보다 더 큰 것을 할 수 있는 사람들입니다. 하나님께서 더 많은 능력을 우리에게 숨겨 놓으셨기 때문입니다. 그래서 이 능력은 자신이 잘 찾아서 사용하는 사람에게만 쓸 수 있게 되어 있습니다.

우리의 최선이 나타나지 않았을 뿐, 하나님께서 주신 능력은 우리가 생각도 하지 못할 만큼 아주 대단한 것입니다. 다만 우리가 그것을 갈고 닦아서 최선의 빛을 발하며 살지 않기 때문에 그 능력을 다 발휘하지 못할 뿐입니다. 이 얼마나 안타까운 일입니까? 그 능력이 지금 여러분의 속에서도 잠자고 있습니다.

하나님의 사람들은 이렇게 많은 축복을 주위의 사람들에게 남겨 놓고 갈 수 있습니다. 우리 역시 권위를 갖고 존경을 받으면서 자손들에게 자신이 받은 것만큼의 축복을 주고 하나님 곁으로 가는 사람이 되어야겠습니다.

그 입술에서 늘 축복과 찬양의 말이 떠나지 않으며 멀리 내다보고 크고 깊은 축복을 주는 사람들이 되도록 합시다.

제28장

탁월하려면

"야곱이 그 아들들을 불러 이르되 너희는 모이라 너희의 후일에 당할 일을 내가 너희에게 이르리라 너희는 모여 들으라 야곱의 아들들아 너희 아비 이스라엘에게 들을지어다 르우벤아 너는 내 장자요 나의 능력이요 나의 기력의 시작이라 위광이 초등하고 권능이 탁월하도다 마는 물의 끓음과 같았은즉 너는 탁월치 못하리니 네가 다비의 침상에 올라 더럽혔음이로다 그가 내 침상에 올랐었도다"(창 49:1-4).

탁월하려면

르우벤에 대한 축복

야곱은 죽을 날이 가까워오자 아들들을 다 불러다 놓고 한 사람씩 그 사람에 맞는 축복을 주었습니다. 가장 먼저 맏아들인 르우벤에게 예언을 시작합니다. 야곱은 성령의 감동으로 예언을 하는데 유언과 축복과 예언이 한꺼번에 나타나는 형식입니다.

이 행위는 야곱의 힘으로 하지만 그러나 그것은 하나님께서 야곱을 통해서 하나님의 계획을 말하는 것입니다. 아버지가 자식들에게 유언하는 아주 자연스러운 현상을 통해서 하나님의 성령께서는 하나님의 역사를 하고 계시다는 것을 보여줍니다. 말하는 자신의 의식을 가지고 말하지만 완전히 자신의 의지만 들어있는 것이 아니라 그 속에는 하나님의 뜻이 분명코 들어있었습니다.

"야곱이 그 아들들을 불러 이르되 너희는 모이라 너희의 후일에 당할 일을 내가 너희에게 이르리라"(창 49:1).

요셉이 므낫세와 에브라임을 일부러 야곱의 오른손과 왼손에 각각 데려다 놓았어도 눈이 보이지 않는 야곱은 그 둘에게 하나님께서 내려주신 축복을 그대로 주시기 위해서 두 손을 어긋맞겨 축복을 주었습니다. 그것은 야곱이 그렇게 하려 한 것이 아니라 하나님의 원하심을 따라 그렇게 만든 것입니다. 자신의 의식이 있으면서도 하나님의 뜻을 그대로 받을 수 있는 상태에서 유언 겸 축복을 하고 있는 것입니다. 다른 아들들에게 하는 축복도 마찬가지로 자신의 의식을 가지고 하는 것이지만 그것은 오히려 그의 뜻이라기보다는 하나님의 뜻을 전달하는 것이라고 보아야 옳습니다.

르우벤에게 하신 축복은 나중에 일어날 일로써, 하나님이 아니면 알 수 없는 일입니다. 아브라함과 이삭과 야곱의 인생을 보면 여러 차례 하나님께서 나타나셔서 계시를 해 주셨기 때문에 이삭과 야곱의 인생 자체가 이스라엘 백성에 대한 예언입니다. 하나님께서 어떻게 역사 속에서 움직이고 있는지를 아브라함을 통해서, 이삭을 통해서, 야곱을 통해서 나타내 보이신 것입니다. 하나님께서는 사람의 일생 속에서 그리고 한 민족의 역사 속에서 자연스럽게 하나님의 역사를 펼치고 계시는 것입니다.

우리의 인생도 마찬가지입니다. 나 같은 평범한 인생을 통해서 어떻게 하나님의 역사가 일어나겠는가 하고 생각할지 모릅니다. 그러나 하나님께서는 아무리 하찮은 사람이라도 그 사람 자체를 통해서 지금 이 순간 하나님의 역사를 이루고 계십니다.

예수 그리스도가 누구인지, 복음이 무엇인지, 성경이 무엇인지, 믿는 사람의 모습이 무엇인지 우리 삶 자체를 통해서 하나님께서 자연스럽게 세상에 나타내시는 것입니다. 아무것도 아니라고 생각하는 그 사람을 통해서 하나님은 역사하시고 당신의 뜻을 나타내시는 분이십니다.

요즈음 중국에 선교사로 가시는 분들이 많습니다. 중국 사람들은 하나님을 모르는 사람들이 대부분이고 이제 막 자본주의가 들어와서 돈이 가치 기준이 된 풍조라고 합니다. 그러나 그 땅에 하나님의 복음이 들어가면 변하여 하나님의 백성으로서의 자세를 가지고 살아갈 것입니다. 그 많은 사람들이 하나님의 품으로 돌아온다면 얼마나 기쁘고 벅찬 일이겠습니까? 오랫동안 불모지로 있던 중국 땅이지만 하나님을 보여줄 삶이 준비된 많은 선교사들을 통해서 그 땅의 사람들을 천천히 불러들이고 계십니다. 아무리 굳게 닫힌 땅이라도 여는 역사, 이것이 복음의 역사이고 하나님의 역사입니다.

앞으로는 더 많은 민족들이 하나님을 알게 되고 하나님을 받아들이게 될 것입니다. 물론 그렇다고 해서 하나님께서 복음을 전하는 데 선교사만을 사용하시는 것은 아닙니다. 다른 일에 종사하는 사람들도 어떤 형식으로든 우리는 생각하지도 못하는 곳곳에서 하나님의 역사를 성취하는 일에 쓰임받고 있습니다.

우리는 자신을 하찮게 여겨서는 안됩니다. 하나님께서 사용하시고 사랑하시는데 우리가 어떻게 자신을 하찮게 여길 수 있겠습니까? 자신의 부족함 때문에 염려하지 말고 어디에 가서 무엇을 하든지 우리를 움직이시고 지키시는 큰 성이 우리 뒤에서 버텨 서심을 기억하고 삽시다! 하나님의 손길이 닿고 역사가 닿는 그 곳에 우리가 서서 사명감을 깨달읍시다.

우리가 생각하는 것과 하나님이 생각하는 것은 다릅니다. 그래서 하나님을 믿는 사람은 미래를 미리 걱정할 필요가 없습니다. 하나님의 크신 손길이 우리를 선한 방향으로 인도하실 것을 의심없이 믿고 따르기만 합시다!

제가 한국을 떠날 당시 어떻게 할렐루야 교회의 목회자가 될 줄 상상했었겠습니까? 그 때는 제가 이곳에 이렇게 서리라 상상하지 못했습니다. 제가 여기 이 자리에 서 있게 된 것은 오로지 하나님의 은혜와 계획하심으로 인한 결과입니다. 아브라함과 이삭과 야곱도 자신의 삶이 어떻게 될 줄 모르는 상태에서 하나님께 순종함으로 말미암아 이스라엘의 역사를 이룩한 사람들입니다.

부모의 말씀을 경청하라

자녀들은 부모의 말씀을 경청할 필요가 있습니다. 야곱이 아들들에게 전하는 2절 말씀을 보십시오.

"너희는 모여 들으라 야곱의 아들들아 너희 아비 이스라엘에게 들을지어다."

부모가 하고 싶은 말이 있을 때에는 그 말이 그 자식에게 꼭 필요하다고 생각되기 때문입니다. 그리고 야곱과 같이 하나님과 함께 했던 사람이 하는 말은 그 말이 곧 하나님 말씀을 대언하는 것입니다. 그래서 자신의 아들들에게 하는 말이면서도 마치 제 삼자가 하는 말처럼 "야곱의 아들들아 모여라"라고 할 수 있는 것입니다.

1절은 야곱이 직접 말하는 것이지만 2절은 하나님께서 성령을 통하여 말씀하시는 것으로 표현 되어 있습니다.

중요한 때에 특별히 하시는 말씀은 마음을 다하여 경청할 필요가 있습니다. 역사를 살펴보면 부모님이 하시는 말씀을 안 듣고 잘 되는 자식은 찾아보기 힘듭니다. 하나님께서 하시기 원하시는 말씀을 부모를 통해서 말씀하십니다. 때문에 부모의 말을 듣지 않는 사람은 곧 하님의 말씀을 듣지 않는 것과 같습니다.

　부모의 말을 정확하게 잘 듣는 사람은 반드시 성공하게 되어 있습니다. 왜냐하면 부모만큼 자식을 잘 아는 사람이 없고, 부모만큼 그 자식이 잘 되기를 바라는 사람이 없기 때문입니다. 부모도 어떤 때 오해할 때가 있고 욕심을 내는 때도 있지만 부모 말대로 해서 잘못되는 수는 없습니다. 왜냐하면 부모는 자신보다 자식을 더 사랑하기 때문이고, 부모의 소원이 자식의 축복된 모습을 보는 것에 있기 때문입니다. 그 마음은 마치 자기 백성들이 잘되기를 바라는 하나님의 마음과도 같습니다.

　그리고 하나님은 부모를 통해서 말씀하기를 원하시고 실제로 그렇게 하십니다. 그래서 우리는 부모님을 통해서 주시는 하나님의 말씀을 경청하는 사람이어야만 합니다. 또한 부모의 뜻에 순종하는 것이 하나님의 뜻에 순종하는 것과 같은 경우가 대부분임을 알아야 합니다.

　사람이 탁월하게 되는 데에는 자연적이고 천부적인 자질이 있으면 도움이 됩니다. 어떤 사람은 태어날 때부터 목소리가 좋고 발성이 훌륭한 사람이 있습니다. 그림을 그리는 것에서도 다른 사람들보다 선천적으로 뛰어난 사람들이 있습니다. 공부를 해도 마찬가지입니다. 사업을 잘하는 사람들은 어디에서든 돈을 만드는 방법이 보입니다. 교사가 될 사람은 누가 시키지 않아도 어렸을 때부터 동네 아이들을 모아놓고 가르치기를 좋아합니다. 장난감을 다 뜯고 분해해서 다시 맞추는 일을 좋아하고 잘하는 사람도 있습니다. 이렇듯 하나님께서 주신 천부적인 달란트가 다양합니다.

르우벤의 지도력

르우벤도 선천적으로 남을 지도할 수 있는 탁월한 능력이 있는 사람이었습니다. 3절을 보십시오.

"르우벤아 너는 내 장자요 나의 능력이요 나의 기력의 시작이라 위광이 초등하고 권능이 탁월하도다마는"

르우벤은 부모의 사랑을 한몸에 받는 첫째 아들로 태어났습니다. 첫 아이를 키울 때는 모든 것이 신기하고 특별한 것이 됩니다. 다른 아이들이 다같이 하는 일인데도 그 아이만 특출한 것으로 보입니다. 그리고 첫째는 부모의 힘과 정력의 상징입니다. 자신이 젊었을 때 맺은 첫 번째 열매이기 때문에 자신의 젊음과 힘의 표상이 되는 것입니다. 그래서 다시 한번 주목을 받게 됩니다. 그리고 당당하고 권위가 있어 보입니다. 형제 중에 장자로 컸으니 얼마나 당당하고 자신감 있게 자랐겠습니까? 부족생활을 할 때에는 자연스럽게 아버지를 이어 부족의 지도자가 될 사람으로 자라게 되고 교육도 그렇게 받게 됩니다.

신명기 21장 17절에 의하면 장자는 아버지의 유업을 두 배로 받게 되어 있습니다. 그만큼 장자의 권리는 천부적으로 보장된 것입니다.

르우벤의 자리는 자신의 노력에 의해서가 아니라 자연적으로 높이 서는 자리였습니다. 또 그는 성격도 좋은 사람이었습니다. 모든 형제들이 막내인 요셉을 죽이려고 할 때에도 그를 살리기 위해서 요셉을 구덩이에 넣었다가 나중에 몰래 살려줄 생각을 할 만큼 정이 있고 마음이 넓은 사람이었습니다.

그리고 용맹한 사람이기도 했습니다. 베냐민을 데리고 애굽으로 가게 되었을 때도 먼저 자신의 아들들을 걸고 베냐민의 무사 귀환을 보증서겠다고 나섰습니다. 르우벤은 이렇게 인간적으로는 좋은 자질을 가진 사람이었습니다. 한마디로 충분히 다른 사람의 지도자가 될 수 있는 조건을 갖춘 사람이었습니다.

그러나 탁월한 지도자가 되는 것은 그 사람의 선천적인 자질만을 가지고는 안됩니다. 후천적으로 훈련된 인격이 없으면 그 사람의 자질이 아무런 빛도 발휘하지 못하게 됩니다. 선천적인 조건이나 외형적인 조건을 갖추었을지라도 나중에 자신이 훈련하지 않으면 그 쓰임을 실제적으로 발휘할 수 없는 것이기 때문입니다.
4절을 보십시오.

"물의 끓음과 같았은즉 너는 탁월치 못하리니 네가 아비의 침상에 올라 더럽혔음이로다 그가 내 침상에 올랐었도다."

르우벤은 선천적으로 타고난 좋은 기질에도 불구하고 물의 끓음과 같았기 때문에 탁월한 사람이 될 수 없었습니다. 이 얼마나 애석한 일입니까? 원래 자질이 없었던 것도 아닌데 아버지로부터 자질을 통해서 할 수 있는 일을 하나도 할 수 없게 되었다는 이야기를 들었으니 얼마나 안타까운 일입니까?
르우벤의 한 가지 문제점 그것 때문에 모든 것을 잃게 되었습니다. 즉 영적인 도덕적인 훈련을 통한 인격형성이 되어 있지 않았기 때문에 자기가 이미 가진 것만큼의 축복도 가질 수 없는 사람이 되고 말았습니다.

한편으로 르우벤은 끓는 물과 같이 다혈질적이고 급한 성품을 가진 사람이었습니다. 인내심과 자제력이 부족한 사람이었던 것입니다. 만일 조심성이 있고 통제력을 가진 사람이었다면 성품도 좋은 쪽으로 활용할 수 있었을 것입니다. 그런데 그 끓는 성품을 욕정에 맡겨 자신의 인생을 망쳐버렸습니다. 육적인 욕망의 포로가 되어서 자신이 가진 모든 것을 물거품으로 만들었습니다. 자기가 화가 난다거나 하고 싶다거나 하다고 해서 그대로 욕정에 몸을 맡기면 그 때까지 쌓아놓았던 모든 것을 망쳐버립니다.

자신을 통제할 수 없는 사람은 성공할 수 없습니다. 하고 싶은 말이 있을지라도 그 말을 다 해서는 안됩니다. 그럴 때는 자신의 입술을 하나님의 성령 안에 맡겨서 냉정하게 말들을 잘라낼 수 있어야 합니다. 분을 내고 싶은 순간이요, 화를 낼 수밖에 없는 순간이라고 할지라도 그 순간을 성령님의 은혜 속에 맡겨야 합니다. 그렇게 자신의 개인적인 욕망을 통제할 수 있는 사람만이 다른 사람들이 존경을 받을 수 있는 사람입니다.

그에게는 성령님이 통제하는 충만한 탁월함이 있습니다. 성령님께서 그 생각과 행동과 모든 것을 지켜주시고 함께 하시는 사람이 하나님의 충만한 성령 안에 있는 사람입니다. 내 속에 있는 힘과 기운이 있는 대로 막 밖으로 터져나오는 것이 아니라, 그 기운을 성령님의 통제 하심에 맡겨서 선한 곳으로 돌릴 수 있게 되어야 합니다. 그런 통제의 능력에서 탁월함이 나타나는 것입니다.

르우벤은 불행하게도 모든 가능성을 가지고 있었으면서도 자제력과 훈련의 부족 때문에 모두 잃었습니다. 르우벤은 자기의 어머니뻘되는 계모와 사람과 간음을 했습니다. 그런 사람이 어떻게 탁월한 지도자가 될 수 있겠습니까? 자제력이 부족했기 때문에 자신을 인간적인 욕정에서 구해내지 못하고 인류을 저버리는 죄를 범하고 말았던 것입니다.

레위기 18장 8절에 보면 "계모의 하체를 범하지 말라 이는 네 아비의 하체니라"는 말씀이 나옵니다. 계모와의 간음은 자기 아버지의 위신과 체통을 손상시킨 것이며 가문을 더럽힌 것입니다. 영적인 훈련이 안되고 인격이 잘 닦여진 사람이 아니라서 그는 지도자의 자격을 상실했고, 그 부족을 아무 영향력도 행사할 수 없게 전락시켰습니다.

신명기 33장 6절에서 모세는 "르우벤 지파를 살려주되 죽지는 않게 해 주시고 그 수가 너무 적지는 않기를 원한다"고 했습니다. 이것은 그 지파의 후손들이 겨우 유지됨을 나타내는 말입니다. 조상 한 사람의 잘못으로 인하여 겨우 존속하는 르우벤 지파로 떨어지고 만 것입니다. 따라서 리더십은 유다에게로, 장자권은 요셉에게로 넘어가고 그 자신은 타고난 조건마저도 향유할 수 없는 사람이 되고 말았습니다.

역대상 5장 1,2절에 보면, "르우벤에게는 장자의 명분을 기록하지 말라"고 나와 있습니다. 이미 그의 장자권이 다른 사람에게로 넘어가 버렸기 때문입니다. 선천적으로 가지고 태어난 장자권을 영적이고 도덕적인 훈련의 부족으로 빼앗겨 버린 것입니다. 본인은 물론이거니와 루우벤 자손의 입장에서 보면 더 안타까운 일이 아닐 수 없습니다. 조상 한 사람의 잘못이 그렇게 엄청난 영향을 끼친다는 것을 알고 하나님 앞에서 두려워하는 마음을 가져야 하겠습니다.

하나님께서는 우리에게 좋은 자질을 많이 주셨습니다. 참으로 감사한 일입니다. 그러나 그 자질은 우리가 가지고 있다고 해서 자기 스스로 빛을 발하고 우리에게 무엇인가를 가져다 주는 것이 아닙니다. 그것을 성령님의 통제 안에 넣고 자기 자신을 자제하고 훈련할 수 있는 사람에게만 그 자질이 빛이 날 수 있습니다. 그래야만 어느 곳에서 유용하게 쓰여야 하고 어느 곳에서는 잠잠해야 하는가를 알아서 현명하게 처신하는 사람이 될 수 있기 때문입니다.

우리 역시 우리가 가진 모든 장점을 하나님의 성령의 통제로 말미암아 최대한 발휘하고 선하게 사용해야 하겠습니다. 그래야 우리의 인생과 우리 자녀들이 인생에 탁월한 축복을 누릴 것입니다.

제29장

분노의 위험

"시므온과 레위는 형제요 그들의 칼은 잔해하는 기계로다 나 혼아 그들이 모의에 상관하지 말지어다 내 영광아 그들의 집회에 참여하지 말지어다 그들이 그 분노대로 사람을 죽이고 그 혈기대로 소의 발목 힘줄을 끊었음이로다 그 노염이 혹독하니 저주를 받을 것이요 분기가 맹렬하니 저주를 받을 것이라 내가 그들을 야곱 중에서 나누며 이스라엘 중에서 흩으리로다"(창 49:5-7).

분노의 위험

분노라고 하는 것은 대단히 위험한 것입니다. 늘 잘하다가 어쩌다 한 번 분을 낸 것이 인생을 전혀 다른 방향으로 달려가게 합니다. 왜냐하면 사람이 일으키는 분노는 다른 사람들과의 관계에 금이 가고 어긋나게 하는 것이기 때문입니다. 한 번 깨어진 관계를 회복하는 일은 깨어진 그릇을 다시 붙여서 쓸 수 있도록 만드는 것과 같이 어려운 일입니다.

시므온과 레위에 대한 예언

시므온과 레위는 야곱의 둘째와 셋째 아들입니다. 그리고 르우벤, 유다와 함께 레아의 네 아들 가운데 두 사람입니다. 흔히 넷 중에 중간에 끼인 아들들은 부모의 사랑을 받는 일에 노력이 필요합니다.

첫째는 장자라서 사랑을 받고, 막내는 막내라서 귀여움을 독차지하지만 가운데 있는 자식들은 노력하지 않으면 서열상 부모의 주목을 받기 어렵게 되어 있습니다. 그래서 이같은 공통점을 가진 시므온과 레위는 '가운데 끼인 형제'들끼리 마음이 맞아서 함께 행동을 했을 것입니다. 그래서 특별히 시므온과 레위는 '형제'라는 표현이 나오게 된 것입니다.

그런데 그들은 그렇게 잘 맞는 형제애를 올바르게 사용하지 못했습니다. 5절을 보십시오.

"시므온과 레위는 형제요 그들의 칼은 잔해하는 기계로다."

그들은 칼을 아주 잔인하게 사용하는 사람들이었습니다. 악은 함께 하는 사람이 있으면 더욱 큰 힘을 발휘하게 되고 대담해지게 되어 있습니다.

제가 미국에 있을 때, 청소년들과 함께 하는 사역을 했었습니다. 그래서 미국의 문제 청소년들을 많이 볼 수 있었습니다. 그들을 보면서 느낀 것은 아무리 착한 아이도 나쁜 아이와 함께 수어 놓으면 얼마든지 나쁜 일에 끌려들 수 있다는 것입니다.

어떤 아이는 절대로 그런 일을 할 리가 없다고 생각했는데 친구를 잘못 사귀어 평소에 생각지도 못한 일을 해서 주위 사람들을 놀라게 합니다. 원래 악한 아이는 아닌데도 두 사람이 모이면 악한 일에 용감해지고 대담해집니다. 같이 범죄를 저지를 사람이 있다는 것이 악을 무한대로 증폭시키는 원인이 되는 것 같습니다.

이상하게 함께 모이면 악이 상승하는 작용을 합니다. 그리고 악은 제곱으로 그 힘을 발휘하게 되어 있습니다.

미국의 십대들은 아주 끔찍할 만큼 일들을 저지릅니다. 그리고 당한 사람들은 보복이 두려워서 그 사실을 다른 사람들에게 말하지도 못합니다. 십대뿐만 아니라 그 사회를 살아가는 모든 사람들은 다 위험과 악에 노출되어 있는 상태입니다.

선을 행하기는 어렵지만 악한 것을 행하고 망하는 것은 너무도 쉽습니다. 신명기 28장 7,8절에 보면, 저주와 축복이 나오는데 저주는 축복의 세 배로 나옵니다. 왜냐하면 범죄할 수 있는 가능성이 선을 행할 수 있는 가능성보다 몇 배나 더 많기 때문입니다.

시므온과 레위는 마음이 맞는 형제로서 서로 통하는 마음을 가지고 악을 행하려 들 때 그 악이 더 대담해지고 강해졌던 것입니다. 비단 이들뿐만 아니라 조건만 주어진다면 상상도 할 수 없는 악을 행할 가능성은 누구에게나 있습니다.
어떤 신학교 교수님께서 말씀하시기를 "자기가 만약에 아무도 아는 사람이 없는 빠리에 혼자 있다면 어떤 일을 저지를지 모른다"고 했습니다. 자기를 아는 사람이 없는 곳에서는 어떤 악을 저지를 수도 있을 것 같다는 말입니다. 이것은 인간이면 가질 수 있는 욕망의 아주 솔직한 표현입니다. 인간의 본성은 언제든지 악을 행하려고 준비된 마음이 있음을 표현한 것입니다.

우리의 죄성은 한 번 주 앞에 회개한 것을 가지고 단번에 깨끗하게 고쳐지는 것이 아닙니다. 늘 스스로를 쳐서 복종시키고 가슴에서 악을 몰아내고 정결케 되는 것과 언제나 성령님께 심령을 맡길 때 우리는 참된 선을 행할 수 있습니다.
자기 의지만을 믿고 살 때에는 선한 방향을 향해 가다가도 갑자기 방향이 틀어지고 다른 방향을 돌리게 될 수 있는 불완전한 존재로 살게 됩니다. 우리는 범죄의 가능성이 우리 속에 도사림을 인식하고 인정해야 합니다. 그래서 늘 성령님께 의존하는 삶에 익숙해지고 습관화될 수 있도록 훈련해야 합니다.

베드로는 "주는 그리스도시요 살아계신 하나님의 아들"이라고 고백해서 예수님께 칭찬을 들었던 사람입니다. 그리고 예수님으로부터 "베드로라는 반석 위에 내 교회를 세우겠다"는 약속까지 들었습니다. 그런데 그 바로 다음에 "사단아 내 뒤로 물러가라"는 말을 듣게 됩니다. 복된 사람이 사단이 되는 데에 오랜 시간이 걸리는 것이 아니라는 것을 보여주는 아주 적절한 예입니다. 방금 하나님의 교회를 세우는 반석이 되었다가 순식간에 하나님의 역사를 방해하는 사단으로 떨어지는 것이 엄청난 잘못으로 인하여 된 것이 아니었습니다. 순간적으로 인간적인 생각으로 하나님의 역사를 가로막은 것이 그렇게 극적인 차이를 가져왔던 것입니다. 우리는 이 베드로의 교훈을 늘 기억해야겠습니다.

우리는 서로를 격려해서 이런 함정에 빠지지 않도록 해야 합니다. 그래서 성도의 교제가 중요하고 수요예배가 중요한 것입니다. 주 중에 우리를 점검하는 시간이 없다면 우리는 금방 사단의 자리에 설 수 있게 될지도 모릅니다.

일주일은 길다면 긴 시간인 것입니다. 그 중간에 한 번 수요일에 하나님 앞에서 자신을 바라볼 수 있는 기회를 가질 수 있다는 것은 아주 귀한 일이 됩니다. 세대가 악한 때에 서로 선을 행하도록 격려해 줄 수 있는 사람들이 있다는 것이 얼마나 귀한 일입니까? 선한 일을 위하여 짝을 짓는 일은 얼마든지 권장할 만한 일입니다. 그러면 합력하여 하나님의 일을 도모할 수 있기 때문입니다.

감정을 잘 절제하라

시므온과 레위는 자기 동생 디나가 세겜에게 겁탈을 당했을 때에 그 분풀이로 세겜 성 사람들을 모두 할례받도록 유도한 뒤에, 그들이 고통스러워서 일어나지도 못하고 있을 때에 그 성 사람들을 다 죽이는 잔인한 행위를 했습니다. 그들은 사람뿐만이 아니라 다른 짐승들까지도 해치는 행위를 서슴지 않았습니다.

6절을 보십시오.

"내 혼아 그들이 모의에 상관하지 말지어다 내 영광아 그들의 집회에 참여하지 말지어다 그들이 그 분노대로 사람을 죽이고 그 혈기대로 소의 발목 힘줄을 끊었음이로다."

그들은 분이 나는 대로 사람을 죽이고 소의 발목 힘줄을 끊었습니다. 소는 그 마을 사람들이 밭을 갈아서 먹을 수 있도록 만드는 아주 중요한 재산이요 없어서는 안될 짐승입니다. 그런데 그 짐승이 일어나 일을 할 수 없도록 발목의 힘줄을 끊어 놓은 것입니다. 이렇게 시므온과 레위는 하나님의 벌을 피할 수 없는 죄를 짓게 되었습니다.

물론 세겜 왕의 아들이 먼저 잘못을 행한 것은 분명하기 때문에 벌을 받아야 하기는 합니다. 그러나 벌이라고 하는 것은 그가 한 범죄 행위에 상응하는 마땅한 것으로 받게 해야 합니다. 한 사람이 잘못했다고 해서 그 마을 사람 전체를 죽이고 짐승들까지 해친다는 것은 그 범죄에 마땅한 벌이 아니라 자기의 개인적인 감정 때문에 저지른 악행이라고밖에 할 수 없습니다.

벌은 공의롭고 정당하게 내려져야 합니다. 아무리 자기의 여동생이 당한 부당한 일 때문이라고 해도 그것이 한 마을을 몰살시키는 정당한 이유가 될 수는 없습니다. 당연히 하나님께서 그들의 행위를 정당하게 보셨을 리 없습니다. 결국 그들이 행한 부당한 행위는 그들뿐 아니라 그들의 후손에 이르기까지 영향을 미치는 엄청난 일이 되었습니다.

두 아들은 개인적인 분노를 다스리지 못해서 이와같은 일을 행한 것입니다. 그래서 두고 두고 잔인한 사람으로 역사에 남게 되었습니다. 성경을 읽는 사람이라면 누구나 그들을 악한 사람으로 기억하지 않겠습니까?

그래서 예수님께서는 '사람을 직접 죽이는 것만 살인이 아니라 다른 사람을 향해서 품게 되는 분노 그 자체가 살인'이라고 말씀하셨습니다. 분노를 내지 않고 살 수 있는 사람은 없습니다. 성경에서 말하고 있는 것도 처음부터 분노를 내지 말라는 것이 아니라, 마음에 분노가 일어났다 하더라도 "그 하루의 해가 지기 전에 분노를 풀라"고 되어 있습니다. 바꾸어 말하면 '분노한 채로 잠든다면 그 분노의 책임이 그 사람에게도 있는 것'이라는 말입니다.

물론 그렇다고 해서 화내는 자체를 죄로 생각해서 화내지 않고 살려고 한다면 그 사람은 마음의 병에 걸리게 되어 있습니다. 화를 내는 것이 죄가 아니라 그것을 참지 못하고 범죄하거나 그 화를 오래도록 간직하고 있는 것이 죄입니다.

"화를 내는 한이 있어도 범죄하지 말라"는 것은 화를 내는 것과 범죄하는 것은 다르다는 것을 의미하고 있는 것입니다. 화는 누구나 낼 수 있습니다. 그러나 그렇다고 해서 다 범죄하는 것은 아닙니다. 마음에 전혀 분이 일어나지 않는 사람은 죽은 사람입니다. 살아있는 사람은 누구나 마음에 감정을 가지고 있기 때문에 화가 나게 되어 있습니다. 성경도 화내는 자체를 부정하는 것은 아닙니다. 다만 그 화나 분노가 죄로 옮겨가지 않도록 해야 된다는 말입니다.

분이 나서 일어나는 노와 그 노로 인한 힘을 다른 곳으로 돌릴 줄 아는 지혜가 필요합니다. 화가 나서 분출하게 되는 에너지는 상당한 것입니다. 그것을 선하게 돌린다면 그 사람을 범죄로부터 구해 낼 수 있을 뿐 아니라 무엇인가 다른 것을 이룰 수 있는 원동력이 되기도 한다는 것을 알아야 합니다.

분노의 에너지를 선하게 돌리는 일에는 성령님의 인도하심과 도우심이 절대로 필요합니다. 자신의 분노를 바르게 해결하지 못하고 속으로만 쌓아두는 사람은 다른 사람을 해하지는 않지만 그 대신 자신을 죽이는 쪽으로 나아가게 됩니다. 이것이 내성적인 사람들이 빠지기 쉬운 함정입니다. 분노는 다른 사람을 죽이거나 나를 죽게 만드는 아주 위험한 파괴력을 가진 에너지입니다.

제 딸은 자기 친구들이 "너는 왜 좀더 힘있게 살지 못하느냐"고 물었답니다. 무슨 일을 할 때에도 자기의 의견을 고집하지 않고 다른 사람들의 의견을 따라하기 때문이었습니다.
그래서 저는 "그런 말에 흔들리거나 갈등하지 말라"고 했습니다. 하나님의 절대적인 계시일 때는 한 발자국도 물러서서는 안 되겠지만 그 외의 것들에 대해서는 얼마든지 양보하고 부드럽게 해결하도록 하라고 했습니다. 하나님의 계시에 위배되는 절대적인 것이 아니라면 모두가 원하는 대로 원만하게 해결하면 되는 것이지 꼭 자기가 옳다고 고집을 세울 필요가 없다는 것이 제 생각입니다.
먹는 문제든지 무엇을 사고 안사고 하는 문제를 가지고 자기 주장만을 내세울 필요는 없습니다. 그래서 제 딸에게 "다른 사람들의 말에 신경 쓰지 말고 이제까지 네가 해온 방식으로 살라"고 했습니다. 그래야 편안한 삶을 살 수 있다는 것을 제가 잘 알고 있기 때문이었습니다.

화가 나는 이유들 중 대부분은 자기 주장이나 욕구가 강하고 이기적이기 때문에 생기는 것입니다. 하나님의 말씀에 순종하는 것을 막는 일들이 아니라면 이해하고 넘어가는 것이 좋습니다. 모든 일을 이해하려고 하고 좋게 생각하면 분노의 많은 부분을 줄일 수 있습니다. 때로는 어떤 사건은 손해를 나만 보는 것처럼 느껴질 때도 있겠지만 지내고 보면 그것이 결코 손해가 아니라는 것을 깨닫게 될 것입니다.

우리는 하나님께서 특별히 사랑하는 사람들입니다. 하나님께서는 특별히 사랑하는 사람이 그 말씀대로 선을 이루도록 행하면 절대로 손해 되는 일이 생기도록 내버려 두시는 분이 아니십니다. 지는 것 같지만 그것이 곧 이기는 것입니다. 그래서 손해가 축복으로 변화되는 은혜를 체험하게 될 것입니다. 무시당하고 멸시당하고 욕을 먹는 것 같지만 실제 그것이 우리에게 오는 것이 아니라 그렇게 한 사람에게 되돌아가게 되어 있습니다.

하나님은 우리를 사랑하셔서 언제나 우리를 돌보시고 모든 것이 합력하여 선을 이루십니다. 그러므로 우리가 화를 내서 분노의 힘으로 대처하지 않아도 하나님께서 모든 것을 선하게 해결하십니다. 우리는 그것을 믿기 때문에 분노를 참고 멸시를 참고 부당함을 참으면서도 해를 주는 사람들보다 훨씬 평안하게 잘 살 수 있는 것입니다. 조금 손해를 보면서 기다리는 것이 하나님의 더 큰 축복을 받는 비결입니다. 그런데 그렇게 살지 못한 시므온과 레위는 저주를 받게 되었습니다.

야곱은 시므온과 레위의 행동에 동의할 수 없었습니다. 그들에게는 동생이었지만 야곱에게는 딸이 당한 강간 사건이었습니다. 형제의 아픔보다 아버지의 아픔이 결코 작았을 리 없습니다. 그러나 그렇다고 그 성 사람들을 다 죽이는 것을 용인할 수는 없었습니다. 그런 야곱의 마음이 나중에 유언을 하는 자리에서 표출되어 나왔습니다. 시므온과 레위는 결국 아버지를 통해서 하나님으로부터 저주를 받습니다.

7절을 보십시오.

"그 노염이 혹독하니 저주를 받을 것이요 분기가 맹렬하니 저주를 받을 것이라 내가 그들을 야곱 중에서 나누며 이스라엘 중에서 흩으리로다."

자기의 분노를 해결하지 못할 때에는 그 결과가 이렇게 나타납니다. 화가 나는 대로 행동했던 그들은 하나님의 분노를 일으켰고 저주를 받아 이스라엘 중에서 흩어지는 부족이 되었습니다. 노여움과 분에는 저주가 붙어 있습니다. 혹독한 노여움에는 더욱 혹독한 저주가 붙어 있습니다. 그래서 상대방을 저주함으로써 결국은 자신이 자신의 무덤을 파게 되는 것입니다.

시므온과 레위 족속은 갈수록 약화되어 흩어지게 됩니다. 시므온 족속은 처음에는 5만이었는데 두번째 인구조사를 했을 때는 2만 4천밖에 되지 않았습니다. 옛날의 축복은 자손이 번창하고 그 수가 많아질수록 큰 축복의 징표가 되었습니다. 그런데 인구가 줄었다는 것은 하나님의 저주가 임했다는 증거입니다. 그리고 얼마 후에는 시므온 족속이 다른 곳으로 떠나버려서 한 국가를 이루는 일에 참여하지 못하고 맙니다.

레위 족속은 아예 처음부터 자기 지파의 기업을 갖지 못했습니다. 그리고 다른 종족들 속으로 분산되었습니다. 다른 종족들을 다 한 곳에 뭉쳐서 힘을 가지고 살게 되었는데 레위 족속은 그렇게 하지 못하고 48개의 도시에 분산되어 떠돌게 되었던 것입니다.

분노는 이렇게 위험한 것입니다. 증오는 이렇게 저주를 받는 것입니다. 우리 자신의 분노는 그것을 밖으로 터뜨리든 안으로 쌓아놓든 자기 자신을 망치게 되어 있습니다.

우리의 미래가 분노 때문에 어두워지고 망하지 않도록 조심해야겠습니다. 그래서 우리가 만일 분노를 갖게 되더라도 그것이 죄로 이어지지 않도록 성령님께서 우리를 지켜주실 것을 늘 기도하는 사람이 되어야 하겠습니다.

제30장

형제의 찬양

"유다야 너는 네 형제의 찬송이 될지라 네 손이 네 원수의 목을 잡을 것이요 네 아비의 아들들이 네 앞에 절하리로다 유다는 사자 새끼로다 내 아들아 너는 움킨 것을 찢고 올라갔도다 그의 엎드리고 웅크림이 수사자 같고 암사자 같으니 누가 그를 범할 수 있으랴 홀이 유다를 떠나지 아니하며 치리자의 지팡이가 그 발 사이에서 떠나지 아니하시기를 실로가 오시기까지 미치리니 그에게 모든 백성이 복종하리로다 그의 나귀를 포도나무에 매며 그 암나귀 새끼를 아름다운 포도나무에 맬 것이며 또 그 옷을 포도주에 빨며 그 복장을 포도즙에 빨리로다 그 눈은 포도주로 인하여 붉겠고 그 이는 우유로 인하여 희리로다"(창 49:8-12).

형제의 찬양

유다의 지도자적 자질

우리는 크든 작든 어떤 공동체에 속해서 살고 있습니다. 그런데 하나님의 사람들에게는 그 공동체들 사이에서 탁월한 지도자로 추앙받을 수 있는 자질들이 이미 주어져 있습니다. 우리는 유다를 통해서 탁월한 지도자적 자질에 대한 여러 가지 교훈을 받을 수 있습니다.

먼저, 인생의 실패는 스스로 선택을 잘못했기 때문이라는 것입니다. 삶이 잘 안풀리는 것은 대개 자신이 선택을 잘못했기 때문입니다. 실패하는 사람은 언제나 실패할 일들을 선택하고 실패자처럼 행동합니다. 다르게 말하면 **인생의 실패는 인격적이고 영적인 훈련의 부족 때문에 나타나는 것입니다.**

자연적인 조건에 있어서 유다는 그렇게 좋은 조건을 가진 사람이 아니었습니다. 그는 주목을 받기 어려운 넷째 아들이었습니다. 자기 앞에 기라성같은 형들이 셋이나 있었던 사람이었습니다. 그런데 불행하게도 그 형들은 자신들이 받은 천부적인 조건을 잘 활용하지 못하고 오히려 뒤처지는 사람이 되었습니다. 그리고 그것이 넷째인 유다에게는 기회로 작용했습니다.

  하나님의 축복이 넷째에게로 넘어간 것은 그 앞의 형들의 잘못 때문이었습니다. 르우벤은 물의 끓음과 같은 성품 때문에 자신의 불의한 욕정을 절제하지 못하고 계모와 간음을 해서 아버지의 침상을 더럽혔습니다. 그리고 그 일로 인하여 여러 가지 좋은 성품을 지녔지만 장자의 유산을 얻지 못하고 지도자적 탁월함을 가질 수 없었습니다.

  시므온과 레위도 서열상으로는 유다보다 빠른 사람이었지만 그들의 성격이 잔인하고 분노를 참지 못해서 남을 해치는 사람이었기 때문에 하나님의 저주를 받아서 자기의 지파들 중에서 흩어지는 사람들이 되었습니다.

  우리 나라의 정치 지도자들 중에도 윤리적 도덕적인 타락 때문에 그 자리를 내어 놓게 된 경우가 있었습니다. 개인적인 재능이 부족해서 그런 것이 아니라 그 사람의 도덕적이고 영적인 훈련이 되지 않아서 생긴 불상사였습니다.

  인생의 실패는 영적인 도덕적인 인격의 부족 때문에 나타나는 것입니다. 마찬가지로 인생의 성공과 행복도 결국은 자신의 선택에 따라서 나타납니다. 인생의 갈림길이 있을 때에 어떤 것을 선택하느냐에 따라서 인생이 결정되게 되어 있습니다. 자연적인 여건은 잘 맞지 않아도 그 사람의 됨됨이와 그 사람이 어떤 선택을 했느냐에 따라서 그리고 하나님의 은혜에 따라서 축복이 결정되게 되어 있다는 말입니다.

  인생의 성공은 자신의 선택과 하나님의 은혜가 함께 어울려 이루어집니다. 때문에 가진 여건은 그리 중요한 것이 아닙니다. 부잣집에서 태어났든지 가난한 집에서 태어났든지 아니면 육체에 어떤 결점이 있다든지 하는 것은 별로 중요한 문제가 아닙니다. 다만 자신의 인격을 성공적으로 계발하고 훈련시켜 나가고 그 위에 하나님의 은혜가 더해질 때에 성공이 보장되는 것입니다.

물론 자신이 태어난 집이 어떤 가문인가, 돈이 많은가, 공부를 많이 할 수 있는 조건이 되는가 하는 것이 처음에는 성공 요건으로 작용할 수 있습니다. 그러나 하나님의 도우심이 함께 하시지 않고 그 사람의 인격이 그에 미치지 못한다면 그 좋은 조건이 모두 쓸모없습니다. 오히려 그 좋은 조건 때문에 사람을 망치게 되는 경우가 종종 있습니다. 좋은 조건을 가지고 태어나는 것보다 자기 속에 좋은 품성을 지니고 태어나고 그것을 훈련시켜서 훌륭한 인격으로 만들어 내는 것이 더 확실한 성공의 열쇠가 됩니다. 좋은 품성은 영적인 자질로 변화되어 얼마든지 훌륭한 지도자로 성장하게 만드는 보고와 같습니다.

만약 저의 아내와 장인 장모님이 외형적인 것만 따졌다면 부모도 없이 피난을 내려온 고아 같은 사람을 어떻게 남편으로, 사위로 삼을 생각을 했겠습니까? 그런데 그 분들이 본 것은 외형적인 조건이 아니라 제 안에 하나님이 있는가 였습니다. 인격적 도덕적 영적으로 잘 훈련할 수 있는 사람인가를 보았던 것입니다. 하나님이 함께 하시면 외형적 조건은 아무 것도 아닙니다. 그렇지 않았으면 제가 어떻게 제 아내를 맞이할 수 있었겠으며, 이렇게 목회자가 될 수 있었겠습니까?

유다도 문제가 있는 사람이기는 했습니다. 자신도 알지 못하는 사이에 그도 자기의 며느리에게 자기의 아이를 갖게 하지 않았습니까? 그러나 그의 속에는 하나님을 향한 고상한 인격이 자라고 있었습니다. 그리고 넷째이긴 했지만 그 속에 지도자적 자질을 키우고 있는 사람이었습니다.

그는 자기의 며느리가 자신의 부당함을 말했을 때에 그 며느리의 행위가 옳다는 것을 서슴없이 인정했습니다. 자신이 며느리와 한 약속을 지키지 않았기 때문에 이런 일이 일어났다는 것을 깨끗이 시인한 것입니다.

누구나 잘못을 저지를 수는 있습니다. 그러나 윗사람으로서 아랫사람에게 자신의 잘못을 진심으로 시인하는 것은 쉬운 일이 아닙니다. 우리 가정에서 일어나는 문제들 대부분은 서로가 자신의 잘못을 인정하지 않기 때문에 생기는 일들입니다. 옅은 자존심 때문에 잘못했다는 말을 못해서 일을 크게 만들어 버리는 경우가 대부분입니다.

"미안합니다", "잘못했습니다", "감사합니다", "해 봅시다", "됩니다", "좋습니다", "용서하세요", "할 수 있습니다", 이런 말들을 적절하게 사용할 수 있는 사람들은 백 마디 말을 잘 하는 사람들보다 더 축복을 받을 수 있는 사람입니다.

인생이 기대한 것만큼 잘 풀리지 않는다고 생각하는 사람들은 자신이 이와같은 말을 얼마나 자주 쓰는가, 이와 반대되는 부정적인 말은 또 얼마나 자주 쓰는가 하는 것을 생각해 보십시오. 불행도 자신의 선택이고 행복도 자신의 선택입니다. 실패도 선택이고 성공도 선택입니다. 자신이 어떤 것을 선택하는가에 따라서 성공과 실패는 결정되는 것입니다.

유다는 형제들이 요셉을 죽이자는 모의를 했을 때도 그를 죽이는 것이 아무런 유익함이 없으니 차라리 상인들에게 팔자고 해서 지혜롭게 목숨을 구해줍니다. 그래서 그가 요셉을 애굽으로 보내는 빌미를 제공하는 사람이 되었습니다.

뿐만 아니라 애굽에 베냐민을 데리고 가야만 했을 때도 결단코 안 된다는 아버지 야곱을 논리적으로 잘 설득하고 자신이 모든 책임을 지겠다는 조건으로 베냐민과 함께 애굽으로 가는 데에 결정적인 역할을 합니다.

그리고 요셉에게 베냐민을 두고 오게 되었을 때에도 그의 앞에서 베냐민을 변호하고 자신의 집 사정을 적절하게 설명해서 감동시켰습니다.

인격은 성장하고 훌륭한 자질은 계발되는 것입니다. 따라서 자신을 어떤 인격으로 성장시키고 계발할 것인가를 결정하는 것은 자신의 마음에 달려 있습니다.

옛날 미국에 조나단 에드워드라고 하는 목사님이 계셨습니다. 그 분은 예일 대학의 총장으로 미국을 영적으로 각성시킨 아주 훌륭한 분이셨습니다. 그래서 200년 후에 그 자손들을 조사해 보았더니 한결같이 훌륭하게 되었습니다. 거의가 미국 사회에서 지도자적인 위치에 있는 사람들로서 존경받고 있었습니다.

그와는 반대로 같은 시기에 살았던 사람들 중에서 살인자의 자손들을 추적해 보았더니 그 후손들은 대부분 범죄하고 사회의 밑바닥에서 살고 있다는 것을 발견했습니다. 조상 한 사람에 따라서 그 후손들의 삶이 이렇게 달라졌던 것입니다. 두 사람의 예화는 한 사람의 조상이 축복의 출발점이 되거나 저주의 출발점이 됨을 보여주는 좋은 증거입니다.

하나님의 자녀요 예수를 믿어 영원한 소망을 가진 우리들은 자손들에게 영적인 축복을 물려주는 사람이 됩시다. 어떤 사람들은 이미 자기의 조상이 심어 놓은 복음의 씨앗이 있어서 지금 이렇게 신앙을 가지고 하나님의 축복을 받으면서 생활하게 된 경우도 있을 것입니다. 그런 사람들은 먼저 믿고 그 믿음을 물려준 조상을 주신 하나님께 감사하는 마음을 잊지 않아야 합니다. 자신이 그만큼 되게 된 데에는 자기 자신의 힘이 아니라 자신은 잘 알지도 못하는 조상의 기도의 힘이 작용하고 있기 때문입니다.

저희 할머니가 신앙인으로 출발하셨는데 어머니가 그대로 이어받았고, 삼대째가 되는 제 대에는 목회자가 나오게 되었습니다. 한 사람의 목회가가 나오는 데에도 이런 조상으로부터의 과정이 있었습니다. 저 역시 자식들에게 제 신앙보다 큰 신앙을 물려주어야 한다고 생각하고 있습니다.

네 형제의 찬송이 될지라

다시 말하지만 **축복은 개인적인 선택이요 하나님의 은혜입니다.** 어떤 축복이 그 가정에 있을 것인가? 그것은 그 가문의 지도자에게 달려 있습니다. 유다는 자기 가문에서 많은 지도자를 배출하게 하는 첫 시발점이 되었습니다.

8절을 보십시오.

> "유다야 너는 네 형제의 찬송이 될지라 네 손이 네 원수의 목을 잡을 것이요 네 아비의 아들들이 네 앞에 절하리로다."

유다는 똑같은 자격을 가진 형제들 가운데에서 뛰어난 자가 되었습니다. 지금도 그렇습니다. 교회의 똑같은 자격을 가진 교인들 가운데에도 지도자의 역할을 하는 사람이 따로 있습니다. 마치 똑같은 백성들 가운데서도 하나님께서 들어 쓰시는 사람이 있는 것과 같습니다.

유다에게는 원수를 이기는 힘이 있었습니다. 그래서 아무도 유다를 망하게 하는 자가 없다는 말하고 있습니다. 어떤 원수든지 반드시 있다는 뜻입니다.

9절에는 더욱 구체적인 비유가 나옵니다.

"유다는 사자 새끼로다 내 아들아 너는 움킨 것을 찢고 올라갔도다 그의 엎드리고 웅크림이 수사자 같고 암사자 같으니 누가 그를 범할 수 있으랴."

젊은 사자가 자기의 먹이를 보고 쫓아가서 잡는 것처럼 용맹한 사람이 되면 아무도 맹수들의 왕인 사자 앞에 대들지 못하는 것처럼, 유다 역시 그를 대적할 자가 아무도 없다는 말입니다. 그가 먹이를 먹고 포효하는 암사자와 수사자의 모습을 하고 있으니 아무도 그 가까이에 범접할 수 없다는 의미입니다.

암사자는 먹이를 얻어다가 자기의 새끼들을 기릅니다. 그리고 새끼들이 그 먹이를 먹는 동안 아무도 자기의 새끼들을 건드리지 못하도록 지켜줍니다. 새끼를 보호하는 모성 본능은 수컷이 암컷을 따라가지 못합니다. 사람도 이 점에 있어서는 마찬가지일 것입니다. 그래서 부성보다 모성이 강한 것입니다.

하나님께서는 이렇게 큰 축복을 넷째인 유다에게 주셨습니다.

그리고 유다에게는 감히 범할 수 없는 존경과 위엄을 주셨습니다. 진정 존경을 받는 사람들은 감히 그의 권위에 도전하려는 마음을 다른 사람이 가지지 못하게 하는 위엄이 있습니다. 그것은 나이가 많다던가 지위가 높아서 생기는 것이 아니라, 인격과 사고의 준수함에서 우러나는 권위요 위엄이기 때문입니다. 또한 삶의 모습에서 훈련된 인격으로 인하여 얻어진 것이라서 누구도 함부로 할 수 없기 때문입니다.

존경의 내용은 인격입니다. 사도 바울도 디모데에게 쓰는 편지에 이르기를 "나이가 어리다고 멸시당하지 않도록 하라"고 말하고 있습니다. 그리고 "모든 믿는 자들 사이에서 본이 되라"고 덧붙입니다. 디모데처럼 우리도 사랑과 믿음과 순결함에 있어서 이런 것들을 잘 길러나가는 사람이 되어야 합니다. 그런 사람들은 어느 곳에서든지 지도자다운 매력을 발산하는 사람들이 될 수 있습니다. 우리의 삶에도 아무도 범할 수 없는 인격을 갖추는 축복이 임하기를 바랍니다.

유다의 후손은 대대로 고관과 지도자들이 나올 것이라는 예언을 받습니다. 10절을 보십시오.

> "홀이 유다를 떠나지 아니하며 치리자의 지팡이가 그 발 사이에서 떠나지 아니하시기를 실로가 오시기까지 미치리니 그에게 모든 백성이 복종하리로다."

결국 유다 한 사람이 하나님 앞에서 도우심을 구하고, 그 은혜에 감사하고, 하나님께 영광 돌리며 살려고 할 때에 이르는 축복이 있을 것을 예언합니다. 유다에게 주어진 축복은 한 사람이 하나님께 충성됨으로 말미암아 끼치는 영향이 이렇게 크다는 것을 말해 주는 예언의 전형입니다.

유다의 자손들 가운데서 이십 명의 왕이 나왔습니다. 아브라함과 이삭과 야곱의 축복을 대대로 물려받는 특권을 누리게 된 사람이 유다로 정해졌기 때문입니다. 이 내용은 하나님 앞에서 어떤 선택을 하느냐 하는 것이 그 자손대대로 이어지는 축복의 원천임을 보여줍니다.

여기서 '실로'라는 것은 '메시아'를 말합니다. 따라서 실로가 오시기까지 모든 백성이 그에게 복종하리라는 말은 예수 그리스도께서 오실 때까지 그에게 지도자의 영광을 주시겠다는 약속의 말씀입니다.

물론 예언은 예언을 받은 사람 당대에 그것이 이루어지는 것을 보지 못할 수도 있습니다. 그 사람은 자기 후손의 조상으로서 좋은 씨를 심는 사람으로 사는 것이 사명인 것입니다. 나 한 사람의 결단과 선택과 행함 때문에 그 후손 대대로 축복이 이어지게 된다면 더이상 지상에서 할 수 있는 일은 다 했다고 보아도 부족함이 없습니다.

우리들 역시 그런 축복을 누려야 합니다. 하나님의 축복이 우리 대에서 끝나는 것이 아니라 대대손손 이어지기 위해서 우리 한 사람의 역할이 얼마나 중요한가 하는 것을 깨닫고 자신의 할 일을 충분히 이루는 사람이 되기를 축원드립니다!

실로는 '평화의 왕 메시아'를 말하는 것입니다. 이 말은 축복된 평화와 번영의 시대가 그 앞에 기다리고 있다는 것을 말합니다. 세상을 선택하고 악을 선택하고 사단을 선택한 자는 끝나는 날이 되고, 하나님을 선택하고 선을 선택하고 참된 인격을 선택한 사람은 평화와 사랑이 넘치는 나라를 만나게 되는 때를 몰고 오는 분이 '실로'입니다.

그 시대가 어떤 시대인가 하는 것은 11, 12절에 나타나 있습니다.

> "그의 나귀를 포도나무에 매며 그 암나귀 새끼를 아름다운 포도나무에 맬 것이며 또 그 옷을 포도주에 빨며 그 복장을 포도즙에 빨리로다 그 눈은 포도주로 인하여 붉겠고 그 이는 우유로 인하여 희리로다."

유대 민족을 향한 하나님의 축복은 풍성한 것으로 예비되어 있었습니다. 포도주가 풍성하게 흘려넘쳐서 그 술에 옷을 빨아도 될 정도로 풍요로움이 약속되어 있습니다.

이 말은 술이 그만큼 많게 될 것이라는 것이 아니라, 농사가 풍요해지며 함께 나누는 기쁨이 풍요로워질 것이라는 비유입니다. 그 지방의 주된 농산물을 비유로 듦으로써 사람들의 이해를 돕기 위한 방법입니다. 유다 족속뿐 아니라 참으로 하나님을 선택한 사람의 미래는 번창하고 풍요로움이 약속되어 있습니다.

그 축복은 하나님의 은혜와 우리의 태도에 달려 있습니다. 우리가 어떤 미래를 바라보고 어떤 기도를 하며, 어떤 행동을 하는가에 따라 받을 축복이 결정됩니다.

우리가 이 땅에 사는 동안에 어떤 선택을 하며 하나님을 어떻게 따르느냐 하는 것은 나 한 사람의 축복뿐 아니라 후손들의 미래까지도 결정할 수 있습니다. 예수님이 오셔서 천국을 회복하실 때까지 이 땅에서의 삶도 축복되고 풍요로운 것이 되게 하는 것은 바로 우리에게 달린 것입니다. 우리는 그것에 대한 사명감을 가지고 살아야 하겠습니다.

이제 우리가 맞이할 메시아의 세계가 어떤 세계인지, 하나님이 주시고자 하는 축복이 어떤 것인지 하는 것은 이사야 65장을 통해 살펴봅시다.

> "그들이 가옥을 건축하고 그것에 거하겠고 포도원을 재배하고 열매를 먹을 것이며 그들의 건축한 데 타인이 거하지 아니할 것이며 그들의 재배한 것을 타인이 먹지 아니하리니 이는 내 백성의 수한이 나무의 수한과 같겠고 나의 택한 자가 그 손으로 일한 것을 길이 누릴 것임이며 그들의 수고가 헛되지 않겠

고 그들의 생산한 것이 재난에 걸리지 아니하리니 그들은 여호
와의 복된 자의 자손이요 그 소생도 그들과 함께 될 것임이라
그들이 부르기 전에 내가 응답하겠고 그들이 말을 마치기 전에
내가 들을 것이며 이리와 어린 양이 함께 먹을 것이며 사자가
소처럼 짚을 먹을 것이며 뱀은 흙으로 식물을 삼을 것이니 나
의 성산에서는 해함도 없겠고 상함도 없으리라 여호와의 말이
니라"(사 65 : 21-25).

이러한 축복을 구하는 기도가 우리에게 반드시 있어야겠습니다. 더 나아가 이러한 하나님의 축복을 우리 자신만 누릴 뿐만 아니라 우리의 후손에게 길이길이 물려줍시다. 또한 가능하다면 우리와 함께 하는 모든 사람들이 동참하여 누릴 수 있도록 기도하고 행합시다. 주님께서 오시기까지 이 말씀이 그대로 이 땅에서 이루어지기는 어렵지만 우리의 마음 가운데, 그리고 실제 생활 가운데서 그 모형들이 이루어지게 하는 일은 우리들의 믿음과 행함에 달려 있습니다.

제31장

구원을 기다립니다

"스불론은 해변에 거하리니 그곳은 배 매는 해변이라 그 지경이 시돈까지리로다 잇사갈은 양의 우리 사이에 꿇어앉은 건장한 나귀로다 그는 쉴 곳을 보고 좋게 여기며 토지를 보고 아름답게 여기고 어깨를 내려 짐을 메고 압제 아래서 섬기리로다 단은 이스라엘의 한 지파같이 그 백성을 심판하리로다 단은 길의 뱀이요 첩경의 독사리로다 말굽을 물어서 그 탄 자로 뒤로 떨어지게 하리로다 여호와여 나는 주의 구원을 기다리나이다 갓은 군대의 박격을 받으나 도리어 그 뒤를 추격하리로다 아셀에게서 나는 식물은 기름진 것이라 그가 왕을 공궤하리로다 납달리는 놓인 암사슴이라 아름다운 소리를 발하는도다"(창 49:13-21).

"베냐민은 물어뜯는 이리라 아침에는 빼앗은 것을 먹고 저녁에는 움킨 것을 나누리로다 이들은 이스라엘의 십이 지파라 이와 같이 그 아비가 그들에게 말하고 그들에게 축복하였으되 그들 각인의 분량대로 축복하였더라"(창 49:27-28).

구원을 기다립니다

야곱의 축복과 예언은 그 눈이 거의 보이지 않는 상태에서 이루어졌습니다. 평생을 함께 살아서 눈으로 보지 않아도 그 아들들에 대한 모든 것을 다 알 수 있는 상태였기 때문에 보이지 않는다는 것이 그렇게 큰 장애가 되는 것은 아니었습니다.

그의 축복과 예언 하나하나에는 그 자식들의 성품과 특성이 나타나 있습니다. 야곱이 자기 아들들의 기질과 분량에 알맞는 축복을 한 것은 곧 자신의 축복은 자신이 만들어내는 것이라는 뜻이 담겨져 있습니다.

아마 우리 역시 아이들을 축복하더라도 그 아이의 성품과 특징에 맞는 것으로 축복할 것입니다.

성도들의 가정을 위해서 기도를 할 때에도 그 가정에서 풍겨나는 이미지를 따라서 기도합니다. 심방가서 말씀을 전할 때도 그 가정의 이미지에 맞는 구절들이 떠올라서 자연스럽게 전하게 됩니다.

찬송을 불러도 그렇습니다. 이렇게 되는 것은 그 사람에게서 풍기는 것과 평소의 모습이 강하게 박혀 있기 때문입니다. 그러므로 자신의 축복은 자신이 선택하는 것이라고 할 수 있습니다. 하나님의 말씀처럼 심는 대로 거두게 되어 있습니다.

젊은 사람들의 얼굴을 보는 것만으로도 저는 즐겁고 좋습니다. 왜냐하면 그들에게는 창창한 미래가 있기 때문입니다. 지금 그들은 어떤 생각을 하고 있으며 어떤 자세를 가지고 어떻게 행동하고 있느냐에 따라 자신의 미래의 축복이 결정되는 사람들입니다. 자기의 축복을 충분히 스스로 누릴 만한 자리에 있는 사람들입니다. 야곱의 아들들도 젊었을 때에 만들어져 규정된 평소의 성품대로 축복을 받고 그 특성대로 열두 지파를 만들게 되었습니다.

우리 성품 또한 간단한 몇 마디로 요약될 수 있는 사람들입니다. '정직하다든가', '신실하다' 든가, 혹은 '무책임하다' 든가, '믿을 수 없는 사람' 이라든가 하는 식으로 그 사람을 표현하곤 합니다. 우리의 인생 성품은 그렇게 말 한 마디로 정리될 수 있고 그에 따라 자기만의 특징을 얻게도 됩니다.

우리는 삶에서 받는 평가에 대해서는 자신이 책임을 져야 합니다. 특별히 젊은 사람들에게는 그 시간이 많이 남아 있으므로 얼마든지 자신의 모습을 아름답게 만들 기회가 있습니다. 그래서 젊은이들이 아름답고 귀합니다. 그리고 그렇게 귀한 만큼 그 시간을 낭비하거나 헛되이 하는 책임도 자신이 져야 합니다.

스불론에 대한 축복

그럼 13절부터 말씀을 살펴보도록 합시다.

"스불론은 해변에 거하리니 그곳은 배 매는 해변이라 그 지경이 시돈까지리로다."

스불론의 이야기는 이것이 전부입니다. 그는 레아가 낳은 막내아들이고 야곱의 열번째 아들입니다. 성경에는 스불론 개인에 대한 이야기가 그렇게 많이 나타나지 않습니다. 그 부족이 특별히 공적을 가진 것도 아니었고 그렇다고 문제를 일으키는 부족도 아니었습니다. 그저 조용한 부족이었습니다. 그런데 그는 물을 좋아했던 모양이었습니다. 그래서 야곱으로부터 "바닷가에서 살며 그 지경이 시돈에까지 이르리라"는 예언만을 받습니다.

바닷가에 산다는 것은 아주 평범한 예언입니다. 그리고 해변가에서 살 것인데 그 경계가 시돈에까지 이르리라 합니다. 별로 특별할 것이 없습니다. 아주 구체적이지도 않습니다. 다만 해상무역으로 번성하리라는 것을 알 수는 있습니다. 신명기에 보면 그렇게 나와 있기도 합니다.

많은 사람들은 스불론처럼 살다가 갑니다. 별로 특별할 것도 기억에 남을 것도 없는 사람들로 살다가 가는 것입니다. 그러나 그런 사람들이 이어져서 역사를 이룩하고 세상이 계속되어 나가게 합니다. 영웅이 많을 수는 없습니다. 그리고 이런 평범한 사람들이 없다면 영웅도 필요하지 않습니다. 평범한 사람들이 없다면 영웅이 영웅일 수 없기 때문입니다.

잇사갈에 대한 축복

잇사갈은 레아의 다섯번째 아들이요 야곱으로서는 아홉번째 아들입니다. 잇사갈 부족은 모세 시대에 오만 사천의 군대를 배출한 지파입니다. 지중해 주변 지역에 그 이름이 붙은 동네가 있는데 이스라엘에서 가장 비옥한 동네 가운데 하나입니다.

이 지파의 특징은 사회나 정치나 문화에 대해 별다른 관심이 없고 그저 돈을 많이 벌어서 창고에 쌓는 것을 재미로 사는 사람들입니다.

14, 15절을 보십시오.

> "잇사갈은 양의 우리 사이에 꿇어앉은 건장한 나귀로다 그는 쉴 곳을 보고 좋게 여기며 토지를 보고 아름답게 여기고 어깨를 내려 짐을 메고 압제 아래서 섬기리로다."

잇사갈은 나귀에 비유됩니다. 안장을 등에 얹고 짐을 싣고 가는 건장한 당나귀같다는 말입니다. 그는 아마 일을 잘하는 건장한 청년으로 자라난 것 같습니다. 그런데 그는 쉴 곳 즉 토지와 집을 보면 아주 만족하게 여기고 사는 사람입니다. 특별한 야망이나 욕심이 없이 자기 자리라고 생각되는 자리를 잡으면 그냥 그 자리에서 걱정 없이 편안히 사는 것을 좋게 여기는 사람들이라는 말입니다. 다른 영적인 흥미도 정치적인 흥미도 없이 그저 배부르고 걱정이 없으면 자신의 재산을 모으는 재미로 사는 세상 사람들입니다.

노동에 성실하고 건강한 사람들이기 때문에 다른 사람을 섬기고 자신에게 주어진 일을 하면서 살게 될 것이라는 예언을 받은 것입니다. 이 말은 다른 사람들의 지도자의 위치에 서게 되기는 상대적으로 어려운 사람들이라고 해석할 수 있습니다.

또한 하나님의 백성으로서의 영적인 자부심이 전혀 없는 사람들이라서 신명기 33장 18, 19절에 모세도 "잇사갈은 재산을 모으는 일에만 관심이 있다"고 말합니다. 자신의 노동력으로 부를 이루고 사는 것은 나무랄 일이 아니지만 그것만이 전부인 줄 알고 사는 것은 공동체 생활을 하는 데 문제가 될 수 있고, 무엇보다도 아무런 영적인 갈증 없이 세상을 산다면 큰 문제가 되는 것은 분명합니다. 아주 개인주의적으로 살아서 남에게 피해도 주지 않지만 그렇다고 다른 사람들을 도우며 사는 사람들도 아닙니다. 따라서 해가 되는 사람들도 아니지만 덕이 되는 사람들이라고도 할 수 없습니다.

우리 그리스도인들은 열심히 일하고 그 대가를 얻어서 세상을 즐기면서 살 수 있습니다. 그러나 그것으로만 끝나서는 안 됩니다. 땅의 삶과 함께 영적인 삶을 누리면서 사는 사람이 되어야 하고 나 자신뿐 아니라 이웃을 돌아보며 사랑을 나누는 사람이 되어야 합니다. 요한1서 23-24절에서도 '우리가 서로 사랑을 나누는 것을 보아야 우리가 예수 그리스도의 제자'라고 기록했습니다.

"그의 계명은 이것이니 곧 그 아들 예수 그리스도의 이름을 믿고 그가 우리에게 주신 계명대로 서로 사랑할 것이니라 그의 계명을 지키는 자는 주 안에 거하고 주는 저 안에 거하시나니 우리는 주의 성령으로 말미암아 그가 우리 안에 거하시는 줄을 우리가 아느니라"

단에 대한 축복

다음은 단입니다. 단은 빌하의 첫째 아들이요 야곱의 다섯째 아들입니다. 단지파는 아주 기름진 옥토를 가지고 살고 있었던 사람들입니다. 그곳에는 옥수수가 잘 되는 땅으로 아모리 사람들이 살고 있었는데 그들이 그 땅을 내 놓으려고 하지 않았습니다. 그래서 그 땅을 차지하기 위해서 아주 치열한 전쟁을 했습니다. 한 때는 에브라임 사람들의 도움으로 큰 지역을 확보하기도 했지만 블레셋 사람들이 들어

오면서 그 땅을 빼앗기기도 했습니다.

이렇게 단 족속은 늘 전쟁으로 밀고 밀리는 싸움을 하면서 살았습니다. 나중에는 그 곳에서 쫓겨나서 갈릴리 지방의 북쪽 라위시라는 곳에 들어가서 그 사람들을 없애고 그 동네를 차지하고 살았습니다. 단 족속은 늘 밀리는 전쟁만 하고 마지막에는 남에게 혜를 끼치고 살다가 나중에는 그 민족이 어디로 갔는지 흔적이 없어졌습니다.

16, 17절을 보십시오.

> "단은 이스라엘의 한 지파같이 그 백성을 심판하리로다 단은 길의 뱀이요 첩경의 독사리로다 말굽을 물어서 그 탄 자로 뒤로 떨어지게 하리로다."

단 지파는 그 백성을 심판하리라는 예언을 받았음에도 불구하고 나중에는 자기의 임무를 다하지 못하고 사라지는 사람들이 된 것입니다. '첩경의 독사'라는 말과 '말 탄 사람을 물어서 쓰러뜨리리라'는 말은 전쟁을 자주하는 민족이 되겠다는 말입니다.

사사기 18장에도 보면 단 족속 중에는 유명한 전사가 600명이나 있었다고 말하고 있습니다. 전쟁이 많고 그 전쟁이 늘 어려운 것이었기 때문에 다른 사람들에게는 없는 아주 특별한 기도가 그들에게는 나타납니다. 18절입니다.

> "여호와여 나는 주의 구원을 기다리나이다."

이것이 무슨 말입니까? 자신의 삶이 늘 너무 힘들었기 때문에 여호와의 구원을 기다리면서 살 수밖에 없는 사람들이라는 말입니다.

그런데 이것은 단이 자신을 위해서 하는 기도인지, 아니면 예언을 하는 중에 야곱이 하는 기도인지가 분명치 않습니다. 야곱은 그 말을 끝내면 죽을 것인데 단이 당할 여러 가지 고통을 생각하니까 너무 가슴이 아파서 하는 말일 수도 있을 것입니다. 그리고 자기 자신의 이 땅에서의 시간이 다되었음을 의미하는 기도일 수도 있습니다.

만약에 이 기도가 야곱의 기도라면 참으로 멋있는 기도입니다. 자신의 마지막 순간에 하나님의 구원을 기다리는 기도로써 마지막 순간까지 하나님의 구원의 손길을 바라면서 하는 기도이기 때문입니다. 그 기도가 자식들에게 하는 유언과 예언의 중간에 이루진 것은 일평생 하나님과 함께 한 사람이었기에 가능한 것이었습니다. 그래서 야곱은 자신의 마지막 순간까지 하나님의 구원하시는 은혜를 바라는 사람으로 살다가 가게 되었습니다. 이 모습은 날마다 살아가는 동안 주님과 대화하면서 늘 동행했던 사람만이 할 수 있습니다.

그리고 자신의 아들 단이 어려움에 처할 것이 분명한데 그 때에 메시아가 나타나 그들을 구원해 주실 것을 기원하는 말씀이라고도 할 수 있습니다. 또 단 족이 나중에는 성경에서 없어지게 되기 때문에 그들의 앞날을 위한 기도를 했다고도 볼 수 있습니다.

그들은 갈릴리 북쪽으로 쫓겨 올라가서 라위시 사람들을 내쫓고 단이라는 마을을 만들고 살았지만 그 마을은 이름만 남아있을 뿐 그 부족들은 어떻게 되었는지 알 수 없습니다.

역대상 2장을 보면 이스라엘 지파의 족보가 다 나오는데 단 족만 그 족보에서 제외되었습니다. 신약의 요한계시록에도 다른 부족은 다 있는데 단 족속만 나타나지 않습니다.

이렇게 행방도 없이 사라진 사람들이 가질 수 있는 희망이라는 것은 하나님의 구원하심 밖에는 없습니다. 그 구원의 성취가 어떻게 일어나는가에 대한 방법은 알 수 없지만 하나님만이 그들과 동행하시며 함께 하실 것이라는 사실은 분명합니다. 이 세상 마지막 때에 단 족의 피를 하나님께서 어디에서 찾아내실지는 알 수 없지만 하나님의 은혜는 늘 그들을 돌보아 주실 것입니다.

이 세 부족의 이야기 중 특별히 단 족의 이야기를 통해서 배울 것이 있습니다. 먼저 행여라도 그들처럼 하나님의 역사 가운데에서 사라지는 일이 없어야 합니다. 다음으로 설사 그렇게 될 수 있는 상황에서라도 주님이 우리의 구원자이시며, 어떠한 상황에 있을지라도 하나님께서는 우리와 함께 하실 것이라는 것을 믿고 항상 주님의 구원을 기다리는 사람들이 되어야 합니다.

어떤 것을 배운다는 것은 꼭 우리보다 나은 사람들에게서만 가능한 것은 아닙니다. 우리보다 못한 사람이라거나 실패한 사람을 통해서도 하나님께서는 경각심을 일깨우게 하시고 은혜를 깨닫게 하십니다! 그리고 깨닫는 것보다 더 중요한 것은 깨달은 상태에서 머무는 것이 아니라 그 깨달음을 기도하는 가운데 실천하는 것입니다! 그렇지 않으면 깨닫는 것이 아무런 소용이 없습니다. 우리들은 각자 자신이 처한 위치에서 깨달은 것을 자신의 삶이 적용할 줄 아는 지혜로운 사람들이 되어야 하겠습니다.

제32장

으뜸되는 복을 주리라

"요셉은 무성한 가지 곧 샘 곁의 무성한 가지라 그 가지가 담을 넘었도다 활쏘는 자가 그를 학대하며 그를 쏘며 그를 군박하였으나 요셉의 활이 도리어 견강하며 그의 팔이 힘이 있으니 야곱의 전능자의 손을 힘입음이라 그로부터 이스라엘의 반석인 목자가 나도다 네 아비의 하나님께로 말미암나니 그가 너를 도우실 것이요 전능자로 말미암나니 그가 네게 복을 주실 것이라 위로 하늘의 복과 아래로 원천의 복과 젖먹이는 복과 태의 복이리로다 네 아비의 축복이 내 부여조의 축복보다 나아서 영원한 산이 한없음 같이 이 축복이 요셉의 머리로 돌아오며 그 형제 중 뛰어난 자의 정수리로 돌아오리로다"(창 49:22-26).

으뜸되는 복을 주리라

일과 일을 합하면 이가 되는 것이 수학적인 계산이지만 사람은 한 사람과 한 사람이 합해지면 셋 이상의 힘이 생기게 되어 있습니다. 그리고 사람과 하나님이 합하면 아주 폭발적인 은혜가 나타납니다. 탁월하고 뛰어나며 으뜸되는 삶이 나타남은 바로 하나님과 사람의 결합 같은 것입니다.

요셉은 자기 혼자 사는 삶이 아니었고 하나님과 합해져 탁월한 삶을 살았던 사람입니다. 우리의 삶도 마찬가지입니다. 하나님과 함께 한다면 으뜸되는 축복, 뛰어난 사람이 되는 축복이 우리에게도 반드시 열립니다.

요셉에 대한 축복

본문 말씀을 요약해 보면 세 가지로 나타납니다. 첫째는 시련 속에서도 힘있게 번창하는 사람이 될 수 있다는 것, 두번째는 하나님의 끝없는 축복이 우리에게 있다는 것, 그리고 세번째는 모든 것을 능가하는 축복이 우리를 기다린다는 것입니다.

시련 속에서 힘있게 번창해가는 사람이 될 수 있다는 말은 으뜸되는 사람은 어디가 달라도 남다른 사람이 된다는 말과 통합니다. 요셉에 대한 축복은 다른 형제들과 달리 두 번이나 나타납니다. 요셉이 두 아들을 데리고 왔을 때에 축복한 적이 있었고, 그 다음에는 다른 형제들과 같은 자리에서 있을 때 또다시 축복을 받았습니다.

처음 요셉이 축복을 얻은 것은 야곱이 아프다는 소식을 듣고나서였습니다. 그 때에는 형제들은 한 사람도 야곱을 찾아오지 않았습니다. 이것을 보아도 요셉에게 형제들과 다른 점이 있음이 증경됩니다.
요셉은 '부모를 공경하는 사람은 이 땅에서 장수하고 잘되는 하나님의 약속된 축복'을 받을 자격을 갖춘 사람이었습니다. 부모 공경하는 것은 보장된 축복의 조건 중의 하나입니다. 부모를 공경하는 사람을 하나님께서 복주시지 않는 경우는 없습니다.

얼마 전 심방한 가정에서 한 어머니의 이야기를 들었습니다. 그 분은 남편도 없이 자식들을 키웠는데 그 자식들이 직장에 들어가서 월급을 타지만 어머니의 생활비를 가져다 주지 않는다는 이야기였습니다.
저는 그 이야기를 듣고 그 집안이 걱정스러웠습니다. 하나님을 경외하는 사람은 요셉처럼 부모도 공경하여 복을 받게 되지만, 그렇지 않은 사람에게 하나님의 복이 있을 리가 없기 때문입니다.

22절을 보십시오.

"요셉은 무성한 가지 곧 샘 곁의 무성한 가지라 그 가지가 담을 넘었도다."

요셉은 무성한 나무가지에 비유되었습니다. 이 가지는 포도나무 가지를 가리킵니다. 그 가지가 너무 번창해서 포도나무 가지가 담을 넘어서 다른 곳으로 뻗어나가는 축복이 그에게 임했다는 말입니다. 이것이 하나님께서 우리에게 주시기 원하시는 축복의 모형입니다. 이것이 인간과 하나님이 하나가 되었을 때 나타나는 축복입니다.

포도나무는 그냥 무성하게 자라는 것이 아닙니다. 그 나무는 샘 곁에 있는 나무였습니다. 날마다 생명수가 흐르는 샘 옆에 뿌리를 내리고 살아야 많은 열매를 맺을 수 있습니다. 나무가 물가 깊이 뿌리를 내리면 아무리 큰 폭풍과 시련이 몰아쳐와도 결코 쓰러지지 않습니다.

시련은 그 나무의 견고함을 시험하는 도구입니다. 어쩌다가 한 번씩 물을 주는 나무가 아니라 늘 물가에 심겨 있는 나무에게만 이런 축복이 나타납니다. 지속적인 생명수의 공급이 있지 않으면 그렇게 좋은 열매를 맺으며 사는 나무가 될 수 없습니다.

하나님을 믿고 사는 것은 그 사람의 삶의 방식이지 예식에 참여하는 것은 아닙니다. 우리 안에서 순간마다 솟아나는 성령의 샘물이 우리 안에서 지속적인 힘을 발휘할 때에 우리도 샘가에 심긴 포도나무처럼 살 수 있습니다.

이런 삶이 승리는 삶이요, 담을 넘어가서 열매를 맺는 삶입니다. 그리고 이것이 우리 모든 믿는 사람들에게 주신 약속입니다. 날마다 주님 안에 뿌리를 내리고 날마다 주님을 통해서 힘이 공급되는 삶을 사는 사람에게는 이런 열매의 축복이 약속되어 있습니다.

그리고 그 다음에는 요셉을 힘 있는 불굴의 장군으로 묘사합니다.
23, 24절을 보십시오.

"활 쏘는 자가 그를 학대하며 그를 쏘며 그를 군박하였으나 요셉의 활이 도리어 견강하며 그의 팔이 힘이 있으니 야곱의 전능자의 손을 힘입음이라 그로부터 이스라엘의 반석인 목자가 나도다."

이 구절은 적들이 그를 해치려 하든 끌어내리려 하든 적들을 능히 물리칠 수 있음을 말하고 있습니다. 우리들도 삶을 살다보면 우리를 해하려고 하는 적들을 사방에서 만날 수 있습니다. 그러나 우리가 하나님과 함께 한다면 아무리 많은 적들이 온다고 해도 절대로 패배하지 않습니다. 적들이 아무리 강한 무기를 휘두르고 아무리 많은 활을 쏠지라도 도리어 우리의 활이 강하므로 그들의 공격을 장쾌하게 물리칠 수 있습니다.

요셉의 활은 힘이 있습니다. 지치거나 쓰러지지 않습니다. 그러한 강성함에는 이유가 있습니다. 하나님께서는 두 손으로 그를 붙들어 주시기 때문입니다.

하나님께 소망을 두고 하나님께 깊이 뿌리를 내리고 사는 사람에게는 어떤 공격과 시련 속에서도 흔들리지 않도록 하나님께서 붙들어 주십니다. 우리 힘으로는 도저히 할 수 없는 일이지만 하나님께서는 우리를 생명의 물로 그리고 강하신 두 팔로 잡아주시어서 우리로 하여금 견딜 수 있도록 돌보아 주십니다.

믿는 사람들은 자신의 힘이 좀 부족하고 머리가 뛰어나지 못하고 인물이 남만큼 잘나지 못해도 괜찮습니다. 나 혼자서 험난한 인생을 사는 것이 아니고 하나님과 함께 하는 인생을 사는 것이기 때문입니다. 나뭇가지가 저 혼자의 힘으로 가지를 키우고 열개를 맺게 할 수 있는 것이 아닙니다. 나뭇가지는 튼튼한 뿌리를 가진 나무에 붙어 있어야만 열매를 맺습니다.

우리에게는 이스라엘의 반석 같으신 목자께서 함께 하십니다. 우리가 하나님을 우리의 주로 믿고 예수님을 메시아로 받아들이며 우리 가운데에 성령님께서 함께 하신다는 것을 믿으면, 우리에게는 목자되신 하나님께서 함께 하십니다. 예수님께서 반석이 되셔서 우리를 반석 위에 세우십니다.

힘은 우리에게 있는 것이 아닙니다. 반석이 되신 하나님께서 함께 하심으로 으뜸되는 삶, 성공하는 삶, 탁월한 삶을 사는 힘이 있습니다.

그리고 요셉에게는 선조들을 돌보아 주신 하나님께서 그를 돌보아 주신다는 약속의 말씀이 있습니다.

25절을 보십시오.

"네 아비의 하나님께로 말미암나니 그가 너를 도우실 것이요 전능자로 말미암나니 그가 네게 복을 주실 것이라 위로 하늘의 복과 아래로 원천의 복과 젖먹이는 복과 태의 복이리로다."

아브라함을 돌보시고 이삭을 돌보시고 야곱을 돌보신 하나님께서 우리를 돌보십니다. 자기 선조들의 하나님께서 그 후손을 돌보시는 것입니다. 우리의 선조들을 수천 년 동안 돌보신 하나님이 바로 나의 하나님이십니다. 우리 선조 대대로 미치신 하나님의 손길이 지금 나에게도 머물러 계십니다.

이것은 우리의 축복인 동시에 우리의 기도이며 우리의 믿음입니다. 일생을 사는 동안, 하나님의 나라에 도달하는 그 날까지 우리를 돌보시는 하나님이 우리와 함께 계실 것입니다.

'하늘로부터 오는 축복'은 하늘의 기상으로부터 내려오는 축복입니다. 아무리 비옥한 땅에 씨를 심어도 하늘에서 비를 내리시지 않으면 식물이 자랄 수 없습니다. 가뭄이나 홍수는 과학이 눈부시게 발달한 현대 사회에서도 어떻게 할 수 없는 천재지변 중의 하나입니다. 우주와 자연을 지배하시는 하나님이 아니면 아무도 할 수 없는 일이 '하늘의 축복'입니다.

'하늘 아래 원천의 복'도 마찬가지입니다. 하나님께서 땅을 축복하지 아니하시면 땅은 가시와 엉겅퀴를 내는 불모지가 될 수밖에 없습니다.

'젖먹이는 복과 태의 복'은 잉태하는 복을 말하는 것입니다. 잉태하여 번성하지 않으면 자신의 대에서 하는 수고의 결과가 아무 소용이 없는 것이 됩니다. 힘써 경작해 놓은 땅과 곡식들을 계속해서 거두고 먹을 사람이 없다면 무엇 때문에 그렇게 힘들여 수고하겠습니까?

그러나 하나님의 축복을 받은 사람에게는 하늘과 땅의 복이 있고 그것을 누리고 번성하는 태의 축복이 갖추어져 있습니다. 이와 같은 은총은 예수를 믿는 우리들에게 열려져 있는 축복의 모습입니다.

26절을 보십시오. 하나님께서는 끝으로 '우리 사회에서 으뜸이 되는 축복'을 약속하셨습니다.

> "네 아비의 축복이 내 부여조의 축복보다 나아서 영원한 산이 한없음같이 이 축복이 요셉의 머리로 돌아오며 그 형제 중 뛰어난 자의 정수리로 돌아오리로다."

간증은 주관적인 것입니다. 다른 사람들은 전혀 축복이라고 생각하지 않는 것도 자신에게는 더없는 축복으로 느껴지는 것들이 있습니다. 겉으로 보기에는 어떠하든지 하나님이 나를 사랑하시고 나를 축복하시는 모습에는 변함이 없다는 것을 고백하는 것은 개인적 주관적으로 하나님의 축복을 체험한 사람만이 할 수 있는 일입니다.

삶의 기쁨과 평화를 주시고 돌보심을 주시는 하나님에 대한 고백은 다른 누군가가 대신 해 줄 수 있는 것이 아닙니다. 자기 자신만이 알 수 있고 할 수 있는 것이 신앙고백입니다. 그리고 이것은 주님에게 깊이 뿌리 박혀 있는 사람은 누구든지 할 수 있는 것이기도 합니다.

그 축복을 측정하는 것도 자기 자신만이 할 수 있는 일입니다. 다른 사람들이 보기에는 아브라함이 야곱보다 더 많은 축복을 받았다고 생각했습니다. 그러나 그것과는 상관없이 야곱 자신은 아브라함보다 더 큰 축복을 받았다고 생각할 수도 있습니다. 아브라함보다 더한 축복이 아니라 자신이 인류 중에 가장 큰 축복을 받았다고 생각할 수도 있습니다. 누가 인정하든 않든 축복은 아주 주관적입니다.

이것이 신앙을 가진 사람들의 특권입니다. 자기 자신의 인생은 자기 자신이 가장 잘 압니다. 그래서 겉으로 드러나는 것으로 측정할 수 있는 객관적인 것이 될 수 없습니다.

하나님에 대한 어떤 간증을 하면서 살고 있습니까? 우리의 입술이 항상 축복으로 가득 차 있다면 그 사람의 인생은 누구보다 축복을 받은 인생일 수 있습니다. 그러나 우리의 입술이 항상 원망으로 가득하다면 아무리 하나님의 축복을 많이 받은 사람이라 할지라도 그 사람의 삶이 축복된 것이라고 할 수 없습니다.

우리의 입술에 이 세상의 누구보다 내가 축복받은 사람이라는 야곱의 간증이 있기를 바랍니다. 야곱은 그렇게 하나님의 축복을 경험하고 고백하고 산 사람이기 때문에 자기의 아들들에게도 그런 축복을 해 줄 수 있었습니다. 우리도 우리의 자녀들에게 이와같은 축복의 음성을 남겨 주는 사람들이 되어야 합니다. 또 그와 같은 축복이 우리에게도 그대로 나타나야 할 것입니다.

예수 믿는 삶은 특별하고 으뜸되는 삶입니다. 그리고 하나님께 깊이 뿌리를 내린 사람만이 그렇게 살 수 있습니다.

우리의 반석이신 예수 그리스도를 붙잡고 소망 속에서 기도하며 하나님을 찬양하며 사는 삶을 삽시다. 이러한 우리를 보고 다른 사람들까지도 예수님께로 이끌려 오는 삶을 살기를 기도합니다.

제33장

준비된 최후

"이들은 이스라엘의 십이 지파라 이와 같이 그 아비가 그들에게 말하고 그들에게 축복하였으되 곧 그들 각인의 분량대로 축복하였더라 그가 그들에게 명하여 가로되 내가 내 열조에게로 돌아가리니 나를 헷 사람 에브론의 밭에 있는 굴에 우리 부여조와 함께 장사하라 이 굴은 가나안 땅 마므레 앞 막벨라 밭에 있는 것이라 아브라함이 헷 사람 에브론에게서 밭과 함께 사서 그 소유 매장지를 삼았으므로 아브라함과 그 아내 사라가 거기 장사되었고 이삭과 그 아내 리브가도 거기 장사되었으며 나도 레아를 그곳에 장사하였노라 이 밭과 거기 있는 굴은 헷 사람에게서 산 것이니라 야곱이 아들에게 명하기를 마치고 그 발을 침상에 거두고 기운이 진하여 그 열조에게로 돌아갔더라"(창 49:28-33).

준비된 최후

죽음을 준비하라

우리 한국 사람들은 유난히 죽음에 대해서 이야기하기를 싫어합니다. 마치 자신의 일생 중에는 그런 날이 전혀 오지 않을 것처럼 생각하기도 합니다. 그러나 죽음을 피해갈 수 있는 사람은 아무도 없습니다. 그래서 누구나 죽음에 대해서 생각하고 준비하는 것이 더 좋습니다. 늘 준비된 최후를 사는 것은 삶을 대하는 자세에 중요한 영향을 끼칩니다.

야곱의 최후는 '완전히 준비되고 완전히 정돈된 최후'였습니다. 자신의 마음 속에서 하고 싶은 말은 다하고 죽음을 맞은 '준비된 죽음'이었습니다. 그리고 야곱은 자신이 죽기 전에 자기 아들들을 그 분량대로 다 축복하기를 마친 후에 '정돈된 죽음'을 맞이했습니다.

야곱의 죽음을 읽고 묵상하면서 '나의 인생도 이렇게 마지막까지 할 일을 다 마치고 할 말을 다하고 죽을 수 있었으면 좋겠다' 라고 저는 생각을 했습니다. 그래서 두려움이나 아쉬움이 없는 마음으로 이 세상을 떠나게 해 주시고, 주님이 부르실 때에는 언제든지 준비된 모습으로 천국 갈 수 있도록 해 달라는 기도를 했습니다.

이렇게 되려면 사람은 살아 있을 때에 서로 대화하면서 살아야 합니다. 용서할 것이 있으면 그런 마음이 들었을 때에 그 사람을 용서하고, 엉킨 것이 있으면 그것이 왜 엉키게 되었는가는 밝히고 풀어서 서로의 마음 속에 걸리는 것 없이 살아간다면 어떤 일이 생긴다 하더라도 후회하지 않을 것입니다.

누군가의 가슴에 한 맺히게 한 후에 그냥 세상을 떠나버리면 남은 사람들은 이후의 삶을 어떻게 살아가겠습니까? 가슴 속에 묻어 놓고서 나중에 이야기를 다하지 못하는 바람에 서로의 가슴을 치게 하는 일이 없도록, 우리는 그날 그날에 충실하고 분노를 품지 않은 사람이 되어야 하겠습니다. 야곱이 바로 그런 삶을 살았던 사람의 표본입니다.

지금 이 순간 다른 사람을 용서해야 할 일이나 용서를 받아야 할 일이 있다면, 그것이 생각난 이 시간을 넘기지 말고 해결하십시오. 용서할 마음은 있으면서도 차일피일 미루다보면 시간을 놓치게 되고 그러다 보면 다시 그런 기회를 만들기가 어렵게 됩니다.

아내와 함께 살면서 한 번도 사랑한다는 말을 못 해보고 죽는 사람이 있는가 하면, 남편과 평생을 살고도 사랑한다는 말 한 마디를 들어보지 못 하고 죽는 사람도 있습니다. 이 얼마나 슬픈 일입니까? 그런 한을 상대방에게 남겨 놓고 세상을 떠나면 얼마나 한스럽고 안타깝겠습니까?

지금 세계적으로 '죽음의 학문'이라는 것이 연구되고 있는데 스위스의 어느 학자는 죽었다가 살아난 사람들에 대한 이야기를 수집한 적이 있었습니다. 그런데 죽음을 체험한 사람들이 이야기의 공통점은 그 사람의 영혼이 떠나면서 자신의 육신을 볼 수 있다는 점입니다. 그래서 자기의 몸을 붙잡고 울고 슬퍼하는 모습을 보기도 하고 의사들이 분주하게 움직이는 모습도 보게 된다고 합니다.

그런데 그런 영혼 분리의 경험을 한 사람들이 한 둘이 아니고 여러 사람들이 있습니다. 만약 그런 일이 일어난다면 자신을 붙들고 울고 있는 사람들을 보면서 안타깝게 생각되는 것이 한 두 가지가 아닐 것입니다. 평소에 대화가 없고 아무 유언도 하지 못한 사람들은 더욱 그럴 것입니다. 설사 그렇지 않더라도 남아있는 사람들을 생각해서라도 살아있을 때에 자녀들을 축복하고 아내와 남편에게 잘하는 것이 아쉬움이 없이 최선을 다해 사는 길입니다.

야곱처럼 죽을 수 있다면 아주 행복할 것입니다. 자식들에게 하는 유언이라고 하는 것은 가장 강력한 교훈입니다. 그것은 남아 있는 사람들의 인생을 바꾸어 놓는 것입니다. 그래서 미리 죽음을 준비해 놓지 않으면 엉뚱한 결과를 낳을 수 있습니다.

삶을 준비하는 마음과 같은 심정으로 죽음을 준비하는 것이 그래서 중요합니다. 그래서 어느 날 갑자기 죽음이 찾아와도 전혀 후회가 되지 않는 삶을 살아야 합니다. 그것이 열린 인생을 사는 방법입니다.

야곱은 자식들에게 유언을 한 것뿐만 아니라 자신의 장례식까지도 다 준비를 시킨 후에 죽음을 맞이합니다. 29, 32절을 보십시오.

"그가 그들에게 명하여 가로되 내가 내 열조에게로 돌아가리니 나를 헷 사람 에브론의 밭에 있는 굴에 우리 부여조와 함께 장사하라 이 굴은 가나안 땅 마므레 앞 막벨라 밭에 있는 것이라 아브라함이 헷 사람 에브론에게서 밭과 함께 사서 그 소유 매장지를 삼았으므로 아브라함과 그 아내 사라가 거기 장사되었고 이삭과 그 아내 리브가도 거기 장사되었으며 나도 레아를 그곳에 장사하였노라 이 밭과 거기 있는 굴은 헷 사람에게서 산 것이니라."

야곱은 자신을 조상들이 묻혀 있고 아내 레아가 묻혀 있는 막벨라 굴에 장사지내라고 부탁합니다. 그리고 그 굴을 갖게 된 유래를 설명합니다. 자신이 죽어도 자손들이 그 장사지인 굴에 대해서 잘 알 수 있도록 가르칩니다.

야곱은 자신이 죽어 땅에 묻히면서도 자신의 장례를 치르는 사람들의 모습을 다 보았을 것입니다. 자신이 준비하고 시킨 대로 다 이행하는지 지켜보고 있었을 것입니다. 그리고나서 자신의 유언대로 하는 자손들을 보고 흐뭇하게 하나님의 품에 안기게 되었을 것입니다.

우리들도 자신의 장례식 준비를 철저하게 하는 사람이 되기를 바랍니다. 장례식에서 설교하실 분이나 성경구절 그리고 찬송까지 미리 정하여 준비하는 것도 좋을 것입니다.

어떤 이는 자신의 장례식에 자신이 하객들에게 하고 싶은 말을 적어서 다른 사람에게 읽도록 하는 사람도 보았습니다. 그리고 요즘처럼 영상문화가 발달한 사회에서는 비디오로 찍어 두었다가 장례식에서 함께 볼 수 있도록 할 수도 있을 것입니다. 저는 그것도 장례를 치르는 좋은 방법이라고 생각합니다. 굳이 우리들의 죽음을 슬프고 괴로운 것으로만 생각할 필요는 없습니다. 우리가 하나님과 영생을 믿는 사람들이기 때문에 더욱 그렇습니다.

부둣가에서 사랑하는 사람을 태운 배를 아쉬운 마음으로 전송을 하고 그 배가 떠날 때까지 손을 흔들었다고 합시다. 그런데 그 배가 자신의 시야에서 사라졌다고 해서 그 배가 없어지는 것은 아닙니다. 그

배는 떠나간 항구에서만 보이지 않을 뿐이지 항해를 계속한 후에는 다른 항구에 도착할 것이 약속되어 있습니다. 그리고 그 항구에서는 또다른 사람들이 그 사람을 마중나와 있을 것이 분명합니다.

우리는 떠나보냈지만 그가 도착한 그곳에는 먼저 떠난 우리들의 조상들이 반가운 마음으로 그를 기다리고 있음을 기억하십시오. 죽음 역시 그런 것입니다. 보내는 사람에게는 슬픈 시간이지만 죽음을 맞은 사람에게는 또다른 세계에서 다른 반가운 사람들을 만나는 시간입니다. 신앙의 견해에 따라서 다를 수는 있겠지만 죽음에 대한 생각이나 장례식에 대한 절차는 얼마든지 다른 형식으로 해도 그 과정과는 별 상관없이 다른 곳에 도달하게 될 것입니다.

우리가 갈 곳 천국은 살아있을 때에 이미 확보해 놓은 영원한 쉼터입니다. 그리고 장례지 또한 정한 곳이 있다면 그곳으로 가는 것이 좋습니다. 물론 우리를 기다리고 있는 분은 하나님이고 우리가 가야 할 곳은 하늘나라입니다. 하나님께서는 예수 그리스도를 통하여 우리를 대속하시고 저 천국을 준비해 놓으셨습니다.

후회 없는 삶을 살라

어느 날 갑자기 쓰러져서 죽음의 문턱에까지 갔던 사람이 있었습니다. 제가 그 분을 보고 "죽음이 임박했다는 생각을 했을 때에 천국에 갈 것이라는 확신이 있었습니까?" 하고 물어보았습니다. 그랬더니 그 분 말씀이 "그런 확신을 가질 겨를도 없이 오로지 겁에 질려 있었다"고 대답했습니다.

우리는 어떻습니까? 만약 지금 우리에게 죽음의 순간이 온다면 어떤 마음 상태가 될 것 같습니까? 야곱처럼 자기 자신의 열조에게로 돌아갈 확신이 있습니까, 아니면 오직 겁에 질려서 아무것도 생각할 수가 없는 상태가 될 것 같습니까? 우리에게 내일이 이 생애 마지막 시간이라면 우리의 마음은 어떠하겠습니까? 한 번 조용히 생각해 보십시오.

예수 그리스도의 대속의 피로 말미암아 우리는 앞으로 죽어서 갈 영원한 나라를 이미 확보해 놓았습니다. 우리가 가야 할 마지막 장소는 바로 그곳입니다. 그것을 믿어야 이 생애의 마지막 순간조차 그립고 반가운 사람들을 만날 희망을 누릴 것입니다.

그러한 확신을 가지지 못한다면 하나님과 예수 그리스도에 대한 구속의 확신이 없는 사람이라고 할 수 있습니다. 만일 아직도 확실한 대답을 가지지 못한 사람이 있다면 지금 이 순간에 그 확신을 가질 수 있도록 저 천국을 자신의 것으로 받아들여야 합니다. 삶과 죽음의 문제는 믿음으로 하는 자신의 결단만이 선택권을 가지고 있습니다.

천국은 우리의 것입니다. 우리가 이 세상을 떠나는 날 우리는 그것을 믿는 기쁜 마음으로 최후를 맞아야 합니다. 죽음을 맞이하면서 슬퍼하는 것이 아니라 하나님을 만나고 다른 신앙의 조상들과 가족들을 만날 수 있는 확신과 기쁨으로, 남아있는 가족들을 오히려 위로할 수 있는 사람이 되어야 합니다.

그러기 위해서는 여한 없는 삶을 사는 것이 선행되어야 합니다. 33절의 야곱의 모습을 보십시오.

"야곱이 아들에게 명하기를 마치고 그 발을 침상에 거두고 기운이 진하여 그 열조에게로 돌아갔더라."

"발을 침상에 거두었다"는 말은 '몸가짐을 다시 바르게 했다'는 말입니다. 야곱은 할 말을 다 마친 후에 자신의 몸가짐을 바르게 하는 여유까지 가질 수 있었던 것입니다. 몸가짐을 바로한 야곱은 기가 다하여 자신의 열조에게로 돌아갔습니다.

어떤 분이 산을 지나다 큰 비석을 하나 만났습니다. 그래서 그 비석에 무엇이라고 썼었는지 보았더니 "지나가는 나그네여 발을 잠깐 멈추시오. 나도 한 때는 당신 같았소. 그러나 다음에는 당신이 나와 같이 될 것이오. 오늘도 죽음을 준비하고 나를 따라오시오"라고 새겨 있었다고 합니다.

그 사람은 그것을 읽고 "나는 당신을 따라가는 것만 하지는 않을 것입니다. 어디로 따라가는지 알아야 갈 것이오"라는 대답을 썼다고 합니다.

가는 것은 누구나 가는 것입니다. 가는 것이 중요한 것이 아닙니다. 어느 길로, 어디를 향해서 가느냐 하는 것이 중요합니다. 우리에게는 삶의 확신처럼 죽음에 대한 확신도 반드시 있어야 합니다!

우리에게는 날마다 마지막처럼 살아서 언제 떠나도 한이 남지 않는 사람으로 사는 것이 중요합니다. 터놓고 이야기를 해서 언제라도 마음에 앙금으로 남겨 놓은 것이 없는 삶을 살아야 합니다. 자신의 갈 곳을 확실히 아는 사람의 삶만이 이런 삶이 될 수 있습니다.

제34장

장엄한 최후

"…곡하는 기한이 지나매 요셉이 바로의 궁에 말하여 가로되 내가 너희에게 은혜를 입었으면 청컨대 바로의 귀에 고하기를 우리 아버지가 나로 맹세하게 하여 이르되 내가 죽거든 가나안 땅에 내가 파서 둔 묘실에 나를 장사하라 하였나니 나로 올라가서 아버지를 장사하게 하옵소서 내가 다시 오리이다 하라 하였더니 바로가 가로되 그가 네게 시킨 맹세대로 올라가서 네 아버지를 장사하라 요셉이 자기 아비를 장사하러 올라가니 바로의 모든 신하와 바로의 궁의 장로들과 애굽 땅의 모든 장로와 요셉의 온 집과 그 형제들과 그 아비의 집이 그와 함께 올라가고 그들의 어린 아이들과 양떼와 소떼만 고센 땅에 남겼으며 병거와 기병이 요셉을 따라 올라가서 그 떼가 심히 컸더라 그들이 요단 강 건너편 아닷 타작 마당에 이르러 거기서 크게 호곡하고 애통하며 요셉이 아비를 위하여 칠일 동안 애곡하였더니 그 땅 거민 가나안 백성들이 아닷 마당의 애통을 보고 가로되 이는 애굽 사람의 큰 애통이라 하였으므로 그 땅 이름을 아벨미스라임이라 하였으니 곧 요단 강 건너편이더라 야곱의 아들들이 부명을 좇아 행하여 그를 가나안 땅으로 메어다가 마므레 앞 막벨라 굴에 장사하였으니 이는 아브라함이 헷 족속 에브론에게 밭과 함께 사서 소유 매장지를 삼은 곳이더라 요셉이 아비를 장사한 후에 자기 형제와 호상군과 함께 애굽으로 돌아왔더라"(창 50:1-14).

장엄한 최후

장례식은 우리로 하여금 죽음에 직면하게 하고, 죽음을 받아들이게 하고, 현실을 넘어서도록 극복케 하는 예식입니다. 또 장례식은 한 인생을 끝내고 다음 인생으로 우리를 연결시켜 주는 그런 역할도 합니다. 사랑하는 사람을 잃었을 때에 슬퍼하는 것은 정상적입니다. 장례식에서는 이별로 인한 슬픔을 억제하거나 감추려 할 필요가 없습니다.

1-3절 말씀을 보십시오.

"요셉은 아비 얼굴에 구푸려 울며 입맞추고 그 수종 의사에게 명하여 향 재료로 아비의 몸에 넣게 하매 의사가 이스라엘에게 그대로 하되 사십 일이 걸렸으니 향 재료를 넣는 데는 이 날수가 걸림이며 애굽 사람들은 칠십 일 동안 그를 위하여 곡하였도다."

요셉은 아버지 야곱이 죽자 울며 시신에 입을 맞춥니다. 시신에 입을 맞추는 것은 유대의 관습입니다. 우리가 전에 공부한 것은 죽음을 슬픔으로만 받아들이지 말라는 것이었습니다. 그러나 그것이 울어서는 안된다는 말은 아닙니다. 사랑하는 사람이 이제는 다시 돌아오지 못할 곳으로 떠나서 오랫동안 볼 수 없게 된다는 것이 슬픈 일이 아닐 수는 없습니다. 아무리 좋은 곳으로 간 사람이라고 하지만 장례식에서 웃을 수는 없을 것입니다.

정상적인 슬픔은 표현하라

장례식에서 눈물 흘리는 것은 아주 자연스러운 반응이므로 그것을 억지로 달래려고 하면 심리적 부작용만 생깁니다. 정상적인 슬픔의 과정을 잘 지나가지 못하게 하면 비정상적 방법으로 그 슬픔을 표출하게 됩니다. 그러면 감정적으로나 심리적으로 도저히 빠져나올 수 없는 상태에 이르게 됩니다.

자신이 아무리 높은 지위에 있고 교회의 지도자라 할지라도 마음의 슬픔은 슬픔으로 표현할 수 있어야 더 큰 슬픔을 막을 수 있습니다. 죽은 사람을 애도하고 슬퍼하는 것과 우리의 신앙은 아무런 상관관계가 없습니다. 슬픔은 아주 자연스러운 것이고 경우에 따라서는 생산적인 기능을 하기도 합니다.

요셉도 아버지의 장례식에서 울었고 예수님도 나사로의 장례식에서 우셨습니다(요 11:35). 이것은 아주 정상적인 마음의 표시입니다. 슬픔을 이해하지 못하는 사람은 인간을 바로 이해하지 못하는 사람이고 성경도 바로 해석하지 못하는 사람입니다. 슬픔을 슬픔으로 느끼고 마음에 묻어 두어 병이 되지 않도록 표현하고 해소할 수 있어야 합니다. 이것이 인간의 심성입니다.

슬픔에 쌓여서 오랫동안 울다보면 영적으로 그리고 육적으로 지쳐서 혼자서 무엇을 할 수 없게 됩니다. 그럴 때가 주변의 사람들이 위로하고 그 사람을 위해서 적극적으로 돕는 것이 필요한 때입니다.

죽음 앞에서 인간이 할 수 있는 일은 아무 것도 없습니다. 아무리 가깝고 힘을 가진 사람이라 할지라도 무력하고 무능함을 느낄 수밖에 없는 것이 죽음입니다. 하나님을 믿는 사람들은 죽음을 대하는 것이 좀 다르지만 신앙이 없는 사람들은 죽음을 아주 영원한 결별로 생각합니다. 그래서 엄청난 슬픔에 빠지게 되는 것입니다.

그래서 사도 바울도 "너희는 소망이 없는 사람처럼 슬퍼하지 말라"는 표현을 썼습니다. 슬픔도 절망적인 속에서 느끼는 것과 소망 속에서의 슬픔은 다르다는 말입니다.

"예수의 죽음과 부활을 믿는 사람들은 하나님께서 예수와 함께 잠자는 자를 데려오신다"고 데살로니가전서 3장 14절에 말했습니다. 자신이 사랑하는 가족이 죽었다는 것은 언젠가 주님이 오시는 날에 영원한 몸을 가지고 다시 만날 것이라는 것을 의미하는 것입니다. 그러므로 예수님을 만난 그 날부터는 죽음의 의미가 달라지는 것입니다.

죽음은 종착역이 아니라 천국으로 가는 입구입니다. 썩을 몸이 썩지 않을 몸을 입게 되는 것입니다. 죽음에 대한 다른 믿음이 있을 때만이 모든 인간이 갖게 되는 죽음에 대한 공포에서 벗어날 수 있게 됩니다. 다만 우리가 죽은 사람들에 대한 일시적인 애통함을 갖고 그 사람을 그리워하고 슬픈 마음을 갖는 것은, 사랑하는 사람과의 이별이라는 측면에서 아주 자연스러운 현상이 되는 것입니다. 이 때 "애통하는 자는 복이 있어서 위로를 받을 것"입니다.

마음껏 애통하지 못하고 그 애통한 데 대한 진정한 위로를 받지 못하면 그로 인하여 마음에 상처를 입고 바람직하지 못한 방식으로 그 고통을 잊으려는 현상이 나타나게 됩니다.

슬픔은 위로하라

정상적인 슬픔의 과정은 처음에는 대단한 고통과 아픔을 느낍니다. 마음에 고통도 있고 절망도 하게 되고 육체적으로도 민감한 반응을 일으킵니다. 그리고 대인관계를 기피하는 현상을 보이기도 합니다. 마음이 정리되기까지 한동안 이런 반응을 하는 것은 아주 정상적인 반응입니다. 그래서 그런 상태에 있는 사람들은 주위에서 위로하고 다시 일상적인 생활을 회복할 수 있도록 이웃이 도와야 합니다.

가까운 사람이 죽음을 당한 경우에는 누가 옆에서 어떤 말을 해도 전혀 위로가 되지 않습니다. 너무도 슬픔이 심하기 때문에 위로가 전혀 도움이 되지 않는 것처럼 보입니다.

이럴 때 무엇보다 중요한 것은 말없이 그 자리에 함께 있어 주는 것입니다. 그저 함께 있다는 것을 느끼게 해 주는 것만으로도 슬픔을 당한 사람에게는 큰 위로가 됩니다. 고독과 슬픔과 고통을 누군가와 함께 나누고 있다는 느낌을 갖게 되는 것 자체가 무엇보다도 큰 위로인 것입니다. 어려운 일을 당했을 때에 그것을 실질적으로 나눌 수 있든 없든 함께 나누려고 하는 마음이 무엇보다 귀하기 때문입니다.

예수님께서도 "슬퍼하는 자와 함께 슬퍼하고 기뻐하는 자와 함께 기뻐하라"고 말씀하셨습니다. 누구나 반드시 한 번은 슬픔을 당하게 되어 있습니다. 그럴 때에 자신과 그 슬픔을 함께 나눌 사람들이 있고 자신의 곁에 자신을 지켜주는 사람이 있다는 사실만으로 참다운 성도의 교제를 나누는 것이라고 할 수 있습니다.

그런 만큼 한편으로는 조심할 것도 있습니다. 이렇게 슬픔을 당한 사람일수록 작은 일에 상처받기 쉽고 그런 상태에서 받은 상처는 쉽게 치유가 되지 않습니다. 전도하기 제일 힘드는 사람이 자기 어머니의 장례식 때에 교회 사람들이 잘못한 일 때문에 일생 기독교인에 대한 상처와 편견을 가지고 살아가는 사람입니다. 그런 사람은 자신이 가장 슬플 때에 받은 상처이기 때문에 그것을 절대로 잊지 못합니다. 그래서 교회에 대한 반감을 극복하기가 무척 힘들게 됩니다.

그 사람을 위로하려다가 오히려 상처를 주지 않도록 하기 위해서 조심스러운 태도로 대하는 마음이 더욱 필요합니다. 원하는 것이 무엇인지를 찾아서 그것을 해 주는 것이 진정으로 그 사람을 돕는 일이지, 자기가 알고 있는 것을 절대적으로 생각해서 그대로 실행하려고 고집하는 것은 오히려 가만히 있는 것만도 못한 일입니다.

가족들이 원하는 것을 찾아내서 그대로 섬기고 봉사하는 것이 기독교인으로서의 도리입니다. 섬세하고 민감하게 상대방에게 적절하게 도움을 주는 것이 진정으로 돕는 것입니다.

장례식을 돕는 것은 사망의 소식을 알려주는 것으로 시작할 수 있습니다. 경황이 없어서 알리지 못한 사람들을 찾아서 그들이 함께 장례식에 참여할 수 있도록 해주는 것입니다. 그리고 가까운 서너 사람은 그 사람의 옆에 있어서 그가 외로움과 두려움을 느끼지 않도록 돌보아 주어야 합니다. 모든 사람이 다 위로를 주는 것이 아니기 때문에 진정으로 그 사람이 원하는 사람이 함께 하는 것이 좋습니다.

그리고 믿음의 사람들은 슬픔을 당하는 그 순간에도 '그 사람들은 무엇인가가 다르구나' 하는 것을 느낄 수 있도록 죽음에 대한 자신의 신앙고백과 성령님의 인도하심으로 그 시간들을 잘 이기고 극복할 수 있게 되도록 자숙하는 노력을 보이는 것도 중요합니다.

야곱의 장엄한 최후

요셉은 아버지의 염을 하는 데에 사십 일이 걸렸습니다. 고대의 사람들일수록 장례식을 성대하게 치르고 그 시신을 잘 보존하는 방법을 알고 있었던 것 같습니다. 몸에 향료를 넣고 염을 하는데 그것은 곡을 하는 동안 냄새가 나지 않도록 하기 위한 방법입니다.

칠십 일 동안 곡을 하는데 그렇게 향료를 넣지 않으면 보존하기가 어렵습니다. 그들이 칠십 일을 곡한 것은 그 사람들이 죽음에 대한 슬픔을 이기는 데 칠십 일이라는 기간이 필요하다고 판단했기 때문에 그렇게 한 것 같습니다. 그들 나름대로는 슬픔을 이기는 데는 최소한 그만큼의 고통의 나날이 필요하다고 생각한 것입니다.

요셉은 돌아가신 분의 유언을 중요시 여기고 그대로 시행했습니다. 4, 5절을 보면 요셉이 야곱의 유언을 따르기 위해 바로의 허락을 받으려고 노력하는 모습이 나옵니다.

> "곡하는 기한이 지나매 요셉이 바로의 궁에 말하여 가로되 내가 너희에게 은혜를 입었으면 청컨대 바로의 귀에 고하기를 우리 아버지가 나로 맹세하게 하여 이르되 내가 죽거든 가나안 땅에 내가 파서 둔 묘실에 나를 장사하라 하였나니 나로 올라가서 아버지를 장사하게 하옵소서 내가 다시 오리이다 하라 하였더니."

요셉은 아버지를 그 조상의 묘에 장사지내기 위해서 다른 사람들의 도움을 청하고 자연스럽게 바로의 허락을 얻습니다. 그리고 장엄한 장례 행렬을 만들어 야곱의 시신을 따르게 합니다. 애굽의 고관들과 애굽과 바로의 장로들과 병거와 기병들과 요셉의 가족들이 큰 떼를 이루고 야곱의 관을 따라갔습니다.

가는 데 최소한 열흘이나 두 주는 걸렸을 것입니다. 장례일을 다 따지면 구십 일이 더 넘었을 것 같습니다. 지금으로서는 도저히 그렇게 할 수 없는 시간입니다. 장례를 하는 데 그렇게 많은 시간을 들인다면 살아있는 사람들의 삶에 곤란을 겪게 될 것이 너무나 자명한 것이 현대인들의 생활이기 때문입니다.

그러나 사랑하는 사람과 이별하는 슬픔은 예나 지금이나 다르지 않습니다. 옛날처럼 그렇게 성대한 장례식을 갖지는 못한다 할지라도 그 사람을 위하고 그리워하는 마음은 그 정도의 시간을 가져야 마땅합니다.

그러나 슬픔이 아무리 깊어도 그 과정을 일단 마치고 나면 그 다음에는 일상적인 생활로 되돌아가야 합니다. 14절을 보십시오.

"요셉이 아비를 장사한 후에 자기 형제와 호상군과 함께 애굽으로 돌아왔더라."

요셉은 아버지의 장례를 성대히 마쳤지만 슬픔이 다 가시지는 않았을 것입니다. 그러나 그는 정해진 장례기간을 마치고는 다시 자신의 자리로 돌아왔습니다. 이것이 옳은 태도입니다. 죽은 사람이 누구라 하더라도 일단 그에 대한 예를 갖추고 난 다음에는 일단 자기 자리로 돌아와야 합니다.

그런데 그렇지 못한 사람들이 있습니다. 자신의 아주 절친한 사람이 죽었는데도 전혀 슬픔을 느끼지 않는 사람이 있습니다. 그 죽음을 전혀 고통 없이 받아들이는 사람이라면 어떤 형태이든 문제가 있는 사람입니다. 인간이 자연스럽게 가져야 할 감정을 가지지 못하고 전혀 엉뚱한 방향으로 나가는 것은 바람직하지 않은 현상인 것입니다.

물론 그 반대의 경우도 문제가 됩니다. 그 사람이 죽은 것만으로 이 세상의 끝을 본 것처럼 생각하고 이제 남은 것들은 아무 의미도 없고 더 이상 삶의 소망도 없는 것처럼 극단적으로 생각하는 것도 문제가 있습니다. 그리고 모든 것이 자신의 잘못으로 그렇게 된 것처럼 극심한 죄의식에 빠져서 헤어나지 못하는 사람들도 문제가 됩니다.

지나친 자책과 대인기피증도 심각한 문제입니다. 사람들이 보편적으로 느끼는 감정에 충실하면서, 아직 해결되지 않은 자신의 슬픔을 감추면서 자신에게 일어난 일을 받아들이고 다시 제자리로 돌아올 수 있는 사람이 건강한 정신으로 이 세상을 힘차게 살 수 있는 사람입니다.

건강한 삶을 사는 사람은 일단 지난 일은 과거로 생각하고 그것을 극복하는 힘이 있습니다. 저는 이미 죽은 사람과 십년 동안이나 결별하지 못하고 계신 분을 보았는데 아주 딱한 일이 아닐 수 없었습니다. 그분은 아무 일도 하지 못하고 과거에 사로잡힌 채로 시간을 흘려보내고만 있었습니다. 남아 있는 사람들은 나름대로 건강하고 힘이 있는 생활을 하는 것이 좋습니다. 이미 죽음은 사람의 손으로 해결할 수 없는 일인데 그것을 움켜쥐고 있다고 해결될 것은 아무것도 없습니다. 자신에게 주어진 귀한 시간만 슬프고 고통스럽게 흘려보내고 있을 뿐입니다.

과거는 과거로 묻어야 합니다. 예수님의 말씀처럼 "죽은 자는 죽은 자들로 장사 지내게" 하고 살아있는 사람들은 예수 그리스도를 따르는 삶을 계속해야 합니다. 주님의 은총을 힘입어서 하나님께서 나를 위해 준비하신 인생을 계속해서 살아야 하는 것입니다.

그리고 자신에게 주어진 이후의 환경에 적응해야 합니다. 다시 돌아온 자리는 이전의 자리와는 전혀 다른 것일 수 있습니다. 늘 자기 옆에 있었던 사람이 없는 생활을 받아들이는 것은 쉬운 일이 아닙니다. 그러나 그것도 주님께서 허락하신 생활이라는 것을 알고 주어진 시간에 최선을 다해 살 수 있도록 노력해야 합니다.

우리 중에 누구도 이런 어려움을 거치지 않을 사람은 하나도 없습니다. 그리고 이제는 그 사람이 없이도 살 수 있는 새로운 관계들을 정립해 나가야 합니다. 그래서 남은 사람들과 함께 새로운 관계 속에서 남은 삶을 잘 꾸려 나가는 것이 현명한 삶의 방법입니다. 어떤 환경에 있든지 예수 그리스도를 따르고 예수 그리스도만이 나타나도록 사는 것이 우리가 살아야 할 최선의 삶의 모습이어야 합니다.

제35장

악을 선으로 바꾸신다

"요셉의 형제들이 그 아비가 죽었음을 보고 말하되 요셉이 혹시 우리를 미워하여 우리가 그에게 행한 모든 악을 다 갚지나 아니할까 하고 요셉에게 말을 전하여 가로되 당신의 아버지가 돌아가시기 전에 명하여 이르시기를 너희는 이같이 요셉에게 이르라 네 형들이 너게 악을 행하였을지라도 이제 바라건대 그 허물과 죄를 용서하라 하셨다 하라 하셨나이다 당신의 아버지의 하나님의 종들의 죄를 이제 용서하소서 하매 요셉이 그 말을 들을 때에 울었더라 그 형들이 또 친히 와서 요셉의 앞에 엎드려 가로되 우리는 당신의 종이니이다 요셉이 그들에게 이르되 두려워 마소서 내가 하나님을 대신하리이까 당신들은 나를 해하려 하였으나 하나님은 그것을 선으로 바꾸사 오늘과 같이 만민의 생명을 구원하게 하시려 하셨나니 당신들은 두려워 마소서 너가 당신들과 당신들의 자녀를 기르리이다 하고 그들을 간곡한 말로 위로하였더라"(창 50:15-21).

악을 선으로 바꾸신다

세 가지 교훈

이 본문에서는 야곱이 죽은 후에 요셉의 형제들의 반응이 나타나 있습니다. 그리고 우리는 세 가지의 교훈을 얻을 수 있습니다.

첫째는 죄를 범한 사람은 언제나 불안에 떨면서 산다는 것입니다. 15절을 보십시오.

"요셉의 형제들이 그 아비가 죽었음을 보고 말하되 요셉이 혹시 우리를 미워하여 우리가 그에게 행한 모든 악을 다 갚지나 아니할까 하고."

아버지가 돌아가시자 요셉의 형제들은 걱정이 되었습니다. 요셉이 자기 아버지가 살아있을 때에는 아버지 때문에 하지 못했던 일을 아버지가 돌아가셨으니 이제는 행하려 할지도 모른다는 불안감이 그 형제들에게는 있었던 것입니다. 요셉은 한 번도 형들에게 미움을 표현한 적이 없었는데도 과거 자신들이 한 일로 인해 형들은 이런 두려움을 가지고 있었던 것입니다.

죄를 범한 사람은 언제나 불안에 시달리게 마련입니다. 그래서 옛날에 내가 행한 악을 기억하고 있다가 내 동생이 나에게 그것을 그대로 갚지는 않을까 염려했습니다. 그래서 악을 행한 사람은 편안하게 살 수 없는 법입니다. 자신이 행한 악을 해결하지 않고는 평생 그 불안감 때문에 잘 살 수 없습니다. 사십 년이 넘는 동안 쌓아 두었던 악이 해결되지 못한 채로 있었기 때문에 평생을 간 것입니다. 악은 사람들의 마음 가운데에 불안감을 주고 초조감을 주고 긴장감을 일으켜 사람들의 사이를 멀어지게 갈라 놓습니다.

요셉의 형제들도 마찬가지였습니다. 만일 우리에게 해결해야 할 일이 해결되지 않은 채로 있다면 그것을 지금이라도 빨리 해결하도록 합시다. 무엇보다도 그렇지 않으면 자신이 그 문제로부터 자유롭게 되지 못하게 되기 때문입니다. 그 문제가 해결되어야만 그때서야 비로소 하나님의 평안이 우리 안에 임할 것입니다.

둘째는 악을 저지른 사람에게는 반드시 용서가 필요하다는 것입니다.
그렇지 않으면 그 사람은 올바른 인간관계를 정립하고 살 수 없게 됩니다. 16, 17절을 보십시오.

"요셉에게 말을 전하여 가로되 당신의 아버지가 돌아가시기 전에 명하여 이르시기를 너희는 이같이 요셉에게 이르라 네 형들이 네게 악을 행하였을지라도 이제 바라건대 그 허물과 죄를 용서하라 하셨다 하라 하셨나이다 당신의 아버지의 하나님의 종들의 죄를 이제 용서하소서 하매 요셉이 그 말을 들을 때에 울었더라."

저는 이 구절을 읽으면서 슬며시 의문이 들었습니다. '정말로 야곱이 죽을 때에 그 아들들에게 이런 이야기를 했을까?' 하는 의문이었습니다. 요셉은 아버지로부터 들은 적이 없는 이야기를 그 형들이 사람을 보내서 전하는 것이니 확인할 도리가 없는 것이 안타까웠습니다.

제 생각에는 그 형들이 두려움 때문에 지어낸 이야기 같습니다. 요셉도 이런 이야기를 처음 들었을 때에는 속으로 웃었을지도 모릅니다. 그냥 옛날의 잘못을 용서해 달라고만 하면 될 것을, 이런 저런 이야기를 해가면서 용서하라는 말을 돌려서 하는 것을 보고 씁쓸한 생각을 했을지 모릅니다.

그러나 어쨌든 자신들의 잘못을 인정하고 그것을 용서받기 위해서 사람을 보내고 용서를 구하는 형들의 태도입니다. 이것은 그들에게 희망이 있다는 것을 보여주는 것입니다. 그렇지 않고 자신의 잘못조차도 깨닫지 못하고 있다면 정말 아무런 동정의 가치가 없습니다.

우리는 인간이므로 얼마든지 잘못할 수 있는 가능성이 있습니다. 잘못을 하는 것은 인간의 모습이요, 용서하는 것은 하나님의 모습입니다. 다른 사람들을 용서하지 못하는 사람들은 자신도 용서받을 자격이 없는 사람입니다. 그래서 주기도문에도 "우리가 우리에게 죄 지은 사람을 사하여 준 것 같이 우리의 죄를 사하여 주옵소서"라는 말씀이 있는 것입니다. 다른 사람의 죄는 전혀 용서하지 않으면서 자신이 지은 죄만 용서를 구하는 것은 아주 이기적인 행동이 아닐 수 없습니다.

그러면 다시 다음의 17절을 보십시오.

"너희는 이같이 요셉에게 이르라 네 형들이 네게 악을 행하였을지라도 이제 바라건대 그 허물과 죄를 용서하라 하셨다 하라 하셨나이다 당신의 아버지의 하나님의 종들의 죄를 이제 용서

하소서 하매 요셉이 그 말을 들을 때에 울었더라."

요셉의 형제들은 자신들이 동정심을 얻기 위해서, 단도직입적으로 할 수 있는 소리인 "우리는 당신의 아버지의 하나님의 종들"이라는 말을 직접적으로 하지 않고 간접적 표현으로 돌려서 말합니다. 자신들을 보아서 용서하라는 것이 아니라 아버지와 하나님을 보아서 용서해 달라는 뜻입니다.

동생에게 용서를 받은 것이 얼마나 절실하고 다급했으면 아버지와 하나님을 상기시켰겠습니까? 요셉에게 용서받고 싶은 형들의 심정이 어떠한 정도임을 이것을 통해서도 알 수 있습니다. 죽는 날까지 긴장과 공포와 초조감 속에서 사니 어떻게 해서라도 완전하게 용서를 받고 편안하게 살고 싶다는 마음이 그들에게는 그토록 절실했던 것입니다.

인간의 마음은 자신의 죄를 용서받기 위해서 무엇이든 동원하고 싶어 합니다. 자신의 삶을 위해서 용서하고 용서를 구하는 것은 인간만이 할 수 있는 일입니다.

잘못한 사람을 용서하지 못하고 사는 사람은 자신이 미워하고 있는 사람만큼이나 불행한 사람입니다. 용서하지 못하고 사는 사람의 마음이 좋을 리가 없습니다. 미워하는 사람이나 미움을 받는 사람은 똑같은 괴로움 속에 살고 있는 사람입니다. 처음에는 어렵고 자신이 자존심도 없는 사람처럼 느껴지더라도 용서를 받고 용서를 하면서 사는 것이 인간답게 사는 방법입니다. 그래야만 자신도 그 사람으로 인해 빚어진 사건으로부터 해방될 수 있습니다.

그런데 요셉은 형들이 자신에게 용서해 달라는 말을 듣고 나서 울었습니다. 요셉은 감정이 풍부한 사람이었습니다. 그래서 작은 감격에도 눈물을 흘리는 사람입니다.

그가 운 이유가 무엇이었겠습니까? 그것은 그날이야말로 완전한 승리의 날이 되었기 때문이었습니다. 이 완전한 승리가 오기까지 사십 년이 걸렸습니다. 형들이 자신에게 용서를 빌고 자신의 종으로서 그를 대하는 것은 그가 완전하게 꿈을 성취했다는 것을 나타내는 것입니다. 열일곱에 시작해서 사십 년이 지나서야 그 꿈의 실현을 본 것입니다. 하나님께서 축복한 요셉의 삶이 드디어 그 실체를 완벽하게 드러냈습니다.

하나님께서는 우리들의 꿈도 반드시 이루시고 우리의 억울함을 반드시 갚아 주실 분이십니다. 그리고 우리의 삶에 따르는 악들을 선으로 바꾸어 주는 역사를 이루시는 분이십니다.

셋째, 우리가 우리에게 잘못한 사람을 용서할 수 있는 위치에 있을 때에 용서해야 합니다.

요셉의 태도를 보십시오. 20, 21절입니다.

"당신들은 나를 해하려 하였으나 하나님은 그것을 선으로 바꾸사 오늘과 같이 만민의 생명을 구원하게 하시려 하셨나니 당신들은 두려워 마소서 내가 당신들과 당신들의 자녀를 기르리이다 하고 그들을 간곡한 말로 위로하였더라."

요셉은 자신이 하나님의 일을 대신할 수 없다고 말합니다. 요셉은 하나님께서 역사하셔서 자신의 삶에 크신 은혜가 있었으니 하나님의 인도하심을 계속 따를 뿐이지 자신의 생각대로 형들을 대할 생각을 하지 않고 있었습니다.

상대는 전혀 잘못했다고 생각하지 않고 있고 자신만 그 사람을 그냥 용서하기로 하는 것과 상대방이 진정으로 용서를 빌어서 용서를 하는 것은 다릅니다. 용서는 같은 것이지만 그것이 갖는 의미는 전혀 다릅니다. 서로가 용서를 구하고 용서를 하는 것은 그들만이 느낄 수 있는 감격이 있기 때문입니다.

용서를 구하지 않아도 마음으로 용서할 수 있습니다. 그러나 그러한 용서는 다른 일이 생기면 다시 그 때의 감정이 되살아나게 되어 있습니다. 일단 말을 하고 해준 용서는 다른 일이 생겨도 그 일은 그 일 하나로만 받아들이게 된다는 것이 마음으로 한 용서와 다른 점입니다.

특별히 부부 사이에서는 이렇게 용서를 구하고 용서를 해 주는 일이 절대적으로 필요합니다. 괜한 자존심 때문에 서로를 용서하지 못하고 있다가는 작은 일이 밀미가 되어 아주 큰 일로 발전하게 되는 계기를 만들 수가 많이 있습니다.

용서를 구하고 용서를 하는 것은 감격과 눈물을 가지고 옵니다. 그리고 그렇게 해야만 완전한 승리와 완전한 화해를 이룰 수 있게 됩니다.

요셉은 그렇게 완전한 감격의 순간을 맞이하게 되자 눈물을 흘렸습니다. 요셉은 형들을 벌 주는 것은 하나님이 하실 일이지 자신이 해야 할 일이 아니라는 것을 이미 알고 있었습니다. 그 까닭은 하나님께서 허락하지 않으시면 어떤 일도 일어날 수 없다는 것을 알고 있었기 때문에 그렇게 말할 수 있었습니다.

요셉이 알고 있었던 대로 "원수를 갚는 것은 내게 있다"고 하나님께서는 말씀하고 계십니다. 우리가 악에게 지지 말고 악을 선으로 갚아야 하는 이유도 바로 여기에 있습니다. 요셉은 그런 신앙적 성숙을 가진 사람이었습니다. 용서하지 못하는 사람은 용서하는 사람의 종이 되는 것입니다.

요셉은 또 자신이 가지고 있는 하나님에 대한 신앙고백을 합니다. 요셉은 선하신 하나님의 섭리를 믿는 사람이었습니다. 당장은 억울하고 손해가 되는 것처럼 보이지만 나중에는 하나님께서 선하게 인도하시고 반드시 사랑과 선함이 승리하도록 하실 것을 믿고 있었습니다. 그래서 자신을 해한 형들에게 복수하려 하지 않고 그들을 잘 돌보아 줄 수 있었던 것입니다.

우리의 뒤에 계신 하나님은 우리를 사랑하시고 돌보시기 원하시는 분이십니다. 때문에 하나님으로 인하여 우리가 할 수 없는 일들을 할 수 있게 되는 특권을 가졌습니다. 그래서 마지막의 완전한 승리가 우리의 것이 될 수 있습니다. 우리가 믿고 있는 하나님이 바로 이런 하나님입니다.

누군가가 우리를 못살게 하고 악을 행하여도 우리의 힘으로 그것에 대항하고 복수하려는 생각을 해서는 안 됩니다. 절대자 하나님을 믿고 섭리를 이끄시는 하나님을 믿는 사람들은 자신이 그렇게 직접 나서서 갚으려 하지 않아도 자신의 일생이 승리로 끝날 것을 믿고 인내하면서 기다려야 합니다. 이런 신앙고백이 우리에게 있을 때에 결코 마음이 분노로 끓지 않으며, 한을 품지 않고 살 수 있습니다. 우리의 고통과 억울함을 하나님 앞에 내려 놓는 것으로 우리의 일이 끝났다는 것을 알아야 합니다. 그 다음부터는 하나님께서 하셔야 할 일만 남은 것입니다. 그 후에 드릴 기도는 하나님께서 모든 악을 선으로 바꾸셔서 선함이 승리하게 해 달라는 것밖에는 없습니다.

요셉은 형들의 두려움을 없애 줄 뿐만 아니라, 자신이 그 아들들을 돌보겠다고 오히려 위로합니다. 이것은 자신의 최후 승리를 믿는 사람에게만 있을 수 있는 여유와 사랑의 모습입니다. 그것을 믿지 못하는 사람이라면 절대로 이렇게 행동할 수 없습니다.

이런 요셉의 축복은 우리에게 나타나야 할 모습이고, 또 충분히 나타날 수 있는 모습입니다. 우리가 이제라도 하나님께서 선으로 악을 이길 것을 믿고 하나님의 섭리하심이 우리를 최후의 승리자로 만들 것을 믿는다면 우리도 요셉이 누린 축복을 받을 수 있습니다. 이 비결을 깨달은 우리는 다른 어떤 것보다 값진 축복을 받았다는 그것으로 인하여 하나님께 감사하는 기도를 드려야 할 것입니다.

제36장

나는 죽으나

"요셉이 그 아비의 가족과 함께 애굽에 거하여 일백십 해를 살며 에브라임의 자손 삼대를 보았으며 므낫세의 아들 마길의 아들들도 요셉의 슬하에서 양육되었더라 요셉이 그 형제에게 이르되 나는 죽으나 하나님이 너희를 권고하시고 너희를 이 땅에서 인도하여 나사 아브라함과 이삭과 야곱에게 맹세하신 땅에 이르게 하시리라 하고 요셉이 또 이스라엘 자손에게 맹세시켜 이르기를 하나님이 정녕 너희를 권고하시리니 너희는 여기서 내 해골을 메고 올라가겠다 하라 하였더라 요셉이 일백 십 세에 죽으매 그들이 그의 몸에 향 재료를 넣고 애굽에서 입관하였더라"(창 50:22-26).

나는 죽으나

인생에는 마지막이 있다

이제 창세기가 대단원의 막을 내리게 되었습니다. 시작이 있었으니 끝이 있는 것이 당연합니다. 우리의 인생도 마찬가지입니다. 고난 속에서 살든지 기쁨 속에서 살든지 관계없이 누구나 인생의 마지막을 보게 되어 있습니다. 그것이 인생의 엄숙한 교훈과 현실입니다.

"요셉이 그 아비의 가족과 함께 애굽에 거하여 일백 십 해를 살며 에브라임의 자손 삼대를 보았으며 므낫세의 아들 마길의 아들들도 요셉의 슬하에서 양육되었더라"(창 50:22, 23).

요셉은 아비 집에 거하여 일백 십 세를 살다가 죽었습니다. 그는 좋은 가정에서 태어나서 사랑을 받다가 열일곱 살부터는 험난한 삶을 살았습니다. 형들의 시기로 남의 나라에 팔려 갔고 간음의 유혹을 거부한 일 때문에 억울하게 감옥에도 들어가야 했습니다. 그러나 결국 그 모든 일로 인하여 애굽의 총리가 되는 기회를 얻게 되었습니다. 요셉에게 일어난 그 모든 일이 하나님의 섭리 속에 계획된 것이었기 때문입니다.

요셉은 구십삼 년을 애굽에서 살았습니다. 그리고 자신은 원하지 않았지만 타국에서 살다가 죽게 되었습니다. 그는 소년의 때에 많은 고생을 하기도 했지만 청년기 이후에는 에브라임과 므낫세라는 두 아들의 삼대까지 보는 영화를 누리면서 아주 안정된 노후를 보내다가 죽음을 맞이하는 순간이 왔습니다. 많은 우여곡절을 겪었지만 그의 인생은 결국 성공한 인생의 한 표본된 삶이었습니다.

그런데 요셉은 자신의 형들보다 먼저 죽은 것 같습니다. 창세기의 마지막에는 그가 그의 형제들에게 유언을 하고 있는 모습이 나옵니다. 죽음은 출생 순서대로 찾아오는 것이 아니라는 것과 축복을 받은 사람이 반드시 오래 사는 것이 아니라는 것을 요셉의 죽음에서 보여줍니다.

하나님께서는 하나님만이 알고 있는 순서대로 사람들을 부르시기 때문에 우리는 언제 부름을 받더라도 기쁜 마음으로 달려갈 수 있는 준비를 해야 합니다. 우리의 삶은 영원한 것이 아니요 우리에게는 가야 할 본향이 있기 때문에 이러한 일이 일어나는 것입니다.

나는 죽으나 하나님은 계신다

임종이 가까운 요셉은 자신은 죽지만 영원한 것이 있다는 것을 형들에게 이야기합니다.

> "요셉이 그 형제에게 이르되 나는 죽으나 하나님이 너희를 권고하시고 너희를 이 땅에서 인도하여 내사 아브라함과 이삭과 야곱에게 맹세하신 땅에 이르게 하시리라 하고"(창 50:24).

요셉은 자신의 앞날과 형들의 앞날에 대한 전망을 가지고 있었습니다. 그것은 고통을 당하거나 기쁨으로 세상을 살거나 그 사람이 누리는 것은 다 없어지지만 하나님의 역사는 계속되고 있다는 것이었습니다. 시간이 되면 나뭇잎은 다 없어지는 것이지만 그 나무는 그 자리에 그대로 건재하고 있습니다. 이와 마찬가지로 인간은 유한한 존재이지만 아담으로부터 이어지는 하나님의 역사는 고리 하나하나를 튼튼하게 이어가면서 지속되고 있는 것입니다.

그래서 우리들처럼 평범한 사람의 의미는 이 땅에서 특별하게 남길 만한 일을 하지 못하고 자신의 삶에만 충실하게 살다가 죽었다고 하더라도, 우리의 삶이 역사의 고리를 잇는 역할을 감당했다는 자부심을 가져야 합니다. 요셉과 같은 사람만이 가치가 있는 사람은 아닙니다. 자신이 받은 영적인 유산을 반드시 그 다음 세대에 넘겨주는 일을 하는 것이 평범한 사람들의 역할입니다. 자신이 가지고 있던 역할을 그 다음 세대에 넘겨 주는 일은 꼭 특별한 사람이기 때문에 하는 것은 아닙니다. 모든 사람들이 다 위대하고 탁월한 사람이 될 수는 없습니다. 그러나 평범한 사람들이 역사의 고리를 만들어 주지 않으면 인류의 역사는 지속될 수 없습니다.

따라서 할아버지와 아버지 대를 이어오는 고리를 내 대에 와서 끊어버리는 일을 해서는 안 됩니다. 특히 오래도록 이어오는 신앙의 고리를 자신의 대에 와서 끊는 사람이 되어서는 안되겠습니다. 우리 가운데 어느 한 사람도 하나님께 얻은 신앙의 고리를 그 다음 세대에 전하지 못하고 끊기게 하는 사람이 되어서는 안되겠습니다.
이것이 우리가 마음 깊이 자각해야 하고 사명감을 가지고 할 일 가운데 하나입니다. 자기 자신이 잘못되는 것으로 끝나지 않고 대대로 그 잘못이 전달된다면 얼마나 큰 죄의 유전을 남기는 사람이 되겠습니까? 우리는 절대로 그런 조상으로 남는 일이 없어야 하겠습니다.

요셉은 자신의 조상들께 하나님께서 약속하신 대로 그 후손들을 이 방의 땅에서 이끌어내사 아브라함과 이삭과 야곱에게 약속하신 땅으로 그들을 이끄실 것에 대한 확신이 있었습니다. 그래서 요셉은 마지막 순간에 그것을 다음의 자손들에게까지 전달하는 일을 충실하게 해냈습니다.

우리는 이 땅에서 살다가 죽기 전에 요셉처럼 "나는 죽지만 나와 함께 하시는 하나님의 은혜가 너희들과 영원히 함께 있으리라" 하는 고백을 남길 수 있는 사람들이어야 합니다. 이것은 신앙고백이자 확신이고 중대한 선포입니다.

조상의 한 마디는 그 가문을 이끄는 중요한 말이 됩니다. 더구나 인생의 마지막에서 남기는 유언은 더욱 중요한 것이 아닐 수 없습니다. 우리는 후손들의 믿음의 조상으로 고백될 만큼 강하고 큰 신앙을 갖추어야 합니다. 다른 것을 남겨 주는 것보다 신앙을 전해주는 것은 그 가문에 대대로 전해질 없어지지 않을 유산을 남기는 것이 됩니다. 그 어떤 것도 신앙 유산보다 큰 것은 없습니다.

요셉은 야곱이 했던 것처럼 자신의 해골을 자손들이 메고 올라가라고 지시합니다. 자기 아버지 야곱과 마찬가지로 자신의 조상들이 기다리는 그곳에 가서 묻힐 수 있기를 원했습니다. 앞으로 만날 조상들이 기다리고 있는 천국으로 가면서 자신의 유골도 그들의 매장지에 함께 있기를 원했던 것입니다.

"요셉이 또 이스라엘 자손에게 맹세시켜 이르기를 하나님이 정녕 너희를 권고하시리니 너희는 여기서 내 해골을 메고 올라가겠다 하라 하였더라 요셉이 일백 십 세에 죽으매 그들이 그의 몸에 향 재료를 넣고 애굽에서 입관하였더라"(창 50:25, 26).

요셉은 야곱과 마찬가지로 자신의 인생을 완전히 정돈하고 가는 축복을 받았습니다. 그래서 미진하게 남아 있는 것이 없이 하고 싶은 이야기를 마치고 죽음을 볼 수 있었습니다. 그리고 야곱처럼 향을 넣은 관에 넣어진 채 묻혔습니다. 요셉이 자신의 인생을 마치고 가는 길은 기쁨의 길이었을 것입니다. 자신이 존경했고 사랑했던 사람들을 만날 수 있다는 희망이 있었기 때문입니다.

예수 그리스도와 부활을 믿는 우리들의 삶도 마땅히 이처럼 죽음을 준비하면서 언제 어디서 하나님의 부르심을 받더라도 정돈된 마음으로 하나님 앞에 갈 수 있는 사람이 되어야 합니다.
무슨 일에든지 기도하면서 행하고 그 행해진 일에 대해서는 항상 감사하는 사람이 될 때에, 우리의 인생은 아름답고 풍성하며, 죽음까지도 감사와 기쁨으로 맞을 수 있는 사람들이 될 것입니다.

꿈은 이루어진다

꿈을 꾸는 사람 요셉은 죽었습니다. 그는 그의 형제들에게 유언하기를 하나님께서 그들을 인도하여 내실 때에 그의 아버지 야곱과 마찬가지로 그의 뼈를 애굽에서 가지고 가서 가나안 땅에 묻어줄 것을 유언하였습니다. 요셉은 마지막까지 하나님께서 그들의 후손을 인도하여 주실 것을 확신했고, 그 형제들에게 하나님께서 그 약속하신 것을 성취하실 때에 그의 후손들이 자신의 뼈를 옮겨갈 것을 약속하게 했습니다.

그리고 이 유언은 400여 년 후에 성취됩니다.

> "그러므로 하나님이 홍해의 광야 길로 돌려 백성을 인도하시매 이스라엘 자손이 애굽 땅에서 항오를 지어 나올 때에 모세가 요셉의 해골을 취하였으니 이는 요셉이 이스라엘 자손으로 단단히 맹세케 하여 이르기를 하나님이 필연 녀희를 권고하시리니 너희는 나의 해골을 여기서 가지고 나가라 하였음이었더라"(출 13:18, 19).

> "이스라엘 자손이 애굽에서 이끌어낸 요셉의 뼈를 세겜에서 장사하였으니 이곳은 야곱이 세겜의 아비 하몰 자손에게 금 일백 개를 주고 산 땅이라 그것이 요셉 자손의 기업이 되었더라"(수 24:32).

야곱은 17세에 하나님이 주신 꿈을 꾸었습니다. 그 꿈은 그저 순조롭게 손에 쥐어진 것이 아니라, 노예로 팔리는 고난과 억울하게 옥살이하는 역경을 통하는 과정을 겪고 마침내 애굽의 총리가 됨으로써 이루어졌습니다. 즉 고난과 시련을 통해서 연단되면서 꿈이 이루어진 것입니다.

그런데 요셉은 살아서 그의 꿈을 이루었을 뿐만 아니라 죽어서도 그의 꿈을 이루고 맙니다. 요셉이 이스라엘 자손들에게 "하나님이 너희를 애굽에서 인도하여 내실 때에 내 해골을 메고 나가라"는 유언을 했을 때는 요셉의 나이 110세 때였습니다. 요셉의 꿈은 그가 살아있던 110년 동안이 아니라 그가 죽고 난 400년 후에도 망각 속에 묻히지 않고 그대로 이루어집니다(출 13 : 18-19).

아무 꿈이나 그렇게 시간을 초월해서 이루어지는 것은 아닙니다. 요셉의 꿈은 자기가 꾼 꿈이 아니라 하나님이 주신 꿈이었기 때문입니다. 꿈을 이루게 하는 분은 사람이 아니라 그 꿈을 주신 하나님이시기 때문입니다.

하나님의 역사하심은 잠시 동안의 꿈으로 보이신 것이라도 헛되게 만드시거나 지워지지 않습니다. 왜냐하면 하나님의 역사는 어떤 것으로 나타나든 하찮거나 가벼운 것이 아니기 때문입니다. 따라서 창세기부터 계시록에 이르기까지 하나님의 역사는 인간의 전 역사를 관통하면서 반드시 이루어질 것입니다.

요셉의 죽음과 함께 이제 창세기는 막을 내립니다. 그러나 창세기가 이것으로 끝나버리는 것은 아닙니다. 창세기는 아직 성취되지는 않았으나 장차 하나님께서 이루실 놀라운 약속으로 끝맺고 있기 때문입니다. 요셉은 두 번씩이나 반복되는 말로 하나님이 인도하실 것을 확신하고 있습니다.

> "요셉이 그 형제에게 이르되 나는 죽으나 **하나님이 너희를 권고하시고** 너희를 이 땅에서 인도하여 내사 아브라함과 이삭과 야곱에게 맹세하신 땅에 이르게 하시리라 하고 요셉이 또 이스라엘 자손에게 맹세시켜 이르기를 너희는 여기서 내 해골을 메고 올라가겠다 하라 하였더라"(50:24, 25).

요셉의 이 믿음은 구약과 신약을 관통하고 있는 믿음의 조상들의 희망을 한 마디로 잘 표현하고 있습니다. 그것은 **하나님께서 그를 믿고 의지하는 자기 백성들을 인도하신다는 것입니다.**

최후의 순간에도 요셉은 하나님이 보여주시는 꿈을 꾸었고, 하나님은 그 꿈을 이루셨습니다. 그 꿈은 일찍이 아브라함에게 보여주셨던 꿈이며, 이삭과 야곱에게도 보여주셨던 꿈입니다.
　하나님은 지금도 하나님을 믿고 의뢰하는 하나님의 자녀들에게 그 꿈을 보여주고 계십니다. 그리고 그 하나님의 자녀가 바로 우리, 아니 바로 "나"입니다.

꿈은 이루어진다

1995년 9월 20일 초판 발행
2002년 7월 30일 8쇄 발행

지은이 • 김상복
발행인 • 김수곤
발행처 • 선교횃불
등록일 • 1999년 9월 21일 제54호
등록주소 • 서울시 송파구 삼전동 103번지
전   화 • (02)2203-2739
팩   스 • (02)2203-2738

ISBN 89-89615-04-6 03230

총   판 • 선교횃불

ⓒ 2002 김상복
※이 출판물은 저작권법의 보호를 받으므로 무단 복제를 할 수 없습니다.